ŒUVRES COMPLÈTES

DE

ALFRED DE MUSSET

ŒUVRES

DE

Alfred de Musset

CONTES ET NOUVELLES

Croisilles — Le Merle blanc
Pierre et Camille — Le Secret de Javotte
Mimi Pinson — La Mouche

PARIS
ALPHONSE LEMERRE, ÉDITEUR
27-31, PASSAGE CHOISEUL, 27-31

M DCCC LXXVI

CROISILLES

1839

CROISILLES

I

u commencement du règne de Louis XV, un jeune homme nommé Croisilles, fils d'un orfévre, revenait de Paris au Havre, sa ville natale. Il avait été chargé par son père d'une affaire de commerce, et cette affaire s'était terminée à son gré. La joie d'apporter une bonne nouvelle le faisait marcher plus gaiement et plus lestement que de coutume; car, bien qu'il eût dans ses poches une somme d'argent assez considérable, il voyageait à pied pour son plaisir. C'était un garçon de bonne humeur, et qui ne manquait pas d'esprit, mais tellement distrait et étourdi, qu'on le regardait comme un peu fou. Son gilet boutonné de travers, sa perruque au vent, son chapeau sous le

bras, il suivait les rives de la Seine, tantôt rêvant, tantôt chantant, levé dès le matin, soupant au cabaret, et charmé de traverser ainsi l'une des plus belles contrées de la France. Tout en dévastant, au passage, les pommiers de la Normandie, il cherchait des rimes dans sa tête (car tout étourdi est un peu poëte), et il essayait de faire un madrigal pour une belle demoiselle de son pays ; ce n'était pas moins que la fille d'un fermier général, mademoiselle Godeau, la perle du Havre, riche héritière fort courtisée. Croisilles n'était point reçu chez monsieur Godeau autrement que par hasard, c'est-à-dire qu'il y avait porté quelquefois des bijoux achetés chez son père. Monsieur Godeau, dont le nom, tant soit peu commun, soutenait mal une immense fortune, se vengeait par sa morgue du tort de sa naissance, et se montrait, en toute occasion, énormément et impitoyablement riche. Il n'était donc pas homme à laisser entrer dans son salon le fils d'un orfévre ; mais, comme mademoiselle Godeau avait les plus beaux yeux du monde, que Croisilles n'était pas mal tourné, et que rien n'empêche un joli garçon de devenir amoureux d'une belle fille, Croisilles adorait mademoiselle Godeau, qui n'en paraissait pas fâchée. Il pensait donc à elle tout en regagnant le Havre, et, comme il n'avait jamais réfléchi à rien, au lieu de songer aux obstacles invincibles qui le séparaient de sa bien-aimée, il ne s'occupait que de trouver une rime au nom de baptême qu'elle portait. Mademoiselle

Godeau s'appelait Julie, et la rime était aisée à trouver. Croisilles, arrivé à Honfleur, s'embarqua, le cœur satisfait, son argent et son madrigal en poche, et, dès qu'il eut touché le rivage, il courut à la maison paternelle.

Il trouva la boutique fermée; il y frappa à plusieurs reprises, non sans étonnement ni sans crainte, car ce n'était point un jour de fête; personne ne venait. Il appela son père, mais en vain. Il entra chez un voisin pour demander ce qui était arrivé; au lieu de lui répondre, le voisin détourna la tête, comme ne voulant pas le reconnaître. Croisilles répéta ses questions; il apprit que son père, depuis longtemps gêné dans ses affaires, venait de faire faillite, et s'était enfui en Amérique, abandonnant à ses créanciers tout ce qu'il possédait.

Avant de sentir toût son malheur, Croisilles fut d'abord frappé de l'idée qu'il ne reverrait peut-être jamais son père. Il lui paraissait impossible de se trouver ainsi abandonné tout à coup; il voulut à toute force entrer dans la boutique, mais on lui fi' entendre que les scellés étaient mis; il s'assit sur une borne, et, se livrant à sa douleur, il se mit à pleurer à chaudes larmes, sourd aux consolations de ceux qui l'entouraient, ne pouvant cesser d'appeler son père, quoiqu'il le sût déjà bien loin; enfin il se leva, honteux de voir la foule s'attrouper autour de lui, et, dans le plus profond désespoir, il se dirigea vers le port.

Arrivé sur la jetée, il marcha devant lui comme

un homme égaré qui ne sait où il va ni que devenir. Il se voyait perdu sans ressources, n'ayant plus d'asile, aucun moyen de salut, et, bien entendu, plus d'amis. Seul, errant au bord de la mer, il fut tenté de mourir en s'y précipitant. Au moment où, cédant à sa pensée, il s'avançait vers un rempart élevé, un vieux domestique, nommé Jean, qui servait sa famille depuis nombre d'années, s'approcha de lui.

« Ah! mon pauvre Jean! s'écria-t-il, tu sais ce qui s'est passé depuis mon départ. Est-il possible que mon père nous quitte sans avertissement, sans adieu?

— Il est parti, répondit Jean, mais non pas sans vous dire adieu. »

En même temps il tira de sa poche une lettre qu'il donna à son jeune maître. Croisilles reconnut l'écriture de son père, et, avant d'ouvrir la lettre, il la baisa avec transport; mais elle ne renfermait que quelques mots. Au lieu de sentir sa peine adoucie, le jeune homme la trouva confirmée. Honnête jusque-là et connu pour tel, ruiné par un malheur imprévu (la banqueroute d'un associé), le vieil orfévre n'avait laissé à son fils que quelques paroles banales de consolation, et nul espoir, sinon cet espoir vague, sans but ni raison, le dernier bien, dit-on, qui se perde.

« Jean, mon ami, tu m'as bercé, dit Croisilles après avoir lu la lettre, et tu es certainement aujourd'hui le seul être qui puisse m'aimer un peu:

c'est une chose qui m'est bien douce, mais qui est fâcheuse pour toi ; car, aussi vrai que mon père s'est embarqué là, je vais me jeter dans cette mer qui le porte, non pas devant toi ni tout de suite, mais un jour ou l'autre, car je suis perdu.

— Que voulez-vous y faire? répéta Jean, n'ayant point l'air d'avoir entendu, mais retenant Croisilles par le pan de son habit. Que voulez-vous y faire, mon cher maître? Votre père a été trompé ; il attendait de l'argent qui n'est pas venu, et ce n'était pas peu de chose. Pouvait-il rester ici? Je l'ai vu, monsieur, gagner sa fortune depuis trente ans que je le sers ; je l'ai vu travailler, faire son commerce, et les écus arriver un à un chez vous. C'est un honnête homme, et habile ; on a cruellement abusé de lui. Ces jours derniers, j'étais encore là, et comme les écus étaient arrivés, je les ai vus partir du logis. Votre père a payé tout ce qu'il a pu pendant une journée entière ; et, lorsque son secrétaire a été vide, il n'a pu s'empêcher de me dire, en me montrant un tiroir où il ne restait que six francs : « Il y avait ici cent mille francs ce matin! » Ce n'est pas là une banqueroute, monsieur, ce n'est point une chose qui déshonore!

— Je ne doute pas plus de la probité de mon père, répondit Croisilles, que de son malheur. Je ne doute pas non plus de son affection ; mais j'aurais voulu l'embrasser, car que veux-tu que je devienne? Je ne suis point fait à la misère, je n'ai pas l'esprit nécessaire pour recommencer ma fortune. Et quand je l'aurais, mon père est parti. S'il a mis trente ans à s'enrichir, combien m'en faudra-t-il pour réparer ce coup? Bien davantage. Et vivra-t-il alors? Non sans doute; il mourra là-bas, et je ne puis pas même l'y aller trouver; je ne puis le rejoindre qu'en mourant aussi. »

Tout désolé qu'était Croisilles, il avait beaucoup de religion; quoique son désespoir lui fît désirer la mort, il hésitait à se la donner. Dès les premiers mots de cet entretien, il s'était appuyé sur le bras de Jean, et tous deux retournaient vers la ville. Lorsqu'ils furent entrés dans les rues, et lorsque la mer ne fut plus si proche :

« Mais, monsieur, dit encore Jean, il me semble qu'un homme de bien a le droit de vivre, et qu'un malheur ne prouve rien. Puisque votre père ne s'est pas tué, Dieu merci, comment pouvez-vous songer à mourir? Puisqu'il n'y a point de déshonneur, et toute la ville le sait, que penserait-on de vous? Que vous n'avez pu supporter la pauvreté. Ce ne serait ni brave ni chrétien; car, au fond, qu'est-ce qui vous effraye? Il y a des gens qui naissent pauvres, et qui n'ont jamais eu ni père ni mère. Je sais bien que tout le monde ne se ressemble pas, mais enfin il n'y a rien d'impossible à Dieu. Qu'est-ce que vous feriez en pareil cas? Votre père n'était pas né riche; tant s'en faut, sans vous offenser, et c'est peut-être ce qui le console. Si vous aviez été ici depuis un mois, cela vous aurait donné du courage. Oui, monsieur, on peut se ruiner, personne n'est à l'abri d'une banqueroute; mais votre père, j'ose le dire, a été un homme, quoiqu'il soit parti un peu vite. Mais que voulez-vous ? on ne trouve pas tous les jours un bâtiment pour l'Amérique. Je l'ai accompagné jusque sur le port, et si vous aviez vu sa tristesse ! Comme il m'a recommandé d'avoir soin de vous, de lui donner de vos nouvelles !... Monsieur, c'est une vilaine idée que vous avez de jeter le manche après la cognée. Chacun a son temps d'épreuve ici-bas, et j'ai été soldat avant d'être domestique. J'ai rudement souffert, mais j'étais jeune ; j'avais votre âge, monsieur, à cette époque-là, et il me semblait que la Providence ne peut pas dire son dernier mot à un homme de vingt-cinq ans. Pourquoi voulez-vous empêcher le bon Dieu de réparer le mal qu'il vous a fait ? Laissez-lui le temps, et tout s'arrangera. S'il m'était permis de vous conseiller, vous attendriez seulement deux ou trois ans, et je gagerais que vous vous en trouveriez bien. Il y a toujours moyen de s'en aller de ce monde. Pourquoi voulez-vous profiter d'un mauvais moment ? »

Pendant que Jean s'évertuait à persuader son maître, celui-ci marchait en silence, et, comme font souvent ceux qui souffrent, il regardait de côté et d'autre, comme pour chercher quelque chose qui pût le rattacher à la vie. Le hasard fit que, sur ces entrefaites, mademoiselle Godeau, la fille du fermier général, vint à passer avec sa gouvernante. L'hôtel qu'elle habitait n'était pas éloigné de là ;

Croisilles la vit entrer chez elle. Cette rencontre produisit sur lui plus d'effet que tous les raisonnements du monde. J'ai dit qu'il était un peu fou, et qu'il cédait presque toujours à un premier mouvement. Sans hésiter plus longtemps et sans s'expliquer, il quitta le bras de son vieux domestique, et alla frapper à la porte de monsieur Godeau.

II

UAND on se représente aujourd'hui ce qu'on appelait jadis un financier, on imagine un ventre énorme, de courtes jambes, une immense perruque, une large face à triple menton, et ce n'est pas sans raison qu'on s'est habitué à se figurer ainsi ce personnage. Tout le monde sait à quels abus ont donné lieu les fermes royales, et il semble qu'il y ait une loi de nature qui rende plus gras que le reste des hommes ceux qui s'engraissent non-seulement de leur propre oisiveté, mais encore du travail des autres. Monsieur Godeau, parmi les financiers, était des plus classiques qu'on pût voir, c'est-à-dire des plus gros ; pour l'instant il avait la goutte, chose fort à la mode en ce temps-là, comme l'est à présent la migraine. Couché sur une chaise longue, les yeux à demi fermés, il se dorlotait au fond d'un boudoir. Les panneaux de glaces qui l'environnaient répétaient majestueusement de toutes parts son énorme personne ; des sacs pleins d'or

couvraient sa table; autour de lui, les meubles, les lambris, les portes, les serrures, la cheminée, le plafond, étaient dorés; son habit l'était; je ne sais si sa cervelle ne l'était pas aussi. Il calculait les suites d'une petite affaire qui ne pouvait manquer de lui rapporter quelques milliers de louis; il daignait en sourire tout seul, lorsqu'on lui annonça Croisilles, qui entra d'un air humble mais résolu, et dans tout le désordre qu'on peut supposer d'un homme qui a grande envie de se noyer. Monsieur Godeau fut un peu surpris de cette visite inattendue; il crut que sa fille avait fait quelque emplette; il fut confirmé dans cette pensée en la voyant paraître presque en même temps que le jeune homme. Il fit signe à Croisilles, non pas de s'asseoir, mais de parler. La demoiselle prit place sur un sofa, et Croisilles, resté debout, s'exprima à peu près en ces termes :

« Monsieur, mon père vient de faire faillite. La banqueroute d'un associé l'a forcé à suspendre ses payements, et, ne pouvant assister à sa propre honte, il s'est enfui en Amérique, après avoir donné à ses créanciers jusqu'à son dernier sou. J'étais absent lorsque cela s'est passé; j'arrive, et il y a deux heures que je sais cet événement. Je suis absolument sans ressources et déterminé à mourir. Il est très-probable qu'en sortant de chez vous je vais me jeter à l'eau. Je l'aurais déjà fait, selon toute apparence, si le hasard ne m'avait fait rencontrer mademoiselle votre fille tout à l'heure. Je l'aime, monsieur, du plus profond de mon cœur ; il y a deux ans que je suis amoureux d'elle, et je me suis tu jusqu'ici à cause du respect que je lui dois ; mais aujourd'hui en vous le déclarant, je remplis un devoir indispensable, et je croirais offenser Dieu si, avant de me donner la mort, je ne venais pas vous demander si vous voulez que j'épouse mademoiselle Julie. Je n'ai pas la moindre espérance que vous m'accordiez cette demande, mais je dois néanmoins vous la faire ; car je suis bon chrétien, monsieur, et lorsqu'un bon chrétien se voit arrivé à un tel degré de malheur, qu'il ne lui soit plus possible de souffrir la vie, il doit du moins, pour atténuer son crime, épuiser toutes les chances qui lui restent avant de prendre un dernier parti. »

Au commencement de ce discours, monsieur Godeau avait supposé qu'on venait lui emprunter de l'argent, et il avait jeté prudemment son mouchoir sur les sacs placés auprès de lui, préparant d'avance un refus poli, car il avait toujours eu de la bienveillance pour le père de Croisilles. Mais quand il eut écouté jusqu'au bout, et qu'il eut compris de quoi il s'agissait, il ne douta pas que le pauvre garçon ne fût devenu complètement fou. Il eut d'abord quelque envie de sonner et de le faire mettre à la porte ; mais il lui trouva une apparence si ferme, un visage si déterminé, qu'il eut pitié d'une démence si tranquille. Il se contenta de dire à sa fille de se retirer, afin de ne pas l'exposer plus longtemps à entendre de pareilles inconvenances.

Pendant que Croisilles avait parlé, mademoiselle Godeau était devenue rouge comme une pêche au mois d'août. Sur l'ordre de son père elle se retira. Le jeune homme lui fit un profond salut dont elle ne sembla pas s'apercevoir. Demeuré seul avec Croisilles, monsieur Godeau toussa, se souleva, se laissa retomber sur ses coussins, et s'efforçant de prendre un air paternel :

« Mon garçon, dit-il, je veux bien croire que tu ne te moques pas de moi et que tu as réellement perdu la tête. Non-seulement j'excuse ta démarche, mais je consens à ne point t'en punir. Je suis fâché que ton pauvre diable de père ait fait banqueroute et qu'il ait décampé ; c'est fort triste, et je comprends assez que cela t'ait tourné la cervelle. Je veux faire quelque chose pour toi ; prends un pliant et assieds-toi là.

— C'est inutile, monsieur, répondit Croisilles ; du moment que vous me refusez, je n'ai plus qu'à prendre congé de vous. Je vous souhaite toutes sortes de prospérités.

— Et où t'en vas-tu ?

— Écrire à mon père et lui dire adieu.

— Eh, que diantre ! on jurerait que tu dis vrai ; tu vas te noyer, ou le diable m'emporte.

— Oui, monsieur ; du moins je le crois, si le courage ne m'abandonne pas.

— La belle avance ! Fi donc ! Quelle niaiserie ! Assieds-toi, te dis-je, et écoute-moi. »

Monsieur Godeau venait de faire une réflexion

fort juste, c'est qu'il n'est jamais agréable qu'on dise qu'un homme, quel qu'il soit, s'est jeté à l'eau en nous quittant. Il toussa donc de nouveau, prit sa tabatière, jeta un regard distrait sur son jabot, et continua.

« Tu n'es qu'un sot, un fou, un enfant, c'est clair, tu ne sais ce que tu dis. Tu es ruiné, voilà ton affaire. Mais, mon cher ami, tout cela ne suffit pas ; il faut réfléchir aux choses de ce monde. Si tu venais me demander... je ne sais quoi, un bon conseil, eh bien ! passe ; mais qu'est-ce que tu veux ? Tu es amoureux de ma fille ?

— Oui, monsieur, et je vous répète que je suis bien éloigné de supposer que vous puissiez me la donner pour femme ; mais comme il n'y a que cela au monde qui pourrait m'empêcher de mourir, si vous croyez en Dieu, comme je n'en doute pas, vous comprendrez la raison qui m'amène.

— Que je croie en Dieu ou non, cela ne te regarde pas, je n'entends pas qu'on m'interroge ; réponds d'abord : Où as-tu vu ma fille ?

— Dans la boutique de mon père et dans cette maison, lorsque j'y ai apporté des bijoux pour mademoiselle Julie.

— Qui est-ce qui t'a dit qu'elle s'appelle Julie ? On ne s'y reconnaît plus, Dieu me pardonne ! Mais, qu'elle s'appelle Julie ou Javotte, sais-tu ce qu'il faut, avant tout, pour oser prétendre à la main de la fille d'un fermier général ?

— Non, je l'ignore absolument, à moins que ce ne soit d'être aussi riche qu'elle.

— Il faut autre chose, mon cher, il faut un nom.

— Eh bien ! je m'appelle Croisilles.

— Tu t'appelles Croisilles, malheureux ! Est-ce un nom que Croisilles ?

— Ma foi, monsieur, en mon âme et conscience, c'est un aussi beau nom que Godeau.

— Tu es un impertinent, et tu me le payeras.

— Eh, mon Dieu ! monsieur, ne vous fâchez pas ; je n'ai pas la moindre envie de vous offenser. Si vous voyez là quelque chose qui vous blesse, et si vous voulez m'en punir, vous n'avez que faire de vous mettre en colère : en sortant d'ici, je vais me noyer. »

Bien que monsieur Godeau se fût promis de renvoyer Croisilles le plus doucement possible, afin d'éviter tout scandale, sa prudence ne pouvait résister à l'impatience de l'orgueil offensé ; l'entretien auquel il essayait de se résigner lui paraissait monstrueux en lui-même ; je laisse à penser ce qu'il éprouvait en s'entendant parler de la sorte.

« Écoute, dit-il presque hors de lui et résolu à en finir à tout prix, tu n'es pas tellement fou que tu ne puisses comprendre un mot de sens commun. Es-tu riche ?... Non. Es-tu noble ?... Encore moins. Qu'est-ce que c'est que la frénésie qui t'amène ? Tu viens me tracasser, tu crois faire un coup de tête ; tu sais parfaitement bien que c'est inutile ; tu veux me rendre responsable de ta mort. As-tu à te plaindre de moi? Dois-je un sou à ton père? Est-ce ma faute si tu en es là? Eh, mordieu! on se noie et on se tait.

— C'est ce que je vais faire de ce pas; je suis votre très-humble serviteur.

— Un moment! il ne sera pas dit que tu auras eu en vain recours à moi. Tiens, mon garçon, voilà quatre louis d'or; va-t'en dîner à la cuisine, et que je n'entende plus parler de toi!

— Bien obligé, je n'ai pas faim, et je n'ai que faire de votre argent! »

Croisilles sortit de la chambre, et le financier, ayant mis sa conscience en repos par l'offre qu'il venait de faire, se renfonça de plus belle dans sa chaise et reprit ses méditations.

Mademoiselle Godeau, pendant ce temps-là, n'était pas si loin qu'on pouvait le croire; elle s'était, il est vrai, retirée par obéissance pour son père; mais, au lieu de regagner sa chambre, elle était restée à écouter derrière la porte. Si l'extravagance de Croisilles lui paraissait inconcevable, elle n'y voyait du moins rien d'offensant; car l'amour, depuis que le monde existe, n'a jamais passé pour offense; d'un autre côté, comme il n'était pas possible de douter du désespoir du jeune homme, mademoiselle Godeau se trouvait prise à la fois par les deux sentiments les plus dangereux aux femmes, la compassion et la curiosité. Lorsqu'elle vit l'entretien terminé et Croisilles prêt à sortir, elle traversa rapidement le salon où elle se trouvait, ne voulant pas être surprise aux aguets et elle se dirigea vers son appartement ; mais presque aussitôt elle revint sur ses pas. L'idée que Croisilles allait peut-être réellement se donner la mort lui troubla le cœur malgré elle. Sans se rendre compte de ce qu'elle faisait, elle marcha à sa rencontre ; le salon était vaste, et les deux jeunes gens vinrent lentement au-devant l'un de l'autre. Croisilles était pâle comme la mort, mademoiselle Godeau cherchait vainement quelque parole qui pût exprimer ce qu'elle sentait. En passant à côté de lui elle laissa tomber un bouquet de violettes qu'elle tenait à la main. Il se baissa aussitôt, ramassa le bouquet et le présenta à la jeune fille pour le lui rendre ; mais au lieu de le reprendre, elle continua sa route sans prononcer un mot, et entra dans le cabinet de son père. Croisilles, resté seul, mit le bouquet dans son sein, et sortit de la maison, le cœur agité, ne sachant trop que penser de cette aventure.

III

 peine avait-il fait quelques pas dans la rue, qu'il vit accourir son fidèle Jean, dont le visage exprimait la joie.
« Qu'est-il arrivé? lui demanda-t-il. As-tu quelque nouvelle à m'apprendre ?

— Monsieur, répondit Jean, j'ai à vous apprendre que les scellés sont levés, et que vous pouvez rentrer chez vous. Toutes les dettes de votre père payées, vous restez propriétaire de la maison. Il est bien vrai qu'on a emporté tout ce qu'il y avait d'argent et de bijoux, et qu'on a même enlevé les meubles ; mais enfin la maison vous appartient, et vous n'avez pas tout perdu. Je cours partout depuis une heure, ne sachant ce que vous étiez devenu, et j'espère, mon cher maître, que vous serez assez sage pour prendre un parti raisonnable.

— Quel parti veux-tu que je prenne?

— Vendre cette maison, monsieur, c'est toute votre fortune ; elle vaut une trentaine de mille francs. Avec cela, du moins, on ne meurt pas de faim ; et qui vous empêcherait d'acheter un petit fonds de commerce qui ne manquerait pas de prospérer?

— Nous verrons cela, » répondit Croisilles, tout en se hâtant de prendre le chemin de sa rue. Il lui tardait de revoir le toit paternel; mais, lorsqu'il y fut arrivé, un si triste spectacle s'offrit à lui, qu'il eut à peine le courage d'entrer. La boutique en désordre, les chambres désertes, l'alcôve de son père vide, tout présentait à ses regards la nudité de la misère. Il ne restait pas une chaise; tous les tiroirs avaient été fouillés, le comptoir brisé, la caisse emportée, rien n'avait échappé aux recherches avides des créanciers et de la justice, qui, après avoir pillé la maison, étaient partis, laissant les portes ouvertes, comme pour témoigner aux passants que leur besogne était accomplie.

« Voilà donc, s'écria Croisilles, voilà donc ce qui reste de trente ans de travail et de la plus honnête existence, faute d'avoir eu à temps, au jour fixe, de quoi faire honneur à une signature imprudemment engagée! »

Pendant que le jeune homme se promenait de long en large, livré aux plus tristes pensées, Jean paraissait fort embarrassé. Il supposait que son maître était sans argent, et qu'il pouvait même n'avoir pas dîné. Il cherchait donc quelque moyen pour le questionner là-dessus, et pour lui offrir, en cas de besoin, une part de ses économies. Après s'être mis l'esprit à la torture pendant un quart d'heure pour imaginer un biais convenable, il ne trouva rien de mieux que de s'approcher de Croisilles, et de lui demander d'une voix attendrie :

« Monsieur aime-t-il toujours les perdrix aux choux ? »

Le pauvre homme avait prononcé ces mots avec un accent à la fois si burlesque et si touchant, que Croisilles, malgré sa tristesse, ne put s'empêcher d'en rire.

« Et à propos de quoi cette question ? dit-il.

— Monsieur, répondit Jean, c'est que ma femme m'en fait cuire une pour mon dîner, et si par hasard vous les aimiez toujours... »

Croisilles avait entièrement oublié jusqu'à ce moment la somme qu'il rapportait à son père; la proposition de Jean le fit se ressouvenir que ses poches étaient pleines d'or.

« Je te remercie de tout mon cœur, dit-il au vieillard, et j'accepte avec plaisir ton dîner; mais, si tu es inquiet de ma fortune, rassure-toi, j'ai plus d'argent qu'il ne m'en faut pour avoir ce soir un bon souper que tu partageras à ton tour avec moi. »

En parlant ainsi, il posa sur la cheminée quatre bourses bien garnies, qu'il vida, et qui contenaient chacune cinquante louis.

« Quoique cette somme ne m'appartienne pas, ajouta-t-il, je puis en user pour un jour ou deux. A qui faut-il que je m'adresse pour la faire tenir à mon père ?

— Monsieur, répondit Jean avec empressement, votre père m'a bien recommandé de vous dire que cet argent vous appartenait ; et si je ne vous en parlais point, c'est que je ne savais pas de quelle manière vos affaires de Paris s'étaient terminées. Votre père ne manquera de rien là-bas ; il logera chez un de vos correspondants, qui le recevra de son mieux ; il a d'ailleurs emporté ce qu'il lui faut, car il était bien sûr d'en laisser encore de trop, et ce qu'il a laissé, monsieur, tout ce qu'il a laissé, est à vous, il vous le marque lui-même dans sa lettre, et je suis expressément chargé de vous le répéter. Cet or est donc aussi légitimement votre bien que cette maison où nous sommes. Je puis vous rapporter les paroles mêmes que votre père m'a dites en partant : « Que mon fils me pardonne de le quitter ! Qu'il se souvienne seulement pour m'aimer que je suis encore en ce monde, et qu'il use de ce qui restera après mes dettes payées, comme si c'était mon héritage ! » Voilà, monsieur, ses propres expressions ; ainsi remettez ceci dans votre poche, et puisque vous voulez bien de mon dîner, allons, je vous prie, à la maison. »

La joie et la sincérité qui brillaient dans les yeux de Jean ne laissaient aucun doute à Croisilles. Les paroles de son père l'avaient ému à tel point qu'il ne put retenir ses larmes ; d'autre part, dans un pareil moment, quatre mille francs n'étaient pas une bagatelle. Pour ce qui regardait la maison, ce n'était point une ressource certaine, car on ne pouvait en tirer parti qu'en la vendant, chose toujours longue et difficile. Tout cela cependant ne laissait pas que d'apporter un changement considérable à la situation dans laquelle se trouvait le jeune homme ; il se sentit tout à coup attendri, ébranlé dans sa funeste résolution, et, pour ainsi dire, à la fois plus triste et moins désolé. Après avoir fermé les volets de la boutique, il sortit de la maison avec Jean, et, en traversant de nouveau la ville, il ne put s'empêcher de songer combien c'est peu de chose que nos afflictions, puisqu'elles servent quelquefois à nous faire trouver une joie imprévue dans la plus faible lueur d'espérance. Ce fut avec cette pensée qu'il se mit à table à côté de son vieux serviteur, qui ne manqua point, durant son repas, de faire tous ses efforts pour l'égayer.

Les étourdis ont un heureux défaut : ils se désolent aisément, mais ils n'ont même pas le temps de se consoler, tant il leur est facile de se distraire. On se tromperait de les croire insensibles ou égoïstes ; ils sentent peut-être plus vivement que d'autres, et ils sont très-capables de se brûler la cervelle dans un moment de désespoir ; mais, ce moment passé, s'ils sont encore en vie, il faut qu'ils aillent dîner, qu'ils boivent et mangent comme à l'ordinaire, pour fondre ensuite en larmes en se couchant. La joie et la douleur ne glissent pas sur eux ; elles les traversent comme des flèches : bonne et violente nature qui sait souffrir, mais qui ne peut pas mentir, dans laquelle on lit tout à nu, non pas fragile et vide comme le verre, mais pleine et transparente comme le cristal de roche.

Après avoir trinqué avec Jean, Croisilles, au lieu de se noyer, s'en alla à la comédie. Debout dans le fond du parterre, il tira de son sein le bouquet de mademoiselle Godeau, et pendant qu'il en respirait le parfum dans un profond recueillement, il commença à penser d'un esprit plus calme à son aventure du matin. Dès qu'il y eut réfléchi quelque temps, il vit clairement la vérité, c'est-à-dire que la jeune fille, en lui laissant son bouquet entre les mains et en refusant de le reprendre, avait voulu lui donner une marque d'intérêt ; car autrement ce refus et ce silence n'auraient été qu'une preuve de mépris, et cette supposition n'était pas possible. Croisilles jugea donc que mademoiselle Godeau avait le cœur moins dur que monsieur son père, et il n'eut pas de peine à se souvenir que le visage de la demoiselle, lorsqu'elle avait traversé le salon, avait exprimé une émotion d'autant plus vraie qu'elle semblait involontaire. Mais cette émotion était-elle de l'amour ou seulement de la pitié, ou moins encore peut-être, de l'humanité ? Mademoiselle Godeau avait-elle craint de le voir mourir, lui, Croisilles, ou seulement d'être la cause de la mort d'un homme, quel qu'il fût ? Bien que fané et à demi effeuillé, le bouquet avait encore une odeur si exquise et une si galante tournure, qu'en le respirant et en le regardant, Croisilles ne put se défendre d'espérer. C'était une guirlande de roses autour d'une touffe de violettes. Combien de sentiments et de mystères un Turc aurait lus dans ces fleurs, en interprétant leur langage! Mais il n'y a que faire d'être Turc en pareille circonstance. Les fleurs qui tombent du sein d'une jolie femme, en Europe comme en Orient, ne sont jamais muettes; quand elles ne raconteraient que ce qu'elles ont vu lorsqu'elles reposaient sur une belle gorge, ce serait assez pour un amoureux, et elles le racontent en effet. Les parfums ont plus d'une ressemblance avec l'amour, et il y a même des gens qui pensent que l'amour n'est qu'une sorte de parfum; il est vrai que la fleur qui l'exhale est la plus belle de la création.

Pendant que Croisilles divaguait ainsi, fort peu attentif à la tragédie qu'on représentait pendant ce temps-là, mademoiselle Godeau elle-même parut dans une loge en face de lui. L'idée ne lui vint pas que, si elle l'apercevait, elle pourrait bien trouver singulier de le voir là après ce qui venait de se passer. Il fit au contraire tous ses efforts pour se rapprocher d'elle; mais il n'y put parvenir. Une figurante de Paris était venue en poste jouer *Mérope*, et la foule était si serrée, qu'il n'y avait pas moyen de bouger. Faute de mieux, il se contenta de fixer ses regards sur sa belle, et de ne pas la quitter un instant des yeux. Il remarqua qu'elle semblait préoccupée, maussade, et qu'elle ne parlait à personne qu'avec une sorte de répugnance. Sa loge était entourée, comme on peut penser, de tout ce qu'il y avait de petits-maîtres normands dans la ville; chacun venait à son tour passer devant elle à la galerie, car, pour entrer dans la loge même qu'elle occupait, cela n'était pas possible, attendu que monsieur son père en remplissait seul, de sa personne, plus des trois quarts. Croisilles remarqua encore qu'elle ne lorgnait point et qu'elle n'écoutait pas la pièce. Le coude appuyé sur la balustrade, le menton dans sa main, le regard distrait, elle avait l'air, au milieu de ses atours, d'une statue de Vénus déguisée en marquise ; l'étalage de sa robe et de sa coiffure, son rouge, sous lequel on devinait sa pâleur, toute la pompe de sa toilette, ne faisaient que mieux ressortir son immobilité. Jamais Croisilles ne l'avait vue si jolie. Ayant trouvé moyen, pendant l'entr'acte, de s'échapper de la cohue, il courut regarder au carreau de la loge, et, chose étrange, à peine y eut-il mis la tête, que mademoiselle Godeau, qui n'avait pas bougé depuis une heure, se retourna. Elle tressaillit légèrement en l'apercevant, et ne jeta sur lui qu'un coup d'œil ; puis elle reprit sa première posture. Si ce coup d'œil exprimait la surprise, l'inquiétude, le plaisir de l'amour ; s'il voulait dire : « Quoi ! vous n'êtes pas mort ! » ou « Dieu soit béni ! vous voilà vivant ! » je ne me charge pas de le démêler ; toujours est-il que, sur ce coup d'œil, Croisilles se jura tout bas de mourir ou de se faire aimer.

IV

 E tous les obstacles qui nuisent à l'amour, l'un des plus grands est sans contredit ce qu'on appelle la fausse honte, qui en est bien une très-véritable. Croisilles n'avait pas ce triste défaut que donnent l'orgueil et la timidité; il n'était pas de ceux qui tournent pendant des mois entiers autour de la femme qu'ils aiment, comme un chat autour d'un oiseau en cage. Dès qu'il eut renoncé à se noyer, il ne songea plus qu'à faire savoir à sa chère Julie qu'il vivait uniquement pour elle; mais comment le lui dire? S'il se présentait une seconde fois à l'hôtel du fermier général, il n'était pas douteux que monsieur Godeau ne le fît mettre au moins à la porte. Julie ne sortait jamais qu'avec une femme de chambre, quand il lui arrivait d'aller à pied; il était donc inutile d'entreprendre de la suivre. Passer les nuits sous les croisées de sa mai-

tresse est une folie chère aux amoureux, mais qui, dans le cas présent, était plus inutile encore. J'ai dit que Croisilles était fort religieux; il ne lui vint donc pas à l'esprit de chercher à rencontrer sa belle à l'église. Comme le meilleur parti, quoique le plus dangereux, est d'écrire aux gens lorsqu'on ne peut leur parler soi-même, il écrivit dès le lendemain. Sa lettre n'avait, bien entendu, ni ordre ni raison. Elle était à peu près conçue en ces termes :

« Mademoiselle,

« Dites-moi au juste, je vous en supplie, ce qu'il faudrait posséder de fortune pour pouvoir prétendre à vous épouser. Je vous fais là une étrange question; mais je vous aime si éperdument, qu'il m'est impossible de ne pas la faire, et vous êtes la seule personne au monde à qui je puisse l'adresser. Il m'a semblé, hier au soir, que vous me regardiez au spectacle. Je voulais mourir; plût à Dieu que je fusse mort, en effet, si je me trompe et si ce regard n'était pas pour moi! Dites-moi si le hasard peut être assez cruel pour qu'un homme s'abuse d'une manière à la fois si triste et si douce! J'ai cru que vous m'ordonniez de vivre. Vous êtes riche, belle, je le sais; votre père est orgueilleux et avare, et vous avez le droit d'être fière; mais je vous aime, et le reste est un songe. Fixez sur moi ces yeux charmants, pensez à ce que peut l'amour, puisque je souffre, que j'ai tout lieu de craindre, et que je ressens une inexprimable jouissance à vous écrire cette folle lettre qui m'attirera peut-être votre colère ; mais pensez aussi, mademoiselle, qu'il y a un peu de votre faute dans cette folie. Pourquoi m'avez-vous laissé ce bouquet ? Mettez-vous un instant, s'il se peut, à ma place ; j'ose croire que vous m'aimez, et j'ose vous demander de me le dire. Pardonnez-moi, je vous en conjure. Je donnerais mon sang pour être certain de ne pas vous offenser, et pour vous voir écouter mon amour avec ce sourire d'ange qui n'appartient qu'à vous. Quoi que vous fassiez, votre image m'est restée ; vous ne l'effacerez qu'en m'arrachant le cœur. Tant que votre regard vivra dans mon souvenir, tant que ce bouquet gardera un reste de parfum, tant qu'un mot voudra dire qu'on aime, je conserverai quelque espérance. »

Après avoir cacheté sa lettre, Croisilles s'en alla devant l'hôtel Godeau, et se promena de long en large dans la rue, jusqu'à ce qu'il vît sortir un domestique. Le hasard, qui sert toujours les amoureux en cachette, quand il le peut sans se compromettre, voulut que la femme de chambre de mademoiselle Julie eût résolu ce jour-là de faire emplette d'un bonnet. Elle se rendait chez la marchande de modes, lorsque Croisilles l'aborda, lui glissa un louis dans la main, et la pria de se charger de sa lettre. Le marché fut bientôt conclu, la servante prit l'argent pour payer son bonnet, et promit de faire la commission par reconnaissance. Croisilles, plein de joie, revint à sa maison et s'assit devant sa porte, attendant la réponse.

Avant de parler de cette réponse, il faut dire un mot de mademoiselle Godeau. Elle n'était pas tout à fait exempte de la vanité de son père, mais son bon naturel y remédiait. Elle était, dans la force du terme, ce qu'on nomme un enfant gâté. D'habitude elle parlait fort peu, et jamais on ne la voyait tenir une aiguille; elle passait les journées à sa toilette, et les soirées sur un sofa, n'ayant pas l'air d'entendre la conversation. Pour ce qui regardait sa parure, elle était prodigieusement coquette, et son propre visage était à coup sûr ce qu'elle avait le plus considéré en ce monde. Un pli à sa collerette, une tache d'encre à son doigt, l'auraient désolée; aussi, quand sa robe lui plaisait, rien ne saurait rendre le dernier regard qu'elle jetait sur sa glace avant de quitter sa chambre. Elle ne montrait ni goût ni aversion pour les plaisirs qu'aiment ordinairement les jeunes filles; elle allait volontiers au bal, et elle y renonçait sans humeur, quelquefois sans motif; le spectacle l'ennuyait, et elle s'y endormait continuellement. Quand son père, qui l'adorait, lui proposait de lui faire quelque cadeau à son choix, elle était une heure à se décider, ne pouvant se trouver un désir. Quand monsieur Godeau recevait ou donnait à dîner, il arrivait que Julie ne paraissait pas au salon : elle passait la soirée, pendant ce temps-là, seule dans sa chambre, en grande toilette, à se promener de long en large, son éventail à la main. Si on lui adressait un compliment, elle détournait la tête, et si on tentait de lui faire la cour, elle ne répondait que par un regard à la fois si brillant et si sérieux, qu'elle déconcertait le plus hardi. Jamais un bon mot ne l'avait fait rire ; jamais un air d'opéra, une tirade de tragédie, ne l'avaient émue ; jamais, enfin, son cœur n'avait donné signe de vie ; et, en la voyant passer dans tout l'éclat de sa nonchalante beauté, on aurait pu la prendre pour une belle somnambule qui traversait ce monde en rêvant.

Tant d'indifférence et de coquetterie ne semblait pas aisé à comprendre. Les uns disaient qu'elle n'aimait rien ; les autres qu'elle n'aimait qu'elle-même. Un seul mot suffisait cependant pour expliquer son caractère : elle attendait. Depuis l'âge de quatorze ans, elle avait entendu répéter sans cesse que rien n'était aussi charmant qu'elle ; elle en était persuadée ; c'est pourquoi elle prenait grand soin de sa parure : en manquant de respect à sa personne, elle aurait cru commettre un sacrilége. Elle marchait, pour ainsi dire, dans sa beauté, comme un enfant dans ses habits de fête ; mais elle était bien loin de croire que cette beauté dût rester inutile ; sous son apparente insouciance se cachait une volonté secrète, inflexible, et d'autant plus forte qu'elle était mieux dissimulée. La coquetterie des femmes ordinaires, qui se dépense en œillades, en minauderies et en sourires, lui semblait une escarmouche puérile, vaine, presque méprisable. Elle se sentait en possession d'un trésor, et elle dédaignait de le hasarder au jeu pièce à pièce : il lui fallait un adversaire digne d'elle ; mais, trop habituée à voir ses désirs prévenus, elle ne cherchait pas cet adversaire ; on peut même dire davantage, elle était étonnée qu'il se fît attendre. Depuis quatre ou cinq ans qu'elle allait dans le monde et qu'elle étalait consciencieusement ses paniers, ses falbalas et ses belles épaules, il lui paraissait inconcevable qu'elle n'eût point encore inspiré une grande passion. Si elle eût dit le fond de sa pensée, elle eût volontiers répondu à ceux qui lui faisaient des compliments : « Eh bien ! s'il est vrai que je sois si belle, que ne vous brûlez-vous la cervelle pour moi ? » Réponse que, du reste, pourraient faire bien des jeunes filles, et que plus d'une, qui ne dit rien, a au fond du cœur, quelquefois sur le bord des lèvres.

Qu'y a-t-il, en effet, au monde, de plus impatientant pour une femme que d'être jeune, belle, riche, de se regarder dans son miroir, de se voir parée, digne en tout point de plaire, toute disposée à se laisser aimer, et se dire : « On m'admire, on me vante, tout le monde me trouve charmante, et personne ne m'aime ! Ma robe est de la meilleure faiseuse, mes dentelles sont superbes, ma coiffure est irréprochable, mon visage le plus beau de la terre, ma taille fine, mon pied bien chaussé ; et tout cela ne me sert à rien qu'à aller bâiller dans le coin d'un salon ! Si un jeune homme me parle, il me traite en enfant ; si on me demande en mariage, c'est pour ma dot ; si quelqu'un me serre la main en dansant, c'est un fat de province ; dès que je parais quelque part, j'excite un murmure d'admiration, mais personne ne me dit, à moi seule, un mot qui me fasse battre le cœur ! J'entends des impertinents qui me louent tout haut, à deux pas de moi, et pas un regard modeste et sincère ne cherche le mien ! Je porte une âme ardente, pleine de vie, et je ne suis, à tout prendre, qu'une jolie poupée qu'on promène, qu'on fait sauter au bal, qu'une gouvernante habille le matin et décoiffe le soir, pour recommencer le lendemain ! »

Voilà ce que mademoiselle Godeau s'était dit bien des fois à elle-même, et il y avait de certains jours où cette pensée lui inspirait un si sombre ennui, qu'elle restait muette et presque immobile une journée entière. Lorsque Croisilles lui écrivit, elle était précisément dans un accès d'humeur semblable. Elle venait de prendre son chocolat, elle rêvait profondément, étendue dans une bergère, lorsque sa femme de chambre entra et lui remit la lettre d'un air mystérieux. Elle regarda l'adresse, et, ne reconnaissant pas l'écriture, elle retomba dans sa distraction. La femme de chambre se vit alors forcée d'expliquer de quoi il s'agissait, ce qu'elle fit d'un air assez déconcerté, ne sachant trop comment la jeune fille prendrait cette démarche. Mademoiselle Godeau écouta sans bouger, ouvrit ensuite la lettre, et y jeta seulement un coup d'œil ; elle demanda aussitôt une feuille de papier, et écrivit nonchalamment ce peu de mots :

« Eh, mon Dieu! non, monsieur, je ne suis pas fière. Si vous aviez seulement cent mille écus, je vous épouserais très-volontiers. »

Telle fut la réponse que la femme de chambre rapporta sur-le-champ à Croisilles, qui lui donna encore un louis pour sa peine.

V

ENT mille écus, comme dit le proverbe, ne se trouvent pas dans le pas d'un âne; et si Croisilles eût été défiant, il eût pu croire, en lisant la lettre de mademoiselle Godeau, qu'elle était folle ou qu'elle se moquait de lui. Il ne pensa pourtant ni à l'un ni à l'autre; il ne vit rien autre chose, sinon que sa chère Julie l'aimait, qu'il lui fallait cent mille écus, et il ne songea, dès ce moment, qu'à tâcher de se les procurer.

Il possédait deux cents louis comptant, plus une maison qui, comme je l'ai dit, pouvait valoir une trentaine de mille francs. Que faire? Comment s'y prendre pour que ces trente-quatre mille francs en devinssent tout à coup trois cent mille? La première idée qui vint à l'esprit du jeune homme fut de trouver une manière quelconque de jouer à croix ou pile toute sa fortune; mais, pour cela, il fallait vendre la maison. Croisilles commença donc par coller sur sa porte un écriteau portant que sa maison était à vendre; puis, tout en rêvant à ce qu'il ferait de l'argent qu'il pourrait en tirer, il attendit un acheteur.

Une semaine s'écoula, puis une autre ; pas un acheteur ne se présenta. Croisilles passait ses journées à se désoler avec Jean, et le désespoir s'emparait de lui, lorsqu'un brocanteur juif sonna à sa porte.

« Cette maison est à vendre, monsieur. En êtes-vous le propriétaire?

— Oui, monsieur.

— Et combien vaut-elle?

— Trente mille francs, à ce que je crois; du moins je l'ai entendu dire à mon père. »

Le juif visita toutes les chambres, monta au premier, descendit à la cave, frappa sur les murailles, compta les marches de l'escalier, fit tourner les portes sur leurs gonds et les clefs dans les serrures, ouvrit et ferma les fenêtres; puis enfin, après avoir tout bien examiné, sans dire un mot et sans faire la moindre proposition, il salua Croisilles et se retira.

Croisilles, qui, durant une heure, l'avait suivi le cœur palpitant, ne fut pas, comme on pense, peu désappointé de cette retraite silencieuse. Il supposa que le juif avait voulu se donner le temps de réfléchir, et qu'il reviendrait incessamment. Il l'attendit pendant huit jours, n'osant sortir de peur de manquer sa visite, et regardant à la fenêtre du matin au soir; mais ce fut en vain : le juif ne reparut point. Jean, fidèle à son triste rôle de raisonneur, faisait, comme on dit, de la morale à son maître, pour le dissuader de vendre sa maison d'une manière si précipitée et dans un but si extravagant. Mourant d'impatience, d'ennui et d'amour, Croisilles prit un matin ses deux cents louis et sortit, résolu à tenter la fortune avec cette somme, puisqu'il n'en pouvait avoir davantage.

Les tripots, dans ce temps-là, n'étaient pas publics, et l'on n'avait pas encore inventé ce raffinement de civilisation qui permet au premier venu de se ruiner à toute heure, dès que l'envie lui en passe par la tête. A peine Croisilles fut-il dans la rue qu'il s'arrêta, ne sachant où aller risquer son argent. Il regardait les maisons du voisinage, et les toisait les unes après les autres, tâchant de leur trouver une apparence suspecte et de deviner ce qu'il cherchait. Un jeune homme de bonne mine, vêtu d'un habit magnifique, vint à passer. A en juger par les dehors, ce ne pouvait être qu'un fils de famille. Croisilles l'aborda poliment.

« Monsieur, lui dit-il, je vous demande pardon de la liberté que je prends. J'ai deux cents louis dans ma poche et je meurs d'envie de les perdre ou d'en avoir davantage. Ne pourriez-vous pas m'indiquer quelque honnête endroit où se font ces sortes de choses? »

A ce discours assez étrange, le jeune homme partit d'un éclat de rire.

« Ma foi! monsieur, répondit-il, si vous cherchez

un mauvais lieu, vous n'avez qu'à me suivre, car j'y vais. »

Croisilles le suivit, et au bout de quelques pas ils entrèrent tous deux dans une maison de la plus belle apparence, où ils furent reçus le mieux du monde par un vieux gentilhomme de fort bonne compagnie. Plusieurs jeunes gens étaient déjà assis autour d'un tapis vert ; Croisilles y prit modestement une place, et en moins d'une heure ses deux cents louis furent perdus.

Il sortit aussi triste que peut l'être un amoureux qui se croit aimé. Il ne lui restait pas de quoi dîner, mais ce n'était pas ce qui l'inquiétait.

« Comment ferai-je à présent, se demanda-t-il, pour me procurer de l'argent? A qui m'adresser dans cette ville? Qui voudra me prêter seulement cent louis sur cette maison que je ne puis vendre! »

Pendant qu'il était dans cet embarras, il rencontra son brocanteur juif. Il n'hésita pas à s'adresser à lui, et, en sa qualité d'étourdi, il ne manqua pas de lui dire dans quelle situation il se trouvait. Le juif n'avait pas grande envie d'acheter la maison ; il n'était venu la voir que par curiosité, ou, pour mieux dire, par acquit de conscience, comme un chien entre en passant dans une cuisine dont la porte est ouverte, pour voir s'il n'y a rien à voler ; mais il vit Croisilles si désespéré, si triste, si dénué de toute ressource, qu'il ne put résister à la tentation de profiter de sa misère, au risque de se gêner un peu pour payer la maison. Il lui en offrit donc à peu près le quart de ce qu'elle valait. Croisilles lui sauta au cou, l'appela son ami et son sauveur, signa aveuglément un marché à faire dresser les cheveux sur la tête, et dès le lendemain, possesseur de quatre cents nouveaux louis, il se dirigea derechef vers le tripot où il avait été si poliment et si lestement ruiné la veille.

En s'y rendant, il passa sur le port. Un vaisseau allait en sortir ; le vent était doux, l'Océan tranquille. De toutes parts, des négociants, des matelots, des officiers de marine en uniforme, allaient et venaient. Des crocheteurs transportaient d'énormes ballots pleins de marchandises. Des passagers faisaient leurs adieux ; de légères barques flottaient de tous côtés ; sur tous les visages on lisait la crainte, l'impatience ou l'espérance ; et, au milieu de l'agitation qui l'entourait, le majestueux navire se balançait doucement, gonflant ses voiles orgueilleuses.

« Quelle admirable chose, pensa Croisilles, que de risquer ainsi ce que l'on possède, et d'aller chercher au delà des mers une périlleuse fortune ! Quelle émotion de regarder partir ce vaisseau chargé de tant de richesses, du bien-être de tant de familles ! Quelle joie de le voir revenir, rapportant le double de ce qu'on lui a confié, rentrant plus fier et plus riche qu'il n'était parti ! Que ne suis-je un de ces marchands ! Que ne puis-je jouer ainsi mes quatre cents louis ! Quel tapis vert que cette mer immense, pour y tenter hardiment le hasard !

Pourquoi n'achèterais-je pas quelques ballots de toiles ou de soieries? Qui m'en empêche, puisque j'ai de l'or? Pourquoi ce capitaine refuserait-il de se charger de mes marchandises? Et, qui sait? au lieu d'aller perdre cette pauvre et unique somme dans un tripot, je la doublerais, je la triplerais peut-être par une honnête industrie. Si Julie m'aime véritablement, elle attendra quelques années, et elle me restera fidèle jusqu'à ce que je puisse l'épouser. Le commerce procure quelquefois des bénéfices plus gros qu'on ne pense; il ne manque pas d'exemples, en ce monde, de fortunes rapides, surprenantes, gagnées ainsi sur ces flots changeants : pourquoi la Providence ne bénirait-elle pas une tentative faite dans un but si louable, si digne de sa protection? Parmi ces marchands qui ont tant amassé et qui envoient des navires aux deux bouts de la terre, plus d'un a commencé par une moindre somme que celle que j'ai là, ils ont prospéré avec l'aide de Dieu; pourquoi ne pourrais-je pas prospérer à mon tour? Il me semble qu'un bon vent souffle dans ces voiles, et que ce vaisseau inspire la confiance. Allons! le sort en est jeté, je vais m'adresser à ce capitaine qui me paraît aussi de bonne mine, j'écrirai ensuite à Julie, et je veux devenir un habile négociant. »

Le plus grand danger que courent les gens qui sont habituellement un peu fous, c'est de le devenir tout à fait par instants. Le pauvre garçon, sans réfléchir davantage, mit son caprice à exécution. Trouver des marchandises lorsqu'on a de l'argent et qu'on ne s'y connaît pas, c'est la chose du monde la moins difficile. Le capitaine, pour obliger Croisilles, le mena chez un fabricant de ses amis qui lui vendit autant de toiles et de soieries qu'il put en payer ; le tout, mis dans une charrette, fut promptement transporté à bord. Croisilles, ravi et plein d'espérance, avait écrit lui-même en grosses lettres son nom sur ses ballots. Il les regarda s'embarquer avec une joie inexprimable ; l'heure du départ arriva bientôt, et le navire s'éloigna de la côte.

VI

e n'ai pas besoin de dire que, dans cette affaire, Croisilles n'avait rien gardé. D'un autre côté, sa maison était vendue; il ne lui restait pour tout bien que les habits qu'il avait sur le corps; point de gîte, et pas un denier. Avec toute la bonne volonté possible, Jean ne pouvait supposer que son maître fût réduit à un tel dénûment. Croisilles était, non pas trop fier, mais trop insouciant pour le dire; il prit le parti de coucher à la belle étoile, et, quant au repas, voici le calcul qu'il fit : il présumait que le vaisseau qui portait sa fortune mettrait six mois à revenir au Havre; il vendit, non sans regret, une montre d'or que son père lui avait donnée, et qu'il avait heureusement gardée; il en eut trente-six livres. C'était de quoi vivre à peu près six mois avec quatre sous par jour. Il ne douta pas que ce ne fût assez, et, rassuré par le présent, il écrivit à mademoiselle Godeau pour l'informer de ce qu'il avait fait; il se garda bien,

dans sa lettre, de lui parler de sa détresse; il lui annonça, au contraire, qu'il avait entrepris une opération de commerce magnifique, dont les résultats étaient prochains et infaillibles; il lui expliqua comme quoi la *Fleurette,* vaisseau à fret de cent cinquante tonneaux, portait dans la Baltique ses toiles et ses soieries; il la supplia de lui rester fidèle pendant un an, se réservant de lui en demander davantage ensuite, et, pour sa part, il lui jura un éternel amour.

Lorsque mademoiselle Godeau reçut cette lettre, elle était au coin de son feu, et elle tenait à la main, en guise d'écran, un de ces bulletins qu'on imprime dans les ports, qui marquent l'entrée et la sortie des navires, et en même temps annoncent les désastres. Il ne lui était jamais arrivé, comme on peut penser, de prendre intérêt à ces sortes de choses, et elle n'avait jamais jeté les yeux sur une seule de ces feuilles. La lettre de Croisilles fut cause qu'elle lut le bulletin qu'elle tenait; le premier mot qui frappa ses yeux fut précisément le nom de la *Fleurette;* le navire avait échoué sur les côtes de France dans la nuit même qui avait suivi son départ. L'équipage s'était sauvé à grand'peine, mais toutes les marchandises avaient été perdues.

Mademoiselle Godeau, à cette nouvelle, ne se souvint plus que Croisilles avait fait devant elle l'aveu de sa pauvreté; elle fut aussi désolée que s'il se fût agi d'un million; en un instant, l'horreur d'une tempête, les vents en furie, les cris des noyés, la ruine d'un homme qui l'aimait, toute une scène de roman, se présentèrent à sa pensée ; le bulletin et la lettre lui tombèrent des mains ; elle se leva dans un trouble extrême, et, le sein palpitant, les yeux prêts à pleurer, elle se promena à grands pas, résolue à agir dans cette occasion, et se demandant ce qu'elle devait faire.

Il y a une justice à rendre à l'amour, c'est que plus les motifs qui le combattent sont forts, clairs, simples, irrécusables, en un mot, moins il a le sens commun, plus la passion s'irrite, et plus on aime ; c'est une belle chose sous le ciel que cette déraison du cœur ; nous ne vaudrions pas grand'chose sans elle. Après s'être promenée dans sa chambre, sans oublier ni son cher éventail, ni le coup d'œil à la glace en passant, Julie se laissa retomber dans sa bergère. Qui l'eût pu voir en ce moment eût joui d'un beau spectacle : ses yeux étincelaient, ses joues étaient en feu ; elle poussa un long soupir et murmura avec une joie et une douleur délicieuses :

« Pauvre garçon ! il s'est ruiné pour moi ! »

Indépendamment de la fortune qu'elle devait attendre de son père, mademoiselle Godeau avait, à elle appartenant, le bien que sa mère lui avait laissé. Elle n'y avait jamais songé ; en ce moment, pour la première fois de sa vie, elle se souvint qu'elle pouvait disposer de cinq cent mille francs. Cette pensée la fit sourire ; un projet bizarre, hardi, tout féminin, presque aussi fou que Croisilles lui-même, lui traversa l'esprit ; elle berça quelque temps son idée dans sa tête, puis se décida à l'exécuter.

Elle commença par s'enquérir si Croisilles n'avait pas quelque parent ou quelque ami; la femme de chambre fut mise en campagne. Tout bien examiné, on découvrit, au quatrième étage d'une vieille maison, une tante à demi percluse, qui ne bougeait jamais de son fauteuil, et qui n'était pas sortie depuis quatre ou cinq ans. Cette pauvre femme, fort âgée, semblait avoir été mise ou plutôt laissée au monde comme un échantillon des misères humaines. Aveugle, goutteuse, presque sourde, elle vivait seule dans un grenier; mais une gaieté plus forte que le malheur et la maladie la soutenait à quatre-vingts ans et lui faisait encore aimer la vie; ses voisins ne passaient jamais devant sa porte sans entrer chez elle, et les airs surannés qu'elle fredonnait égayaient toutes les filles du quartier. Elle possédait une petite rente viagère qui suffisait à l'entretenir; tant que durait le jour, elle tricotait; pour le reste, elle ne savait pas ce qui s'était passé depuis la mort de Louis XIV.

Ce fut chez cette respectable personne que Julie se fit conduire en secret. Elle se mit pour cela dans tous ses atours; plumes, dentelles, rubans, diamants, rien ne fut épargné : elle voulait séduire; mais sa vraie beauté en cette circonstance fut le caprice qui l'entraînait. Elle monta l'escalier roide et obscur qui menait chez la bonne dame, et, après le salut le plus gracieux, elle parla à peu près ainsi :

« Vous avez, madame, un neveu nommé Croisilles, qui m'aime et qui a demandé ma main ; je l'aime aussi et voudrais l'épouser ; mais mon père, monsieur Godeau, fermier général de cette ville, refuse de nous marier, parce que votre neveu n'est pas riche. Je ne voudrais pour rien au monde être l'occasion d'un scandale, ni causer de la peine à personne ; je ne saurais donc avoir la pensée de disposer de moi sans le consentement de ma famille. Je viens vous demander une grâce que je vous supplie de m'accorder ; il faudrait que vous vinssiez vous-même proposer ce mariage à mon père. J'ai, grâce à Dieu, une petite fortune qui est toute à votre service ; vous prendrez, quand il vous plaira, cinq cent mille francs chez mon notaire, vous direz que cette somme appartient à votre neveu, et elle lui appartient en effet ; ce n'est point un présent que je veux lui faire, c'est une dette que je lui paye, car je suis cause de la ruine de Croisilles, et il est juste que je la répare. Mon père ne cédera pas aisément ; il faudra que vous insistiez et que vous ayez un peu de courage ; je n'en manquerai pas de mon côté. Comme personne au monde, excepté moi, n'a de droit sur la somme dont je vous parle, personne ne saura jamais de quelle manière elle aura passé entre vos mains. Vous n'êtes pas très-riche, non plus, je le sais, et vous pouvez craindre qu'on ne s'étonne de vous voir doter ainsi votre neveu ; mais songez que mon père ne vous connaît pas, que vous vous montrez fort peu par la ville, et que, par conséquent, il vous sera facile de feindre que vous arrivez de quelque voyage. Cette démarche vous coûtera sans doute, il faudra quitter votre fauteuil et prendre un peu de peine ; mais vous ferez deux heureux, madame, et, si vous avez jamais connu l'amour, j'espère que vous ne me refuserez pas. »

La bonne dame, pendant ce discours, avait été tour à tour surprise, inquiète, attendrie et charmée. Le dernier mot la persuada.

« Oui, mon enfant, répéta-t-elle plusieurs fois, je sais ce que c'est, je sais ce que c'est ! »

En parlant ainsi, elle fit un effort pour se lever ; ses jambes affaiblies la soutenaient à peine ; Julie s'avança rapidement et lui tendit la main pour l'aider ; par un mouvement presque involontaire, elles se trouvèrent en un instant dans les bras l'une de l'autre. Le traité fut aussitôt conclu ; un cordial baiser le scella d'avance, et toutes les confidences nécessaires s'ensuivirent sans peine.

Toutes les explications étant faites, la bonne dame tira de son armoire une vénérable robe de taffetas qui avait été sa robe de noce. Ce meuble antique n'avait pas moins de cinquante ans, mais pas une tache, pas un grain de poussière ne l'avait défloré ; Julie en fut dans l'admiration. On envoya chercher un carrosse de louage, le plus beau qui fût dans toute la ville. La bonne dame prépara le discours qu'elle devait tenir à monsieur Godeau ; Julie lui apprit de quelle façon il fallait toucher le cœur de son père, et n'hésita pas à avouer que la vanité était son côté vulnérable.

« Si vous pouviez imaginer, dit-elle, un moyen de flatter ce penchant, nous aurions partie gagnée. »

La bonne dame réfléchit profondément, acheva sa toilette sans mot dire, serra la main de sa future nièce, et monta en voiture. Elle arriva bientôt à l'hôtel Godeau ; là, elle se redressa si bien en entrant, qu'elle semblait rajeunie de dix ans. Elle traversa majestueusement le salon où était tombé le bouquet de Julie, et quand la porte du boudoir s'ouvrit, elle dit d'une voix ferme au laquais qui la précédait :

« Annoncez la baronne douairière de Croisilles. »

Ce mot décida du bonheur des deux amants ; monsieur Godeau en fut ébloui. Bien que les cinq cent mille francs lui semblassent peu de chose, il consentit à tout pour faire de sa fille une baronne, et elle le fut. Qui eût osé lui en contester le titre ? A mon avis, elle l'avait bien gagné.

HISTOIRE

D'UN

MERLE BLANC

1842

HISTOIRE

D'UN

MERLE BLANC

I

u'il est glorieux, mais qu'il est pénible d'être en ce monde un merle exceptionnel ! Je ne suis point un oiseau fabuleux, et M. de Buffon m'a décrit. Mais, hélas ! je suis extrêmement rare, et très-difficile à trouver. Plût au ciel que je fusse tout à fait impossible !

Mon père et ma mère étaient deux bonnes gens qui vivaient, depuis nombre d'années, au fond d'un vieux jardin retiré du Marais. C'était un ménage exemplaire. Pendant que ma mère, assise dans un buisson fourré, pondait régulièrement trois fois par an, et couvait, tout en sommeillant, avec une religion patriarcale, mon père, encore fort propre et fort pétulant malgré son grand âge, picotait autour d'elle toute la journée, lui apportant de beaux insectes qu'il saisissait délicatement par le bout de la queue pour ne pas dégoûter sa femme, et, la nuit venue, il ne manquait jamais, quand il faisait beau, de la régaler d'une chanson qui réjouissait tout le voisinage. Jamais une querelle, jamais le moindre nuage n'avait troublé cette douce union.

A peine fus-je venu au monde, que, pour la première fois de sa vie, mon père commença à montrer de la mauvaise humeur. Bien que je ne fusse encore que d'un gris douteux, il ne reconnaissait en moi ni la couleur, ni la tournure de sa nombreuse postérité..

« Voilà un sale enfant, disait-il quelquefois en me regardant de travers ; il faut que ce gamin-là aille apparemment se fourrer dans tous les plâtras et tous les tas de boue qu'il rencontre, pour être toujours si laid et si crotté.

— Eh, mon Dieu ! mon ami, répondait ma mère, toujours roulée en boule dans une vieille écuelle dont elle avait fait son nid, ne voyez-vous pas que c'est de son âge ? Et vous-même, dans votre jeune temps, n'avez-vous pas été un charmant vaurien ? Laissez grandir notre merlichon, et vous verrez comme il sera beau ; il est des mieux que j'aie pondus. »

Tout en prenant ainsi ma défense, ma mère ne s'y trompait pas ; elle voyait pousser mon fatal plumage, qui lui semblait une monstruosité ; mais elle faisait comme toutes les mères qui s'attachent souvent à leurs enfants par cela même qu'ils sont maltraités de la nature, comme si la faute en était à elles, ou comme si elles repoussaient d'avance l'injustice du sort qui doit les frapper.

Quand vint le temps de ma première mue, mon père devint tout à fait pensif et me considéra attentivement. Tant que mes plumes tombèrent, il me traita encore avec assez de bonté et me donna même la pâtée, me voyant grelotter presque nu dans un coin ; mais dès que mes pauvres ailerons transis commencèrent à se recouvrir de duvet, à chaque plume blanche qu'il vit paraître, il entra dans une telle colère, que je craignis qu'il ne me plumât pour le reste de mes jours ! Hélas ! je n'avais pas de miroir ; j'ignorais le sujet de cette fureur, et je me demandais pourquoi le meilleur des pères se montrait pour moi si barbare.

Un jour qu'un rayon de soleil et ma fourrure naissante m'avaient mis, malgré moi, le cœur en joie, comme je voltigeais dans une allée, je me mis, pour mon malheur, à chanter. A la première note qu'il entendit, mon père sauta en l'air comme une fusée.

« Qu'est-ce que j'entends là ? s'écria-t-il. Est-ce ainsi qu'un merle siffle ? Est-ce ainsi que je siffle ? Est-ce là siffler ? »

Et, s'abattant près de ma mère avec la contenance la plus terrible :

« Malheureuse! dit-il, qui est-ce qui a pondu dans ton nid ? »

A ces mots, ma mère indignée s'élança de son écuelle, non sans se faire du mal à une patte; elle voulut parler, mais ses sanglots la suffoquaient, elle tomba à terre à demi pâmée. Je la vis près d'expirer; épouvanté et tremblant de peur, je me jetai aux genoux de mon père.

« O mon père! lui dis-je, si je siffle de travers, et si je suis mal vêtu, que ma mère n'en soit pas punie! Est-ce sa faute si la nature m'a refusé une voix comme la vôtre? Est-ce sa faute si je n'ai pas votre beau bec jaune et votre bel habit noir à la française, qui vous donnent l'air d'un marguillier en train d'avaler une omelette? Si le ciel a fait de moi un monstre, et si quelqu'un doit en porter la peine, que je sois du moins le seul malheureux!

— Il ne s'agit pas de cela, dit mon père. Que signifie la manière absurde dont tu viens de te permettre de siffler? Qui t'a appris à siffler ainsi contre tous les usages et toutes les règles?

— Hélas! monsieur, répondis-je humblement, j'ai sifflé comme je pouvais, me sentant gai parce qu'il fait beau, et ayant peut-être mangé trop de mouches.

— On ne siffle pas ainsi dans ma famille, reprit mon père hors de lui. Il y a des siècles que nous sifflons de père en fils, et, lorsque je fais entendre ma voix la nuit, apprends qu'il y a ici, au premier étage, un vieux monsieur, et au grenier une jeune grisette, qui ouvrent leurs fenêtres pour m'entendre. N'est-ce pas assez que j'aie devant les yeux l'affreuse couleur de tes sottes plumes qui te donnent l'air enfariné comme un paillasse de la foire? Si je n'étais le plus pacifique des merles, je t'aurais déjà cent fois mis à nu, ni plus ni moins qu'un poulet de basse-cour prêt à être embroché.

— Eh bien ! m'écriai-je, révolté de l'injustice de mon père, s'il en est ainsi, monsieur, qu'à cela ne tienne ! je me déroberai à votre présence, je délivrerai vos regards de cette malheureuse queue blanche, par laquelle vous me tirez toute la journée. Je partirai, monsieur, je fuirai ; assez d'autres enfants consoleront votre vieillesse, puisque ma mère pond trois fois par an ; j'irai loin de vous cacher ma misère, et peut-être, ajoutai-je en sanglotant, peut-être trouverai-je, dans le potager du voisin ou sur les gouttières, quelques vers de terre ou quelques araignées pour soutenir ma triste existence.

— Comme tu voudras, répliqua mon père, loin de s'attendrir à ce discours. Que je ne te voie plus ! Tu n'es pas mon fils ; tu n'es pas un merle.

— Et que suis-je donc, monsieur, s'il vous plaît ?

— Je n'en sais rien, mais tu n'es pas un merle. »

Après ces paroles foudroyantes, mon père s'éloigna à pas lents. Ma mère se releva tristement, et alla, en boitant, achever de pleurer dans son écuelle.

Pour moi, confus et désolé, je pris mon vol du mieux que je pus, et j'allai, comme je l'avais annoncé, me percher sur la gouttière d'une maison voisine.

II

ON père eut l'inhumanité de me laisser pendant plusieurs jours dans cette situation mortifiante. Malgré sa violence, il avait bon cœur, et, aux regards détournés qu'il me lançait, je voyais bien qu'il aurait voulu me pardonner et me rappeler ; ma mère, surtout, levait sans cesse vers moi des yeux pleins de tendresse, et se risquait même parfois à m'appeler d'un petit cri plaintif ; mais mon horrible plumage blanc leur inspirait, malgré eux, une répugnance et un effroi auxquels je vis bien qu'il n'y avait point de remède.

« Je ne suis point un merle ! » me répétais-je ; et, en effet, en m'épluchant le matin, et en me mirant dans l'eau de la gouttière, je ne reconnaissais que trop clairement combien je ressemblais peu à ma famille. « O ciel ! répétais-je encore, apprends-moi donc ce que je suis ! »

Une certaine nuit qu'il pleuvait à verse, j'allais m'endormir exténué de fatigue et de chagrin, lorsque je vis se poser près de moi un oiseau plus mouillé, plus pâle et plus maigre que je ne le croyais possible. Il était à peu près de ma couleur, autant que j'en pus juger à travers la pluie qui nous inondait ; à peine avait-il sur le corps assez de plumes pour habiller un moineau, et il était plus gros que moi. Il me sembla, au premier abord, un oiseau tout à fait pauvre et nécessiteux ; mais il gardait, en dépit de l'orage qui maltraitait son front presque tondu, un air de fierté qui me charma. Je lui fis modestement une grande révérence, à laquelle il répondit par un coup de bec qui faillit me jeter à bas de la gouttière. Voyant que je me grattais l'oreille et que je me retirais avec componction sans essayer de lui répondre en sa langue :

« Qui es-tu ? me demanda-t-il d'une voix aussi enrouée que son crâne était chauve.

— Hélas ! monseigneur, répondis-je (craignant une seconde estocade), je n'en sais rien. Je croyais être un merle, mais l'on m'a convaincu que je n'en étais pas un. »

La singularité de ma réponse et mon air de sincérité l'intéressèrent. Il s'approcha de moi et me fit conter mon histoire, ce dont je m'acquittai avec toute la tristesse et toute l'humilité qui convenaient à ma position et au temps affreux qu'il faisait.

« Si tu étais un ramier comme moi, me dit-il après m'avoir écouté, les niaiseries dont tu t'affliges ne t'inquiéteraient pas un moment. Nous voyageons, c'est là notre vie, et nous avons bien nos amours, mais je ne sais qui est mon père. Fendre l'air, traverser l'espace, voir à nos pieds les monts et les plaines, respirer l'azur même des cieux, et non les exhalaisons de la terre, courir comme la flèche à un but marqué qui ne nous échappe jamais : voilà notre plaisir et notre existence. Je fais plus de chemin en un jour qu'un homme n'en peut faire en dix.

— Sur ma parole, monsieur, dis-je un peu enhardi, vous êtes un oiseau bohémien.

— C'est encore une chose dont je ne me soucie guère, reprit-il. Je n'ai point de pays ; je ne connais que trois choses : les voyages, ma femme et mes petits. Où est ma femme, là est ma patrie.

— Mais qu'avez-vous là qui vous pend au cou? C'est comme une vieille papillote chiffonnée.

— Ce sont des papiers d'importance, répondit-il en se rengorgeant ; je vais à Bruxelles de ce pas, et je porte au célèbre banquier *** une nouvelle qui va faire baisser la rente d'un franc soixante-dix-huit centimes.

— Juste Dieu! m'écriai-je, c'est une belle existence que la vôtre, et Bruxelles, j'en suis sûr, doit être une ville bien curieuse à voir. Ne pourriez-vous pas m'emmener avec vous? Puisque je ne suis pas un merle, je suis peut-être un pigeon ramier.

— Si tu en étais un, répliqua-t-il, tu m'aurais rendu le coup de bec que je t'ai donné tout à l'heure.

— Eh bien! monsieur, je vous le rendrai; ne

nous brouillons pas pour si peu de chose. Voilà le matin qui paraît et l'orage qui s'apaise. De grâce, laissez-moi vous suivre! Je suis perdu, je n'ai plus rien au monde; — si vous me refusez, il ne me reste plus qu'à me noyer dans cette gouttière.

— Eh bien, en route! suis-moi si tu peux. »

Je jetai un dernier regard sur le jardin où dormait ma mère. Une larme coula de mes yeux; le vent et la pluie l'emportèrent. J'ouvris mes ailes et je partis.

III

es ailes, je l'ai dit, n'étaient pas encore bien robustes. Tandis que mon conducteur allait comme le vent, je m'essoufflais à ses côtés ; je tins bon pendant quelque temps, mais bientôt il me prit un éblouissement si violent, que je me sentis près de défaillir.

« Y en a-t-il encore pour longtemps ? demandai-je d'une voix faible.

— Non, me répondit-il, nous sommes au Bourget ; nous n'avons plus que soixante lieues à faire. »

J'essayai de reprendre courage, ne voulant pas avoir l'air d'une poule mouillée, et je volai encore un quart d'heure ; mais, pour le coup, j'étais rendu.

« Monsieur, bégayai-je de nouveau, ne pourrait-on pas s'arrêter un instant ? J'ai une soif horrible qui me tourmente, et, en nous perchant sur un arbre…

— Va-t'en au diable! tu n'es qu'un merle! » me répondit le ramier en colère.

Et, sans daigner tourner la tête, il continua son voyage enragé. Quant à moi, abasourdi et n'y voyant plus, je tombai dans un champ de blé.

J'ignore combien de temps dura mon évanouissement. Lorsque je repris connaissance, ce qui me revint d'abord en mémoire fut la dernière parole du ramier : « Tu n'es qu'un merle! » m'avait-il dit. « O mes chers parents! pensais-je, vous vous êtes donc trompés! Je vais retourner près de vous; vous me reconnaîtrez pour votre vrai et légitime enfant, et vous me rendrez ma place dans ce bon petit tas de feuilles qui est sous l'écuelle de ma mère. »

Je fis un effort pour me lever; mais la fatigue du voyage et la douleur que je ressentais de ma chute me paralysaient tous les membres. A peine me fus-je dressé sur mes pattes, que la défaillance me reprit, et je retombai sur le flanc.

L'affreuse pensée de la mort se présentait déjà à mon esprit, lorsque, à travers les bluets et les coquelicots, je vis venir à moi, sur la pointe du pied, deux charmantes personnes. L'une était une petite pie fort bien mouchetée et extrêmement coquette, et l'autre une tourterelle couleur de rose. La tourterelle s'arrêta à quelques pas de distance, avec un grand air de pudeur et de compassion pour mon infortune; mais la pie s'approcha en sautillant de la manière la plus agréable du monde.

« Eh! bon Dieu, pauvre enfant, que faites-vous là? me demanda-t-elle d'une voix argentine.

— Hélas! madame la marquise, répondis-je (car c'en devait être une pour le moins), je suis un pauvre diable de voyageur que son postillon a laissé en route, et je suis en train de mourir de faim.

— Sainte Vierge! que me dites-vous? » répondit-elle.

Et aussitôt elle se mit à voltiger çà et là sur les buissons qui nous entouraient, allant et venant de côté et d'autre, m'apportant quantité de baies et de fruits, dont elle fit un petit tas près de moi, tout en continuant ses questions.

« Mais qui êtes-vous? Mais d'où venez-vous? C'est une chose incroyable que votre aventure! Et où alliez-vous? Voyager seul, si jeune; car vous sortez de votre première mue! Que font vos parents? D'où sont-ils? Comment vous laissent-ils aller dans cet état-là? Mais c'est à faire dresser les plumes sur la tête! »

Pendant qu'elle parlait, je m'étais soulevé un peu de côté, et je mangeais de grand appétit. La tourterelle restait immobile, me regardant toujours d'un œil de pitié. Cependant elle remarqua que je retournais la tête d'un air languissant, et elle comprit que j'avais soif. De la pluie tombée dans la nuit une goutte restait sur un brin de mouron; elle recueillit timidement cette goutte dans son bec, et me l'apporta toute fraîche. Certainement, si je n'eusse pas été si malade, une personne si réservée ne se serait jamais permis une pareille démarche.

Je ne savais pas encore ce que c'est que l'amour, mais mon cœur battit violemment. Partagé entre deux émotions diverses, j'étais pénétré d'un charme inexplicable. Ma pannetière était si gaie, mon échanson si expansif et si doux, que j'aurais voulu déjeuner ainsi pendant toute l'éternité. Malheureusement tout a un terme, même l'appétit d'un convalescent. Le repas fini et mes forces revenues, je satisfis la curiosité de la petite pie, et lui racontai mes malheurs avec autant de sincérité que je l'avais fait la veille devant le pigeon. La pie m'écouta avec plus d'attention qu'il ne semblait devoir lui appartenir, et la tourterelle me donna des marques charmantes de sa profonde sensibilité. Mais lorsque j'en fus à toucher le point capital qui causait ma peine, c'est-à-dire l'ignorance où j'étais de moi-même :

« Plaisantez-vous ? s'écria la pie ; vous, un merle ! vous, un pigeon ! Fi donc ! vous êtes une pie, mon cher enfant, pie s'il en fut, et très-gentille pie, ajouta-t-elle en me donnant un petit coup d'aile, comme qui dirait un coup d'éventail.

— Mais, madame la marquise, répondis-je, il me semble que, pour une pie, je suis d'une couleur, ne vous en déplaise...

— Une pie russe, mon cher, vous êtes une pie russe ! Vous ne savez pas qu'elles sont blanches ? Pauvre garçon, quelle innocence !

— Mais, madame, repris-je, comment serais-je

une pie russe, étant né au fond du Marais, dans une vieille écuelle cassée?

— Ah! le bon enfant! Vous êtes de l'invasion, mon cher; croyez-vous qu'il n'y ait que vous? Fiez-vous à moi, et laissez-vous faire; je veux vous emmener tout à l'heure et vous montrer les plus belles choses de la terre.

— Où cela, madame, s'il vous plaît?

— Dans mon palais vert, mon mignon; vous verrez quelle vie on y mène. Vous n'aurez pas plus tôt été pie un quart d'heure, que vous ne voudrez plus entendre parler d'autre chose. Nous sommes là une centaine, non pas de ces grosses pies de village qui demandent l'aumône sur les grands chemins, mais toutes nobles et de bonne compagnie, effilées, lestes, et pas plus grosses que le poing. Pas une de nous n'a ni plus ni moins de sept marques noires et de cinq marques blanches; c'est une chose invariable, et nous méprisons le reste du monde. Les marques noires vous manquent, il est vrai, mais votre qualité de Russe suffira pour vous faire admettre. Notre vie se compose de deux choses : caqueter et nous attifer. Depuis le matin jusqu'à midi nous nous attifons, et, depuis midi jusqu'au soir, nous caquetons. Chacune de nous perche sur un arbre, le plus haut et le plus vieux possible. Au milieu de la forêt s'élève un chêne immense, inhabité, hélas! C'était la demeure du feu roi Pie X, où nous allons en pèlerinage en poussant de bien gros soupirs; mais, à part ce léger chagrin, nous passons le temps à merveille. Nos femmes ne sont pas plus bégueules que nos maris ne sont jaloux, mais nos plaisirs sont purs et honnêtes, parce que notre cœur est aussi noble que notre langage est libre et joyeux. Notre fierté n'a pas de bornes, et, si un geai ou toute autre canaille vient par hasard à s'introduire chez nous, nous le plumons impitoyablement. Mais nous n'en sommes pas moins les meilleures gens du monde, et les passereaux, les mésanges, les chardonnerets qui vivent dans nos taillis, nous trouvent toujours prêtes à les aider, à les nourrir et à les défendre. Nulle part il n'y a plus de caquetage que chez nous, nulle part moins de médisance. Nous ne manquons pas de vieilles pies dévotes qui disent leurs patenôtres toute la journée, mais la plus éventée de nos jeunes commères peut passer, sans crainte d'un coup de bec, près de la plus sévère douairière. En un mot, nous vivons de plaisirs, d'honneur, de bavardage, de gloire et de chiffons.

— Voilà qui est fort beau, madame, répliquai-je, et je serais certainement mal appris de ne point obéir aux ordres d'une personne comme vous. Mais avant d'avoir l'honneur de vous suivre, permettez-moi, de grâce, de dire un mot à cette bonne demoiselle qui est ici. — Mademoiselle, continuai-je en m'adressant à la tourterelle, parlez-moi franchement, je vous en supplie : pensez-vous que je sois véritablement une pie russe ? »

A cette question, la tourterelle baissa la tête,

et devint rouge pâle, comme les rubans de Lolotte.

« Mais, monsieur, dit-elle, je ne sais si je puis...

— Au nom du ciel, parlez, mademoiselle! Mon dessein n'a rien qui puisse vous offenser, bien au contraire. Vous me paraissez toutes deux si charmantes, que je fais ici le serment d'offrir mon cœur et ma patte à celle de vous qui en voudra, dès l'instant que je saurai si je suis pie ou autre chose; car, en vous regardant, ajoutai-je, parlant un peu plus bas à la jeune personne, je me sens je ne sais quoi de tourtereau qui me tourmente singulièrement.

— Mais, en effet, dit la tourterelle en rougissant encore davantage, je ne sais si c'est le reflet du soleil qui tombe sur vous à travers ces coquelicots, mais votre plumage me semble avoir une légère teinte... »

Elle n'osa en dire plus long.

« O perplexité! m'écriai-je, comment savoir à quoi m'en tenir? Comment donner mon cœur à l'une de vous, lorsqu'il est si cruellement déchiré? O Socrate! quel précepte admirable, mais difficile à suivre, tu nous as donné quand tu as dit : « Connais-toi toi-même ! »

Depuis le jour où une malheureuse chanson avait si fort contrarié mon père, je n'avais pas fait usage de ma voix. En ce moment il me vint à l'esprit de m'en servir comme d'un moyen pour discerner la vérité. « Parbleu! pensai-je, puisque monsieur mon père m'a mis à la porte dès le premier couplet, c'est bien le moins que le second produise quelque effet sur ces dames ! » Ayant donc commencé par m'incliner poliment, comme pour réclamer l'indulgence, à cause de la pluie que j'avais reçue, je me mis d'abord à siffler, puis à gazouiller, puis à faire des roulades, puis enfin à chanter à tue-tête, comme un muletier espagnol en plein vent.

A mesure que je chantais, la petite pie s'éloignait de moi d'un air de surprise qui devint bientôt de la stupéfaction, puis qui passa à un sentiment d'effroi accompagné d'un profond ennui. Elle décrivait des cercles autour de moi, comme un chat autour d'un morceau de lard trop chaud qui vient de le brûler, mais auquel il voudrait pourtant goûter encore. Voyant l'effet de mon épreuve, et voulant la pousser jusqu'au bout, plus la pauvre marquise montrait d'impatience, plus je m'égosillais à chanter. Elle résista pendant vingt-cinq minutes à mes mélodieux efforts ; enfin, n'y pouvant plus tenir, elle s'envola à grand bruit, et regagna son palais de verdure. Quant à la tourterelle, elle s'était, presque dès le commencement, profondément endormie.

« Admirable effet de l'harmonie ! pensai-je. O Marais ! ô écuelle maternelle ! plus que jamais je reviens à vous ! »

Au moment où je m'élançais pour partir, la tourterelle rouvrit les yeux.

« Adieu, dit-elle, étranger si gentil et si ennuyeux ! Mon nom est Gourouli ; souviens-toi de moi !

— Belle Gourouli, lui répondis-je, vous êtes bonne, douce et charmante; je voudrais vivre et mourir pour vous. Mais vous êtes couleur de rose; tant de bonheur n'est pas fait pour moi ! »

IV

e triste effet produit par mon chant ne laissait pas que de m'attrister. « Hélas! musique, hélas! poésie, me répétai-je en regagnant Paris, qu'il y a peu de cœurs qui vous comprennent! »

En faisant ces réflexions, je me cognai la tête contre celle d'un oiseau qui volait dans le sens opposé au mien. Le choc fut si rude et si imprévu, que nous tombâmes tous deux sur la cime d'un arbre qui, par bonheur, se trouva là. Après que nous nous fûmes un peu secoués, je regardai le nouveau venu, m'attendant à une querelle. Je vis avec surprise qu'il était blanc. A la vérité, il avait la tête un peu plus grosse que moi, et, sur le front, une espèce de panache qui lui donnait un air héroï-comique; de plus, il portait sa queue fort en l'air, avec une grande magnanimité; du reste, il ne me parut nullement disposé à la bataille. Nous nous abordâmes fort civilement, et nous nous fîmes de mutuelles excuses, après quoi nous entrâmes en conversation. Je pris la liberté de lui demander son nom et de quel pays il était.

« Je suis étonné, me dit-il, que vous ne me connaissiez pas. Est-ce que vous n'êtes pas des nôtres ?

— En vérité, monsieur, répondis-je, je ne sais pas desquels je suis. Tout le monde me demande et me dit la même chose ; il faut que ce soit une gageure qu'on ait faite.

— Vous voulez rire, répliqua-t-il ; votre plumage vous sied trop bien pour que je méconnaisse un confrère. Vous appartenez infailliblement à cette race illustre et vénérable qu'on nomme en latin *cacuata,* en langue savante *kakatoës,* et en jargon vulgaire *catacois.*

— Ma foi, monsieur, cela est possible, et ce serait bien de l'honneur pour moi. Mais ne laissez pas de faire comme si je n'en étais pas, et daignez m'apprendre à qui j'ai la gloire de parler.

— Je suis, répondit l'inconnu, le grand poëte Kacatogan. J'ai fait de puissants voyages, monsieur, des traversées arides et de cruelles pérégrinations. Ce n'est pas d'hier que je rime, et ma muse a eu des malheurs. J'ai fredonné sous Louis XVI, monsieur, j'ai braillé pour la République, j'ai noblement chanté l'Empire, j'ai discrètement loué la Restauration, j'ai même fait un effort dans ces derniers temps, et je me suis soumis, non sans peine, aux exigences de ce siècle sans goût. J'ai lancé dans le monde des distiques piquants, des hymnes sublimes, de gracieux dithyrambes, de pieuses élégies, des drames chevelus, des romans crépus, des vaudevilles poudrés et des tragédies chauves. En un mot, je puis me flatter d'avoir ajouté au temple des Muses quelques festons galants, quelques sombres créneaux et quelques ingénieuses arabesques. Que voulez-vous ! je me suis fait vieux. Mais je rime encore vertement, monsieur, et tel que vous me voyez, je rêvais à un poëme en un chant, qui n'aura pas moins de six cents pages, quand vous m'avez fait une bosse au front. Du reste, si je puis vous être bon à quelque chose, je suis tout à votre service.

— Vraiment, monsieur, vous le pouvez, répliquai-je, car vous me voyez en ce moment dans un grand embarras poétique. Je n'ose dire que je sois un poëte, ni surtout un aussi grand poëte que vous, ajoutai-je en le saluant, mais j'ai reçu de la nature un gosier qui me démange quand je me sens bien aise ou que j'ai du chagrin. A vous dire la vérité, j'ignore absolument les règles.

— Je les ai oubliées, dit Kacatogan, ne vous inquiétez pas de cela.

— Mais il m'arrive, repris-je, une chose fâcheuse : c'est que ma voix produit sur ceux qui l'entendent à peu près le même effet que celle d'un certain Jean de Nivelle sur... Vous savez ce que je veux dire ?

— Je le sais, dit Kacatogan ; je connais par moi-même cet effet bizarre. La cause ne m'en est pas connue, mais l'effet est incontestable.

— Eh bien! monsieur, vous qui me semblez être le Nestor de la poésie, sauriez-vous, je vous prie, un remède à ce pénible inconvénient?

— Non, dit Kacatogan, pour ma part, je n'en ai jamais pu trouver. Je m'en suis fort tourmenté étant jeune, à cause qu'on me sifflait toujours; mais, à l'heure qu'il est, je n'y songe plus. Je crois que cette répugnance vient de ce que le public en lit d'autres que nous : cela le distrait.

— Je le pense comme vous ; mais vous conviendrez, monsieur, qu'il est dur, pour une créature bien intentionnée, de mettre les gens en fuite dès qu'il lui prend un bon mouvement. Voudriez-vous me rendre le service de m'écouter, et me dire sincèrement votre avis?

— Très-volontiers, dit Kacatogan; je suis tout oreilles. »

Je me mis à chanter aussitôt, et j'eus la satisfaction de voir que Kacatogan ne s'enfuyait ni ne s'endormait. Il me regardait fixement, et, de temps en temps, il inclinait la tête d'un air d'approbation, avec une espèce de murmure flatteur. Mais je m'aperçus bientôt qu'il ne m'écoutait pas, et qu'il rêvait à son poëme. Profitant d'un moment où je reprenais haleine, il m'interrompit tout a coup.

« Je l'ai pourtant retrouvée, cette rime ! dit-il en souriant et en branlant la tête; c'est la soixante mille sept cent quatorzième qui sort de cette cervelle-là! Et l'on ose dire que je vieillis! Je vais lire cela aux bons amis, je vais le leur lire, et nous verrons ce qu'on en dira ! »

Parlant ainsi, il prit son vol et disparut, ne semblant plus se souvenir de m'avoir rencontré.

V

ESTÉ seul et désappointé, je n'avais rien de mieux à faire que de profiter du reste du jour et de voler à tire-d'aile vers Paris. Malheureusement, je ne savais pas ma route. Mon voyage avec le pigeon avait été trop peu agréable pour me laisser un souvenir exact; en sorte que, au lieu d'aller tout droit, je tournai à gauche au Bourget, et, surpris par la nuit, je fus obligé de chercher un gîte dans le bois de Mortefontaine.

Tout le monde se couchait lorsque j'arrivai. Les pies et les geais, qui, comme on le sait, sont les plus mauvais coucheurs de la terre, se chamaillaient de tous les côtés. Dans les buissons piaillaient les moineaux, en piétinant les uns sur les autres. Au bord de l'eau marchaient gravement deux hérons, perchés sur leurs longues échasses, dans l'attitude de la méditation, Georges Dandins du lieu, attendant patiemment leurs femmes.

D'énormes corbeaux, à moitié endormis, se posaient lourdement sur la pointe des arbres les plus élevés, et nasillaient leurs prières du soir. Plus bas, *les mésanges amoureuses se pourchassaient encore* dans les taillis, tandis qu'un pivert ébouriffé poussait son ménage par derrière, pour le faire entrer dans le creux d'un arbre. Des phalanges de friquets arrivaient des champs en dansant en l'air comme des bouffées de fumée, et se précipitaient sur un arbrisseau qu'elles couvraient tout entier ; des pinsons, des fauvettes, des rouges-gorges, se groupaient légèrement sur des branches découpées, comme des cristaux sur une girandole. De toute part résonnaient des voix qui disaient bien distinctement : « Allons, ma femme ! — Allons, ma fille ! — Venez, ma belle ! — Par ici, ma mie ! — Me voilà, mon cher ! — Bonsoir, ma maîtresse ! — Adieu, mes amis ! — Dormez bien, mes enfants ! »

Quelle position pour un célibataire que de coucher dans une pareille auberge ! J'eus là tentation de me joindre à quelques oiseaux de ma taille, et de leur demander l'hospitalité. « La nuit, pensais-je, tous les oiseaux sont gris ; et, d'ailleurs, est-ce faire tort aux gens que de dormir poliment près d'eux ? »

Je me dirigeai d'abord vers un fossé où se rassemblaient des étourneaux. Ils faisaient leur toilette de nuit avec un soin tout particulier, et je remarquai que la plupart d'entre eux avaient les ailes dorées et les pattes vernies : c'étaient les dandies de la forêt. Ils étaient assez bons enfants, et ne m'honorèrent d'aucune attention. Mais leurs propos étaient si creux, ils se racontaient avec tant de fatuité leurs tracasseries et leurs bonnes fortunes, ils se frottaient si lourdement l'un à l'autre, qu'il me fut impossible d'y tenir.

J'allai ensuite me percher sur une branche où s'alignaient une demi-douzaine d'oiseaux de différentes espèces. Je pris modestement la dernière place, à l'extrémité de la branche, espérant qu'on m'y souffrirait. Par malheur, ma voisine était une vieille colombe, aussi sèche qu'une girouette rouillée. Au moment où je m'approchais d'elle, le peu de plumes qui couvraient ses os étaient l'objet de sa sollicitude ; elle feignait de les éplucher, mais elle eût trop craint d'en arracher une : elle les passait seulement en revue pour voir si elle avait son compte. A peine l'eus-je touchée du bout de l'aile, qu'elle se redressa majestueusement.

« Qu'est-ce que vous faites donc, monsieur ? » me dit-elle en pinçant le bec avec une pudeur britannique.

Et, m'allongeant un grand coup de coude, elle me jeta en bas avec une vigueur qui eût fait honneur à un portefaix.

Je tombai dans une bruyère où dormait une grosse gelinotte. Ma mère elle-même, dans son écuelle, n'avait pas un tel air de béatitude. Elle était si rebondie, si épanouie, si bien assise sur son triple ventre, qu'on l'eût prise pour un pâté dont on avait mangé la croûte. Je me glissai furtivement près d'elle.

« Elle ne s'éveillera pas, me disais-je, et, en tout cas, une si bonne grosse maman ne peut pas être bien méchante. » Elle ne le fut pas en effet. Elle ouvrit les yeux à demi, et me dit en poussant un léger soupir :

« Tu me gênes, mon petit, va-t'en de là. »

Au même instant, je m'entendis appeler : c'étaient des grives qui, du haut d'un sorbier, me faisaient signe de venir à elles. « Voilà enfin de bonnes âmes, » pensai-je. Elles me firent place en riant comme des folles et je me fourrai aussi lestement dans leur groupe emplumé qu'un billet doux dans un manchon. Mais je ne tardai pas à juger que ces dames avaient mangé plus de raisin qu'il est raisonnable de le faire ; elles se soutenaient à peine sur les branches, et leurs plaisanteries de mauvaise compagnie, leurs éclats de rire et leurs chansons grivoises me forcèrent de m'éloigner.

Je commençais à désespérer, et j'allais m'endormir dans un coin solitaire, lorsqu'un rossignol se mit à chanter. Tout le monde aussitôt fit silence. Hélas ! que sa voix était pure ! Que sa mélancolie même paraissait douce ! Loin de troubler le sommeil d'autrui, ses accords semblaient le bercer. Personne ne songeait à le faire taire, personne ne trouvait mauvais qu'il chantât sa chanson à pareille heure ; son père ne le battait pas, ses amis ne prenaient pas la fuite.

« Il n'y a donc que moi, m'écriai-je, à qui il soit défendu d'être heureux ! Partons, fuyons ce monde cruel ! Mieux vaut chercher ma route dans les ténèbres, au risque d'être avalé par quelque hibou, que de me laisser déchirer ainsi par le spectacle du bonheur des autres ! »

Sur cette pensée, je me remis en chemin, et j'errai longtemps au hasard. Aux premières clartés du jour, j'aperçus les tours de Notre-Dame. En un clin d'œil j'y atteignis, et je ne promenai pas longtemps mes regards avant de reconnaître notre jardin. J'y volai plus vite que l'éclair... Hélas ! il était vide... J'appelai en vain mes parents : personne ne me répondit. L'arbre où se tenait mon père, le buisson maternel, l'écuelle chérie, tout avait disparu. La cognée avait tout détruit ; au lieu de l'allée verte où j'étais né, il ne restait rien qu'un cent de fagots.

VI.

e cherchai d'abord mes parents dans tous les jardins d'alentour, mais ce fut peine perdue ; ils s'étaient sans doute réfugiés dans quelque quartier éloigné, et je ne pus jamais savoir de leurs nouvelles.

Pénétré d'une tristesse affreuse, j'allai me percher sur la gouttière où la colère de mon père m'avait d'abord exilé. J'y passais les jours et les nuits à déplorer ma triste existence. Je ne dormais plus, je mangeais à peine, j'étais près de mourir de douleur.

Un jour que je me lamentais comme à l'ordinaire :

« Ainsi donc, me disais-je tout haut, je ne suis ni un merle, puisque mon père me plumait ; ni un pigeon, puisque je suis tombé en route quand j'ai voulu aller en Belgique ; ni une pie russe, puisque la petite marquise s'est bouché les oreilles dès que j'ai ouvert le bec ; ni une tourterelle, puisque Gourouli, la bonne Gourouli elle-même ronflait comme un

moine quand je chantais ; ni un perroquet, puisque
Kacatogan n'a pas daigné m'écouter ; ni un oiseau
quelconque, enfin, puisque, à Mortefontaine, on m'a
laissé coucher tout seul. Et cependant j'ai des plumes
sur le corps ; voilà des pattes et voilà des ailes. Je
ne suis point un monstre, témoin Gourouli, et cette
petite marquise elle-même, qui me trouvaient assez
à leur gré. Par quel mystère inexplicable ces plumes,
ces ailes et ces pattes ne sauraient-elles former un
ensemble auquel on puisse donner un nom ? Ne
serais-je pas par hasard... »

J'allais poursuivre mes doléances, lorsque je fus
interrompu par deux portières qui se disputaient
dans la rue.

« Ah, parbleu ! dit l'une d'elles à l'autre, si tu en
viens jamais à bout, je te fais cadeau d'un merle
blanc !

— Dieu juste ! m'écriai-je, voilà mon affaire. O
Providence ! Je suis fils d'un merle, et je suis blanc :
je suis un merle blanc ! »

Cette découverte, il faut l'avouer, modifia beaucoup mes idées. Au lieu de continuer à me plaindre,
je commençai à me rengorger et à marcher fière-
ment le long de la gouttière, en regardant l'espace
d'un air victorieux.

« C'est quelque chose, me dis-je, que d'être un
merle blanc : cela ne se trouve pas dans le pas d'un
âne. J'étais bien bon de m'affliger de ne pas rencontrer mon semblable : c'est le sort du génie, c'est
le mien ! Je voulais fuir le monde, je veux l'éton-

ner! Puisque je suis cet oiseau sans pareil dont le vulgaire nie l'existence, je dois et prétends me comporter comme tel, ni plus ni moins que le phénix, et mépriser le reste des volatiles. Il faut que j'achète les Mémoires d'Alfieri et les poëmes de lord Byron : cette nourriture substantielle m'inspirera un noble orgueil, sans compter celui que Dieu m'a donné. Oui, je veux ajouter, s'il se peut, au prestige de ma naissance. La nature m'a fait rare, je me ferai mystérieux. Ce sera une faveur, une gloire de me voir.
— Et, au fait, ajoutai-je plus bas, si je me montrais tout bonnement pour de l'argent ?

« Fi donc! quelle indigne pensée ! Je veux faire un poëme comme Kacatogan, non pas en un chant, mais en vingt-quatre, comme tous les grands hommes; ce n'est pas assez, il y en aura quarante-huit, avec des notes et un appendice ! Il faut que l'univers apprenne que j'existe. Je ne manquerai pas, dans mes vers, de déplorer mon isolement; mais ce sera de telle sorte, que les plus heureux me porteront envie. Puisque le ciel m'a refusé une femelle, je dirai un mal affreux de celles des autres. Je prouverai que tout est trop vert, hormis les raisins que je mange. Les rossignols n'ont qu'à se bien tenir : je démontrerai, comme deux et deux font quatre, que leurs complaintes font mal au cœur, et que leur marchandise ne vaut rien. Il faut que j'aille trouver Charpentier. Je veux me créer tout d'abord une puissante position littéraire. J'entends avoir autour de moi une cour composée, non pas seulement de journalistes, mais d'auteurs véritables et même de femmes de lettres. J'écrirai un rôle pour mademoiselle Rachel, et, si elle refuse de le jouer, je publierai à son de trompe que son talent est bien inférieur à celui d'une vieille actrice de province. J'irai à Venise, et je louerai, sur les bords du grand canal, au milieu de cette cité féerique, le beau palais Mocenigo, qui coûte quatre livres dix sous par jour; là, je m'inspirerai de tous les souvenirs que l'auteur de *Lara* doit y avoir laissés. Du fond de ma solitude, j'inonderai le monde d'un déluge de rimes croisées, calquées sur la strophe de Spencer, où je soulagerai ma grande âme; je ferai soupirer toutes les mésanges, roucouler toutes les tourterelles, fondre en larmes toutes les bécasses, et hurler toutes les vieilles chouettes. Mais pour ce qui regarde ma personne, je me montrerai inexorable et inaccessible à l'amour. En vain me pressera-t-on, me suppliera-t-on d'avoir pitié des infortunées qu'auront séduites mes chants sublimes; à tout cela je répondrai : « Foin ! » O excès de gloire ! mes manuscrits se vendront au poids de l'or, mes livres traverseront les mers; la renommée, la fortune, me suivront partout; seul, je semblerai indifférent aux murmures de la foule qui m'environnera. En un mot, je serai un parfait merle blanc, un véritable écrivain excentrique, fêté, choyé, admiré, envié, mais complétement grognon et insupportable. »

VII

l ne me fallut pas plus de six semaines pour mettre au jour mon premier ouvrage. C'était, comme je me l'étais promis, un poëme en quarante-huit chants. Il s'y trouvait bien quelques négligences à cause de la prodigieuse fécondité avec laquelle je l'avais écrit; mais je pensai que le public d'aujourd'hui, accoutumé à la belle littérature qui s'imprime au bas des journaux, ne m'en ferait pas un reproche.

J'eus un succès digne de moi, c'est-à-dire sans pareil. Le sujet de mon ouvrage n'était autre que moi-même : je me conformai en cela à la grande mode de notre temps. Je racontais mes souffrances passées avec une fatuité charmante ; je mettais le lecteur au fait de mille détails domestiques du plus piquant intérêt; la description de l'écuelle de ma mère ne remplissait pas moins de quatorze chants : j'en avais compté les rainures, les trous, les bosses, les éclats, les échardes, les clous, les taches, les teintes diverses, les reflets; j'en montrais le dedans, le dehors, les bords, le fond, les côtés, les plans inclinés, les plans droits; passant au contenu, j'avais étudié les brins d'herbe, les pailles, les feuilles sèches, les petits morceaux de bois, les graviers, les gouttes d'eau, les débris de mouches, les pattes de hannetons cassées qui s'y trouvaient; c'était une description ravissante. Mais ne pensez pas que je l'eusse imprimée tout d'une venue; il y a des lecteurs impertinents qui l'auraient sautée. Je l'avais habilement coupée par morceaux, et entremêlée au récit, afin que rien n'en fût perdu; en sorte qu'au moment le plus intéressant et le plus dramatique arrivaient tout à coup quinze pages d'écuelle. Voilà, je crois, un des grands secrets de l'art, et, comme je n'ai point d'avarice, en profitera qui voudra.

L'Europe entière fut émue à l'apparition de mon livre; elle dévora les révélations intimes que je daignais lui communiquer. Comment en eût-il été autrement? Non-seulement j'énumérais tous les faits qui se rattachaient à ma personne, mais je donnais encore au public un tableau complet de toutes les rêvasseries qui m'avaient passé par la tête depuis l'âge de deux mois; j'avais même intercalé au plus bel endroit une ode composée dans mon œuf. Bien entendu, d'ailleurs, que je ne négligeais pas de traiter en passant le grand sujet qui préoccupe maintenant tant de monde: à savoir, l'avenir de l'humanité. Ce problème m'avait paru intéressant; j'en ébauchai, dans un moment de loisir, une solution qui passa généralement pour satisfaisante.

On m'envoyait tous les jours des compliments en vers, des lettres de félicitation et des déclarations d'amour anonymes. Quant aux visites, je suivais rigoureusement le plan que je m'étais tracé : ma porte était fermée à tout le monde. Je ne pus cependant me dispenser de recevoir deux étrangers qui s'étaient annoncés comme étant de mes parents. L'un était un merle du Sénégal, et l'autre un merle de la Chine.

« Ah ! monsieur, me dirent-ils en m'embrassant à m'étouffer, que vous êtes un grand merle ! Que vous avez bien peint, dans votre poëme immortel, la profonde souffrance du génie méconnu ! Si nous n'étions pas déjà aussi incompris que possible, nous le deviendrions après vous avoir lu. Combien nous sympathisons avec vos douleurs, avec votre sublime mépris du vulgaire ! Nous aussi, monsieur, nous les connaissons par nous-mêmes les peines secrètes que vous avez chantées. Voici deux sonnets que nous avons faits, l'un portant l'autre, et que nous vous prions d'agréer.

— Voici, en outre, ajouta le Chinois, de la musique que mon épouse a composée sur un passage de votre préface. Elle rend merveilleusement l'intention de l'auteur.

— Messieurs, leur dis-je, autant que j'en puis juger, vous me semblez doués d'un grand cœur et d'un esprit plein de lumières. Mais pardonnez-moi de vous faire une question. D'où vient votre mélancolie?

— Eh! monsieur, répondit l'habitant du Sénégal, regardez comme je suis bâti. Mon plumage, il est vrai, est agréable à voir, et je suis revêtu de cette belle couleur verte qu'on voit briller sur les canards; mais mon bec est trop court et mon pied trop grand; et voyez de quelle queue je suis affublé : la longueur de mon corps n'en fait pas les deux tiers. N'y a-t-il pas là de quoi se donner au diable?

— Et moi, monsieur, dit le Chinois, mon infortune est encore plus pénible. La queue de mon confrère balaye les rues; mais les polissons me montrent au doigt, à cause que je n'en ai point.

— Messieurs, repris-je, je vous plains de toute mon âme : il est toujours fâcheux d'avoir trop ou trop peu n'importe de quoi. Mais permettez-moi de vous dire qu'il y a au Jardin des Plantes plusieurs personnes qui vous ressemblent, et qui demeurent là depuis longtemps, fort paisiblement empaillées. De même qu'il ne suffit pas à une femme de lettres d'être dévergondée pour faire un bon livre, ce n'est pas non plus assez pour un merle d'être mécontent pour avoir du génie. Je suis seul de mon espèce, et je m'en afflige; j'ai peut-être tort, mais c'est mon droit. Je suis blanc, messieurs! Devenez-le, et nous verrons ce que vous saurez dire. »

VIII

ALGRÉ la résolution que j'avais prise et le calme que j'affectais, je n'étais pas heureux. Mon isolement, pour être glorieux, ne m'en semblait pas moins pénible, et je ne pouvais songer sans effroi à la nécessité où je me trouvais de passer ma vie entière dans le célibat. Le retour du printemps, en particulier, me causait une gêne mortelle, et je commençais à tomber de nouveau dans la tristesse, lorsqu'une circonstance imprévue décida de ma vie entière.

Il va sans dire que mes écrits avaient traversé la Manche, et que les Anglais se les arrachaient. Les Anglais s'arrachent tout, hormis ce qu'ils comprennent. Je reçus un jour, de Londres, une lettre signée d'une jeune merlette :

« J'ai lu votre poëme, me disait-elle, et l'admiration que j'ai éprouvée m'a fait prendre la résolution de vous offrir ma main et ma personne. Dieu nous a créés l'un pour l'autre! Je suis semblable à vous, je suis une merlette blanche!... »

On suppose aisément ma surprise et ma joie. « Une merlette blanche! me dis-je, est-il bien possible? Je ne suis donc plus seul sur la terre! » Je me hâtai de répondre à la belle inconnue, et je le fis d'une manière qui témoignait assez combien sa proposition m'agréait. Je la pressais de venir à Paris ou de me permettre de voler près d'elle. Elle me répondit qu'elle aimait mieux venir, parce que ses parents l'ennuyaient, qu'elle mettait ordre à ses affaires et que je la verrais bientôt.

Elle vint, en effet, quelques jours après. O bonheur! c'était la plus jolie merlette du monde, et elle était encore plus blanche que moi.

« Ah! mademoiselle, m'écriai-je, ou plutôt madame, car je vous considère dès à présent comme mon épouse légitime, est-il croyable qu'une créature si charmante se trouvât sur la terre sans que la renommée m'apprît son existence? Bénis soient les malheurs que j'ai éprouvés et les coups de bec que m'a donnés mon père, puisque le ciel me réservait une consolation si inespérée! Jusqu'à ce jour, je me croyais condamné à une solitude éternelle, et, à vous parler franchement, c'était un rude fardeau à porter; mais je me sens, en vous regardant, toutes les qualités d'un père de famille. Acceptez ma main sans délai; marions-nous à l'anglaise, sans cérémonie, et partons ensemble pour la Suisse.

— Je ne l'entends pas ainsi, me répondit la jeune merlette ; je veux que *nos noces soient magnifiques*, et que tout ce qu'il y a en France de merles un peu bien nés y soient solennellement rassemblés. Des gens comme nous doivent à leur propre gloire de ne pas se marier comme des chats de gouttière. J'ai apporté une provision de *bank-notes*. Faites vos invitations, allez chez vos marchands, et ne lésinez pas sur les rafraîchissements. »

Je me conformai aveuglément aux ordres de la blanche merlette. Nos noces furent d'un luxe écrasant ; on y mangea dix mille mouches. Nous reçûmes la bénédiction nuptiale d'un révérend père Cormoran, qui était archevêque *in partibus*. Un bal superbe termina la journée ; enfin, rien ne manqua à mon bonheur.

Plus j'approfondissais le caractère de ma charmante femme, plus mon amour augmentait. Elle réunissait, dans sa petite personne, tous les agréments de l'âme et du corps. Elle était seulement un peu bégueule ; mais j'attribuai cela à l'influence du brouillard anglais dans lequel elle avait vécu jusqu'alors, et je ne doutai pas que le climat de la France ne dissipât bientôt ce léger nuage.

Une chose qui m'inquiétait plus sérieusement, c'était une sorte de mystère dont elle s'entourait quelquefois avec une rigueur singulière, s'enfermant à clef avec ses caméristes, et passant ainsi des heures entières pour faire sa toilette, à ce qu'elle prétendait. Les maris n'aiment pas beaucoup ces fantaisies dans leur ménage. Il m'était arrivé vingt fois de frapper à l'appartement de ma femme sans pouvoir obtenir qu'on m'ouvrît la porte. Cela, m'impatientait cruellement. Un jour, entre autres, j'insistai avec tant de mauvaise humeur, qu'elle se vit obligée de céder et de m'ouvrir un peu à la hâte, non sans se plaindre fort de mon importunité. Je remarquai, en entrant, une grosse bouteille pleine d'une espèce de colle faite avec de la farine et du blanc d'Espagne. Je demandai à ma femme ce qu'elle faisait de cette drogue ; elle me répondit que c'était un opiat pour des engelures qu'elle avait.

Cet opiat me sembla tant soit peu louche ; mais quelle défiance pouvait m'inspirer une personne si douce et si sage, qui s'était donnée à moi avec tant d'enthousiasme et une sincérité si parfaite? J'ignorais d'abord que ma bien-aimée fût une femme de plume ; elle me l'avoua au bout de quelque temps, et elle alla même jusqu'à me montrer le manuscrit d'un roman où elle avait imité à la fois Walter Scott et Scarron. Je laisse à penser le plaisir que me causa une si aimable surprise. Non-seulement je me voyais possesseur d'une beauté incomparable, mais j'acquérais encore la certitude que l'intelligence de ma compagne était digne en tout point de mon génie. Dès cet instant, nous travaillâmes ensemble. Tandis que je composais mes poëmes, elle barbouillait des rames de papier. Je lui récitais mes vers à haute voix, et cela ne la gênait nullement pour écrire pendant ce temps-là. Elle pondait ses romans avec une facilité presque égale à la mienne, choisissant toujours les sujets les plus dramatiques, des parricides, des rapts, des meurtres, et même jusqu'à des filouteries, ayant toujours soin, en passant, d'attaquer le gouvernement et de prêcher l'émancipation des merlettes. En un mot, aucun effort ne coûtait à son esprit, aucun tour de force à sa pudeur; il ne lui arrivait jamais de rayer une ligne, ni de faire un plan avant de se mettre à l'œuvre. C'était le type de la merlette lettrée.

Un jour qu'elle se livrait au travail avec une ardeur inaccoutumée, je m'aperçus qu'elle suait à grosses gouttes, et je fus étonné de voir en même temps qu'elle avait une grande tache noire dans le dos.

« Eh, bon Dieu ! lui dis-je, qu'est-ce donc ? Est-ce que vous êtes malade ? »

Elle parut d'abord un peu effrayée et même penaude ; mais la grande habitude qu'elle avait du monde l'aida bientôt à reprendre l'empire admirable qu'elle gardait toujours sur elle-même. Elle me dit que c'était une tache d'encre, et qu'elle y était fort sujette dans ses moments d'inspiration.

« Est-ce que ma femme déteint ? » me dis-je tout bas. Cette pensée m'empêcha de dormir. La bouteille de colle me revint en mémoire. « O ciel !

m'écriai-je, quel soupçon ! Cette créature céleste ne serait-elle qu'une peinture, un léger badigeon ? Se serait-elle vernie pour abuser de moi ?... Quand je croyais presser sur mon cœur la sœur de mon âme, l'être privilégié créé pour moi seul, n'aurais-je donc épousé que de la farine ? »

Poursuivi par ce doute horrible, je formai le dessein de m'en affranchir. Je fis l'achat d'un baromètre, et j'attendis avidement qu'il vînt à faire un jour de pluie. Je voulais emmener ma femme à la campagne, choisir un dimanche douteux, et tenter l'épreuve d'une lessive. Mais nous étions en plein juillet ; il faisait un beau temps effroyable.

L'apparence du bonheur et l'habitude d'écrire avaient fort excité ma sensibilité. Naïf comme j'étais, il m'arrivait parfois, en travaillant, que le sentiment fût plus fort que l'idée, et de me mettre à pleurer en attendant la rime. Ma femme aimait beaucoup ces rares occasions : toute faiblesse masculine enchante l'orgueil féminin. Une certaine nuit que je limais une rature, selon le précepte de Boileau, il advint à mon cœur de s'ouvrir.

« O toi ! dis-je à ma chère merlette, toi, la seule et la plus aimée ! toi, sans qui ma vie est un songe ! toi, dont un regard, un sourire, métamorphosent pour moi l'univers, vie de mon cœur, sais-tu combien je t'aime ? Pour mettre en vers une idée banale déjà usée par d'autres poëtes, un peu d'étude et d'attention me font aisément trouver des paroles ; mais où en prendrai-je jamais pour t'expri-

mer ce que ta beauté m'inspire ? Le souvenir même
de mes peines passées pourrait-il me fournir un
mot pour te parler de mon bonheur présent ? Avant
que tu fusses venue à moi, mon isolement était celui d'un orphelin exilé ; aujourd'hui, c'est celui d'un
roi. Dans ce faible corps, dont j'ai le simulacre
jusqu'à ce que la mort en fasse un débris, dans
cette petite cervelle enfiévrée, où fermente une inutile pensée, sais-tu, mon ange, comprends-tu, ma
belle, que rien ne peut être qui ne soit à toi ?
Écoute ce que mon cerveau peut dire, et sens
combien mon amour est plus grand ! Oh ! que
mon génie fût une perle, et que tu fusses Cléo-
pâtre ! »

En radotant ainsi, je pleurais sur ma femme, et
elle déteignait visiblement. A chaque larme qui tombait de mes yeux, apparaissait une plume, non pas
même noire, mais du plus vieux roux (je crois
qu'elle avait déjà déteint autre part). Après quelques
minutes d'attendrissement, je me trouvai vis-à-vis
d'un oiseau décollé et désenfariné, identiquement
semblable aux merles les plus plats et les plus ordinaires.

Que faire ? que dire ? quel parti prendre ? Tout
reproche était inutile. J'aurais bien pu, à la vérité,
considérer le cas comme rédhibitoire, et faire casser
mon mariage ; mais comment oser publier ma honte ?
N'était-ce pas assez de mon malheur ? Je pris mon
courage à deux pattes, je résolus de quitter le
monde, d'abandonner la carrière des lettres, de fuir

dans un désert, s'il était possible, d'éviter à jamais l'aspect d'une créature vivante, et de chercher, comme Alceste,

un endroit écarté,
Où d'être un merle blanc on eût la liberté !

IX

e m'envolai là-dessus, toujours pleurant; et le vent, qui est le hasard des oiseaux, me rapporta sur une branche de Mortefontaine. Pour cette fois, on était couché. « Quel mariage! me disais-je, quelle équipée! C'est certainement à bonne intention que cette pauvre enfant s'est mis du blanc! mais je n'en suis pas moins à plaindre, ni elle moins rousse. »

Le rossignol chantait encore. Seul, au fond de la nuit, il jouissait à plein cœur du bienfait de Dieu qui le rend si supérieur aux poëtes, et donnait librement sa pensée au silence qui l'entourait. Je ne pus résister à la tentation d'aller à lui et de lui parler.

« Que vous êtes heureux! lui dis-je. Non-seulement vous chantez tant que vous voulez, et très-bien, et tout le monde écoute; mais vous avez une femme et des enfants, votre nid, vos amis, un bon oreiller de mousse, la pleine lune et pas de journaux. Rubini et Rossini ne sont rien auprès de vous :

vous valez l'un, et vous devinez l'autre. J'ai chanté aussi, monsieur, et c'est pitoyable. J'ai rangé des mots en bataille comme des soldats prussiens, et j'ai coordonné des fadaises pendant que vous étiez dans les bois. Votre secret peut-il s'apprendre?

— Oui, me répondit le rossignol, mais ce n'est pas ce que vous croyez. Ma femme m'ennuie, je ne l'aime point; je suis amoureux de la rose : Sadi, le Persan, en a parlé. Je m'égosille toute la nuit pour elle, mais elle dort et ne m'entend pas. Son calice est fermé à l'heure qu'il est : elle y berce un vieux scarabée,— et demain matin, quand je regagnerai mon lit, épuisé de souffrance et de fatigue, c'est alors qu'elle s'épanouira, pour qu'une abeille lui mange le cœur! »

1844

PIERRE ET CAMILLE

PIERRE ET CAMILLE

I

E chevalier des Arcis, officier de cavalerie, avait quitté le service en 1760. Bien qu'il fût jeune encore, et que sa fortune lui permît de paraître avantageusement à la cour, il s'était lassé de bonne heure de la vie de garçon et des plaisirs de Paris. Il se retira près du Mans, dans une jolie maison de campagne. Là, au bout de peu de temps, la solitude, qui lui avait d'abord été agréable, lui sembla pénible. Il sentit qu'il lui était difficile de rompre tout à coup avec les habitudes de sa jeunesse. Il ne se repentit pas d'avoir quitté le monde; mais, ne pouvant se résoudre à vivre seul, il prit le parti de se marier et de trouver, s'il était pos-

sible, une femme qui partageât son goût pour le repos et pour la vie sédentaire qu'il était décidé à mener.

Il ne voulait point que sa femme fût belle; il ne la voulait pas laide, non plus; il désirait qu'elle eût de l'instruction et de l'intelligence, avec le moins d'esprit possible; ce qu'il recherchait par-dessus tout, c'était de la gaieté et une humeur égale, qu'il regardait, dans une femme, comme les premières des qualités.

La fille d'un négociant retiré, qui demeurait dans le voisinage, lui plut. Comme le chevalier ne dépendait de personne, il ne s'arrêta pas à la distance qu'il y avait entre un gentilhomme et la fille d'un marchand. Il adressa à la famille une demande qui fut accueillie avec empressement. Il fit sa cour pendant quelques mois, et le mariage fut conclu.

Jamais alliance ne fut formée sous de meilleurs et de plus heureux auspices. A mesure qu'il connut mieux sa femme, le chevalier découvrit en elle de nouvelles qualités et une douceur de caractère inaltérable. Elle, de son côté, se prit pour son mari d'un amour extrême. Elle ne vivait qu'en lui, ne songeait qu'à lui complaire, et, bien loin de regretter les plaisirs de son âge qu'elle lui sacrifiait, elle souhaitait que son existence entière pût s'écouler dans une solitude qui, de jour en jour, lui devenait plus chère.

Cette solitude n'était cependant pas complète. Quelques voyages à la ville, la visite régulière de quelques amis y faisaient diversion de temps en temps. Le chevalier ne refusait pas de voir fréquemment les parents de sa femme, en sorte qu'il semblait à celle-ci qu'elle n'avait pas quitté la maison paternelle. Elle sortait souvent des bras de son mari pour se retrouver dans ceux de sa mère, et jouissait ainsi d'une faveur que la Providence accorde à bien peu de gens, car il est rare qu'un bonheur nouveau ne détruise pas un ancien bonheur.

Monsieur des Arcis n'avait pas moins de douceur et de bonté que sa femme; mais les passions de sa jeunesse, l'expérience qu'il paraissait avoir faite des choses de ce monde, lui donnaient parfois de la mélancolie. Cécile (ainsi se nommait madame des Arcis) respectait religieusement ces moments de tristesse. Quoiqu'il n'y eût en elle, à ce sujet, ni réflexion ni calcul, son cœur l'avertissait aisément de ne pas se plaindre de ces légers nuages qui détruisent tout dès qu'on les regarde, et qui ne sont rien quand on les laisse passer.

La famille de Cécile était composée de bonnes gens, marchands enrichis par le travail, et dont la vieillesse était, pour ainsi dire, un perpétuel dimanche. Le chevalier aimait cette gaieté du repos, achetée par la peine, et y prenait part volontiers. Fatigué des mœurs de Versailles et même des soupers de mademoiselle Quinault, il se plaisait à ces façons un peu bruyantes, mais franches et nouvelles pour lui. Cécile avait un oncle, excellent homme, meilleur convive encore, qui s'appelait Giraud. Il avait été maître maçon, puis il était devenu peu à peu architecte ; à tout cela il avait gagné une vingtaine de mille livres de rente. La maison du chevalier était fort à son goût, et il y était toujours bien reçu, quoiqu'il y arrivât quelquefois couvert de plâtre et de poussière ; car, en dépit des ans et de ses vingt mille livres, il ne pouvait se tenir de grimper sur les toits et de manier la truelle. Quand il avait bu quelques coups de champagne, il fallait qu'il pérorât au dessert. « Vous êtes heureux, mon neveu, disait-il souvent au chevalier : vous êtes riche, jeune, vous avez une bonne petite femme, une maison pas trop mal bâtie ; il ne vous manque rien, il n'y a rien à dire ; tant pis pour le voisin s'il s'en plaint. Je vous dis et répète que vous êtes heureux. »

Un jour, Cécile, entendant ces mots, et se penchant vers son mari : « N'est-ce pas, lui dit-elle, qu'il faut que ce soit un peu vrai, pour que tu te le laisses dire en face ? »

Madame des Arcis, au bout de quelque temps, reconnut qu'elle était enceinte. Il y avait derrière la maison une petite colline d'où l'on découvrait tout le domaine. Les deux époux s'y promenaient souvent ensemble. Un soir qu'ils y étaient assis sur l'herbe :

« Tu n'as pas contredit mon oncle l'autre jour, dit Cécile. Penses-tu cependant qu'il eût tout à fait raison ? Es-tu parfaitement heureux ?

— Autant qu'un homme peut l'être, répondit le

chevalier, et je ne vois rien qui puisse ajouter à mon bonheur.

— Je suis donc plus ambitieuse que toi, reprit Cécile, car il me serait aisé de te citer quelque chose qui nous manque ici, et qui nous est absolument nécessaire. »

Le chevalier crut qu'il s'agissait de quelque bagatelle, et qu'elle devait prendre un détour pour lui confier un caprice de femme. Il fit, en plaisantant, mille conjectures, et à chaque question, les rires de Cécile redoublaient. Tout en badinant ainsi, ils s'étaient levés et ils descendaient la colline. Monsieur des Arcis doubla le pas, et, invité par la pente rapide, il allait entraîner sa femme, lorsque celle-ci s'arrêta, et s'appuyant sur l'épaule du chevalier :

« Prends garde, mon ami, lui dit-elle, ne me fais pas marcher si vite. Tu cherchais bien loin ce que je te demandais ; nous l'avons là sous mes paniers. »

Presque tous leurs entretiens, à compter de ce jour, n'eurent plus qu'un sujet ; ils ne parlaient que de leur enfant, des soins à lui donner, de la manière dont ils l'élèveraient, des projets qu'ils formaient déjà pour son avenir. Le chevalier voulut que sa femme prît toutes les précautions possibles pour conserver le trésor qu'elle portait. Il redoubla pour elle d'attentions et d'amour ; et tout le temps que dura la grossesse de Cécile ne fut qu'une longue et délicieuse ivresse, pleine des plus douces espérances.

Le terme fixé par la nature arriva ; un enfant vint au monde, beau comme le jour. C'était une fille, qu'on appela Camille. Malgré l'usage général et contre l'avis même des médecins, Cécile voulut la nourrir elle-même. Son orgueil maternel était si flatté de la beauté de sa fille, qu'il fut impossible de l'en séparer ; il était vrai que l'on n'avait vu que bien rarement à un enfant nouveau-né des traits aussi réguliers et aussi remarquables ; ses yeux surtout, lorsqu'ils s'ouvrirent à la lumière, brillèrent d'un éclat extraordinaire. Cécile, qui avait été élevée au couvent, était extrêmement pieuse. Ses premiers pas, dès qu'elle put se lever, furent pour aller à l'église rendre grâces à Dieu.

Cependant l'enfant commença à prendre des forces et à se développer. A mesure qu'elle grandissait, on fut surpris de la voir garder une immobilité étrange. Aucun bruit ne semblait la frapper ; elle était insensible à ces mille discours que les mères adressent à leurs nourrissons ; tandis qu'on chantait en la berçant, elle restait les yeux fixes et ouverts, regardant avidement la clarté de la lampe, et ne paraissant rien entendre. Un jour qu'elle était endormie, une servante renversa un meuble ; la mère accourut aussitôt, et vit avec étonnement que l'enfant ne s'était pas réveillée. Le chevalier fut effrayé de ces indices trop clairs pour qu'on pût s'y tromper. Dès qu'il les eut observés avec attention, il comprit à quel malheur sa fille était condamnée. La mère voulut en vain s'abuser, et, par tous les moyens imaginables, détourner les craintes de son mari. Le médecin fut appelé, et l'examen ne fut ni long ni difficile. On reconnut que la pauvre Camille était privée de l'ouïe, et par conséquent de la parole.

II

A première pensée de la mère avait été de demander si le mal était sans remède, et on lui avait répondu qu'il y avait des exemples de guérison. Pendant un an, malgré l'évidence, elle conserva quelque espoir ; mais toutes les ressources de l'art échouèrent, et, après les avoir épuisées, il fallut enfin y renoncer.

Malheureusement à cette époque, où tant de préjugés furent détruits et remplacés, il en existait un impitoyable contre ces pauvres créatures qu'on appelle sourds-muets. De nobles esprits, des savants distingués ou des hommes seulement poussés par un sentiment charitable, avaient, il est vrai, dès longtemps, protesté contre cette barbarie. Chose bizarre, c'est un moine espagnol qui, le premier, au xvie siècle, a deviné et essayé cette tâche, crue alors impossible, d'apprendre aux muets à parler sans parole. Son exemple avait été suivi en Italie, en Angleterre et en France, à différentes reprises. Bonnet, Wallis, Bulwer, Van Helmont, avaient mis au jour des ouvrages importants, mais l'intention chez eux avait été meilleure que l'effet ; un peu de bien avait été opéré çà et là, à l'insu du monde, presque au hasard, sans aucun fruit. Partout, même à Paris, au sein de la civilisation la plus avancée, les sourds-muets étaient regardés comme une espèce d'êtres à part, marqués du sceau de la colère céleste. Privés de la parole, on leur refusait la pensée. Le cloître pour ceux qui naissaient riches, l'abandon pour les pauvres, tel était leur sort ; ils inspiraient plus d'horreur que de pitié.

Le chevalier tomba peu à peu dans le plus profond chagrin. Il passait la plus grande partie du jour seul, enfermé dans son cabinet, ou se promenait dans les bois. Il s'efforçait, lorsqu'il voyait sa femme, de montrer un visage tranquille, et tentait de la consoler, mais en vain. Madame des Arcis, de son côté, n'était pas moins triste. Un malheur mérité peut faire verser des larmes, presque toujours tardives et inutiles ; mais un malheur sans motif accable la raison, en décourageant la piété.

Ces deux nouveaux mariés, faits pour s'aimer et qui s'aimaient, commencèrent ainsi à se voir avec peine et à s'éviter dans les mêmes allées où ils venaient de se parler d'un espoir si prochain, si tranquille et si pur. Le chevalier, en s'exilant volontairement dans sa maison de campagne, n'avait pensé qu'au repos ; le bonheur avait semblé l'y surprendre. Madame des Arcis n'avait fait qu'un mariage de raison ; l'amour était venu, il était réciproque. Un obstacle terrible se plaçait tout à coup entre eux, et cet obstacle était précisément l'objet même qui eût dû être un lien sacré.

Ce qui causa cette séparation soudaine et tacite, plus affreuse qu'un divorce, et plus cruelle qu'une mort lente, c'est que la mère, en dépit du malheur, aimait son enfant avec passion, tandis que le chevalier, quoi qu'il voulût faire, malgré sa patience et sa bonté, ne pouvait vaincre l'horreur que lui inspirait cette malédiction de Dieu tombée sur lui.

« Pourrais-je donc haïr ma fille ? se demandait-il souvent durant ses promenades solitaires. Est-ce sa faute si la colère du ciel l'a frappée ? Ne devrais-je pas uniquement la plaindre, chercher à adoucir la douleur de ma femme, cacher ce que je souffre, veiller sur mon enfant ? A quelle triste existence est-elle réservée si moi, son père, je l'abandonne ! Que deviendra-t-elle ? Dieu me l'envoie ainsi ; c'est à moi de me résigner. Qui en prendra soin ? Qui l'élèvera ? Qui la protégera ? Elle n'a au monde que sa mère et moi ; elle ne trouvera pas un mari et elle n'aura jamais ni frère ni sœur : c'est assez d'une malheureuse de plus au monde. Sous peine de manquer de cœur, je dois consacrer ma vie à lui faire supporter la sienne. »

Ainsi pensait le chevalier, puis il rentrait à la maison avec la ferme intention de remplir ses devoirs de père et de mari ; il trouvait son enfant dans les bras de sa femme, il s'agenouillait devant eux, prenait les mains de Cécile entre les siennes : on lui avait parlé, disait-il, d'un médecin célèbre, qu'il allait faire venir ; rien n'était encore décidé ; on avait vu des cures merveilleuses. En parlant ainsi, il soulevait sa fille entre ses bras et la promenait par la chambre ; mais d'affreuses pensées le saisissaient malgré lui ; l'idée de l'avenir, la vue de ce silence, de cet être inachevé, dont les sens étaient fermés, la réprobation, le dégoût, la pitié, le mépris du monde, l'accablaient. Son visage pâlissait, ses mains tremblaient ; il rendait l'enfant à sa mère, et se détournait pour cacher ses larmes.

C'est dans ces moments que madame des Arcis serrait sa fille sur son cœur avec une sorte de tendresse désespérée et ce plein regard de l'amour maternel, le plus violent et le plus fier de tous. Jamais elle ne faisait entendre une plainte ; elle se retirait dans sa chambre, posait Camille dans son berceau, et passait des heures entières, muette comme elle, à la regarder.

Cette espèce d'exaltation sombre et passionnée devint si forte, qu'il n'était pas rare de voir madame des Arcis garder le silence le plus absolu pendant des journées. On lui adressait en vain la parole. Il semblait qu'elle voulût savoir par elle-même ce que c'était que cette nuit de l'esprit dans laquelle sa fille devait vivre.

Elle parlait par signes à l'enfant et savait seule se faire comprendre. Les autres personnes de la maison, le chevalier lui-même, semblaient étrangers à Camille. La mère de madame des Arcis, femme d'un esprit assez vulgaire, ne venait guère à Chardonneux (ainsi se nommait la terre du chevalier) que pour déplorer le malheur arrivé à son gendre et à sa chère Cécile. Croyant faire preuve de sensibilité, elle s'apitoyait sans relâche sur le triste sort de cette pauvre enfant, et il lui échappa de dire un jour : « Mieux eût valu pour elle ne pas être née ! — Qu'auriez-vous donc fait si j'étais ainsi ? » répliqua Cécile presque avec l'accent de la colère.

L'oncle Giraud, le maître maçon, ne trouvait pas grand mal à ce que sa petite-nièce fût muette : « J'ai eu, disait-il, une femme si bavarde, que je regarde toute chose au monde, n'importe laquelle, comme préférable. Cette petite-là est sûre d'avance de ne jamais tenir de mauvais propos, ni d'en écouter, de ne pas impatienter toute une maison en chantant de vieux airs d'opéra, qui sont tous pareils ; elle ne sera pas querelleuse, elle ne dira pas d'injures aux servantes, comme ma femme n'y manquait jamais ; elle ne s'éveillera pas si son mari tousse, ou bien s'il se lève plus tôt qu'elle pour surveiller ses ouvriers ; elle ne rêvera pas tout haut, elle sera discrète ; elle y verra clair, les sourds ont de bons yeux ; elle pourra régler un mémoire, quand elle ne ferait que compter sur ses doigts, et payer, si elle a de l'argent, mais sans chicaner, comme les propriétaires à propos de la moindre bâtisse ; elle saura d'elle-même une chose très-bonne qui ne s'apprend d'ordinaire que difficilement, c'est qu'il vaut mieux faire que dire; si elle a le cœur à sa place, on le verra sans qu'elle ait besoin de se mettre du miel au bout de la langue. Elle ne rira pas en compagnie, c'est vrai; mais elle n'entendra pas, à dîner, les rabat-joie qui font des périodes; elle sera jolie, elle aura de l'esprit, elle ne fera pas de bruit; elle ne sera pas obligée, comme un aveugle, d'avoir un caniche pour se promener. Ma foi, si j'étais jeune, je l'épouserais très-bien quand elle sera grande, et aujourd'hui que je suis vieux et sans enfants, je la prendrais très-bien chez nous comme ma fille, si par hasard elle vous ennuyait. »

Lorsque l'oncle Giraud tenait de pareils discours, un peu de gaieté rapprochait par instants monsieur des Arcis de sa femme. Ils ne pouvaient s'empêcher de sourire tous deux à cette bonhomie un peu brusque, mais respectable et surtout bienfaisante, ne voulant voir le mal nulle part. Mais le mal était là; tout le reste de la famille regardait avec des yeux effrayés et curieux ce malheur, qui était une rareté. Quand ils venaient en carriole du gué de Mauny, ces braves gens se mettaient en cercle avant dîner, tâchant de voir et de raisonner, examinant tout d'un air d'intérêt, prenant un visage composé, se consultant tout bas pour savoir quoi dire, tentant quelquefois de détourner la pensée commune par une grosse remarque sur un fétu. La mère restait devant eux, sa fille sur ses genoux, sa gorge découverte, quelques gouttes de lait coulant encore. Si Raphaël eût été de la famille, la Vierge à la Chaise aurait pu avoir une sœur; madame des Arcis ne s'en doutait pas, et en était d'autant plus belle.

III

A petite fille devenait grande; la nature remplissait tristement sa tâche, mais fidèlement. Camille n'avait que ses yeux au service de son âme; ses premiers gestes furent, comme l'avaient été ses premiers regards, dirigés vers la lumière. Le plus pâle rayon de soleil lui causait des transports de joie.

Lorsqu'elle commença à se tenir debout et à marcher, une curiosité très-marquée lui fit examiner et toucher tous les objets qui l'environnaient, avec une délicatesse mêlée de crainte et de plaisir, qui tenait de la vivacité de l'enfant, et déjà de la pudeur de la femme. Son premier mouvement était de courir vers tout ce qui lui était nouveau, comme pour le saisir et s'en emparer; mais elle se retournait presque toujours à moitié chemin en regardant sa mère, comme pour la consulter. Elle ressemblait alors à l'hermine, qui, dit-on, s'arrête et renonce à la route qu'elle voulait suivre, si elle voit qu'un peu de fange ou de gravier pourrait tacher sa fourrure.

Quelques enfants du voisinage venaient jouer avec Camille dans le jardin. C'était une chose étrange que la manière dont elle les regardait parler. Ces enfants, à peu près du même âge qu'elle, essayaient, bien entendu, de répéter des mots estropiés par leurs bonnes, et tâchaient, en ouvrant les lèvres, d'exercer leur intelligence au moyen d'un bruit qui ne semblait qu'un mouvement à la pauvre fille. Souvent, pour prouver qu'elle avait compris, elle étendait les mains vers ses petites compagnes, qui, de leur côté, reculaient effrayées devant cette autre expression de leur propre pensée.

Madame des Arcis ne quittait pas sa fille. Elle observait avec anxiété les moindres actions, les moindres signes de vie de Camille. Si elle eût pu deviner que l'abbé de l'Épée allait bientôt venir et apporter la lumière dans ce monde de ténèbres, quelle n'eût pas été sa joie ! Mais elle ne pouvait rien et demeurait sans force contre ce mal du hasard, que le courage et la piété d'un homme allaient détruire. Singulière chose qu'un prêtre en voie plus qu'une mère, et que l'esprit, qui discerne, trouve ce qui manque au cœur, qui souffre !

Quand les petites amies de Camille furent en âge de recevoir les premières instructions d'une gouvernante, la pauvre enfant commença à témoigner une très-grande tristesse de ce qu'on n'en faisait pas autant pour elle que pour les autres. Il y avait chez un voisin une vieille institutrice anglaise qui faisait épeler à grand'peine un enfant et le traitait sévèrement. Camille assistait à la leçon, regardait avec étonnement son petit camarade, suivant des yeux ses efforts, et tâchant, pour ainsi dire, de l'aider ; elle pleurait avec lui lorsqu'il était grondé.

Les leçons de musique furent pour elle le sujet d'une peine bien plus vive. Debout près du piano, elle roidissait et remuait ses petits doigts en regardant la maîtresse de tous ses grands yeux, qui étaient très-noirs et très-beaux. Elle semblait demander ce qui se faisait là, et frappait quelquefois sur les touches d'une façon en même temps douce et irritée.

L'impression que les êtres ou les objets extérieurs produisaient sur les autres enfants ne paraissait pas la surprendre. Elle observait les choses et s'en souvenait comme eux. Mais lorsqu'elle les voyait se montrer du doigt ces mêmes objets et échanger entre eux ce mouvement de lèvres qui lui était inintelligible, alors recommençait son chagrin. Elle se retirait dans un coin, et, avec une pierre ou un morceau de bois, elle traçait presque machinalement sur le sable quelques lettres majuscules qu'elle avait vu épeler à d'autres, et qu'elle considérait attentivement.

La prière du soir, que le voisin faisait faire régulièrement à ses enfants tous les jours, était pour Camille une énigme qui ressemblait à un mystère.

Elle s'agenouillait avec ses amies et joignait les mains sans savoir pourquoi. Le chevalier voyait en cela une profanation : « Otez-moi cette petite, disait-il ; épargnez-moi cette singerie. — Je prends sur moi d'en demander pardon à Dieu, » répondit un jour la mère.

Camille donna de bonne heure des signes de cette bizarre faculté que les Écossais appellent la double vue, que les partisans du magnétisme veulent faire admettre, et que les médecins rangent, la plupart du temps, au nombre des maladies. La petite sourde et muette sentait venir ceux qu'elle aimait, et allait souvent au-devant d'eux, sans que rien eût pu l'avertir de leur arrivée.

Non-seulement les autres enfants ne s'approchaient d'elle qu'avec une certaine crainte, mais ils l'évitaient quelquefois d'un air de mépris. Il arrivait que l'un d'eux, avec ce manque de pitié dont parle La Fontaine, venait lui parler longtemps en la regardant en face et en riant, lui demandant de répondre. Ces petites rondes des enfants, qui se danseront tant qu'il y aura de petites jambes, Camille les regardait à la promenade, déjà à demi jeune fille, et quand venait le vieux refrain :

Entrez dans la danse,
Voyez comme on danse...

seule à l'écart, appuyée sur un banc, elle suivait la mesure, en balançant sa jolie tête, sans essayer de se mêler au groupe, mais avec assez de tristesse et de gentillesse pour faire pitié.

L'une des plus grandes tâches qu'essaya cet esprit maltraité fut de vouloir compter avec une petite voisine qui apprenait l'arithmétique. Il s'agissait d'un calcul fort aisé et fort court. La voisine se débattait contre quelques chiffres un peu embrouillés. Le total ne se montait guère à plus de douze ou quinze unités. La voisine comptait sur ses doigts. Camille, comprenant qu'on se trompait, et voulant aider, étendit ses deux mains ouvertes. On lui avait donné, à elle aussi, les premières et les plus simples notions; elle savait que deux et deux font quatre. Un animal intelligent, un oiseau même, compte d'une façon ou d'une autre, que nous ne savons pas, jusqu'à deux ou trois. Une pie, dit-on, a compté jusqu'à cinq. Camille, dans cette circonstance, aurait eu à compter plus loin. Ses mains n'allaient que jusqu'à dix. Elle les tenait ouvertes devant sa petite amie avec un air si plein de bonne volonté, qu'on l'eût prise pour un honnête homme qui ne peut pas payer.

La coquetterie se montre de bonne heure chez les femmes : Camille n'en donnait aucun indice. « C'est pourtant drôle, disait le chevalier, qu'une petite fille ne comprenne pas un bonnet ! » A de pareils propos, madame des Arcis souriait tristement. « Elle est pourtant belle ! » disait-elle à son mari ; et en même temps, avec douceur, elle poussait un peu Camille pour la faire marcher devant son père, afin qu'il vît mieux sa taille, qui commençait à se former, et sa démarche encore enfantine, qui était charmante.

A mesure qu'elle avançait en âge, Camille se prit de passion, non pour la religion, qu'elle ne connaissait pas, mais pour les églises, qu'elle voyait. Peut-être avait-elle dans l'âme cet instinct invincible qui fait qu'un enfant de dix ans conçoit et garde le projet de prendre une robe de laine, de chercher ce qui est pauvre et ce qui souffre, et de passer ainsi toute sa vie. Il mourra bien des indifférents et même des philosophes avant que l'un d'eux explique une pareille fantaisie, mais elle existe.

« Lorsque j'étais enfant, je ne voyais pas Dieu, je ne voyais que le ciel, » est certainement un mot sublime, écrit, comme on sait, par un sourd-muet. Camille était bien loin de tant de force. L'image grossière de la Vierge, badigeonnée de blanc de céruse, sur un fond de plâtre frotté de bleu, à peu près comme l'enseigne d'une boutique; un enfant de chœur de province, dont un vieux surplis couvrait la soutane, et dont la voix faible et argentine faisait tristement vibrer les carreaux, sans que Camille en pût rien entendre; la démarche du suisse, les airs du bedeau, — qui sait ce qui fait lever les yeux à un enfant? Mais qu'importe, dès que ces yeux se lèvent!

IV

LLE est pourtant belle! se répétait le chevalier, et Camille l'était en effet. Dans le parfait ovale d'un visage régulier; sur des traits d'une pureté et d'une fraîcheur admirables, brillait, pour ainsi dire, la clarté d'un bon cœur. Camille était petite, non point pâle, mais très-blanche, avec de longs cheveux noirs. Gaie, active, elle suivait son naturel; triste avec douceur et presque avec nonchalance, dès que le malheur venait la toucher; pleine de grâce dans tous ses mouvements, d'esprit et quelquefois d'énergie dans sa petite pantomime, singulièrement industrieuse à se faire entendre, vive à comprendre, toujours obéissante dès qu'elle avait compris. Le chevalier restait aussi parfois, comme madame des Arcis, à regarder sa fille sans parler. Tant de grâce et de beauté, joint à tant de malheur et d'horreur, était près de lui troubler l'esprit; on le vit embrasser souvent Camille avec une sorte de

transport, en disant tout haut : « Je ne suis cependant pas un méchant homme ! »

Il y avait une allée dans le bois, au fond du jardin, où le chevalier avait l'habitude de se promener après le déjeuner. De la fenêtre de sa chambre, madame des Arcis voyait son mari aller et venir derrière les arbres. Elle n'osait guère l'y aller retrouver. Elle regardait, avec un chagrin plein d'amertume, cet homme qui avait été pour elle plutôt un amant qu'un époux, dont elle n'avait jamais reçu un reproche, à qui elle n'en avait jamais eu un seul à faire, et qui n'avait plus le courage de l'aimer parce qu'elle était mère.

Elle se hasarda pourtant un matin. Elle descendit en peignoir, belle comme un ange, le cœur palpitant ; il s'agissait d'un bal d'enfants qui devait avoir lieu dans un château voisin. Madame des Arcis voulait y mener Camille. Elle voulait voir l'effet que pourrait produire sur le monde et sur son mari la beauté de sa fille. Elle avait passé des nuits sans sommeil à chercher quelle robe elle lui mettrait ; elle avait formé sur ce projet les plus douces espérances. « Il faudra bien, se disait-elle, qu'il en soit fier et qu'on en soit jaloux, une fois pour toutes, de cette pauvre petite. Elle ne dira rien, mais elle sera la plus belle. »

Dès que le chevalier vit sa femme venir à lui, il s'avança au-devant d'elle, et lui prit la main, qu'il baisa avec un respect et une galanterie qui lui venaient de Versailles, et dont il ne s'écartait jamais, malgré sa bonhomie naturelle. Ils commencèrent par échanger quelques mots insignifiants, puis ils se mirent à marcher l'un à côté de l'autre.

Madame des Arcis cherchait de quelle manière elle proposerait à son mari de la laisser mener sa fille au bal, et de rompre ainsi une détermination qu'il avait prise depuis la naissance de Camille, celle de ne plus voir le monde. La seule pensée d'exposer son malheur aux yeux des indifférents ou des malveillants mettait le chevalier presque hors de lui. Il avait annoncé formellement sa volonté sur ce sujet. Il fallait donc que madame des Arcis trouvât un biais, un prétexte quelconque, non-seulement pour exécuter son dessein, mais pour en parler.

Pendant ce temps-là, le chevalier paraissait réfléchir beaucoup de son côté. Il fut le premier à rompre le silence. Une affaire survenue à un de ses parents, dit-il à sa femme, venait d'occasionner de grands dérangements de fortune dans sa famille; il était important pour lui de surveiller les gens chargés des mesures à prendre ; ses intérêts, et par conséquent ceux de madame des Arcis elle-même, couraient le risque d'être compromis faute de soin. Bref, il annonça qu'il était obligé de faire un court voyage en Hollande, où il devait s'entendre avec son banquier; il ajouta que l'affaire était extrêmement pressée, et qu'il comptait partir dès le lendemain matin.

Il n'était que trop facile à madame des Arcis de

comprendre le motif de ce voyage. Le chevalier était bien éloigné de songer à abandonner sa femme; mais, en dépit de lui-même, il éprouvait un besoin irrésistible de s'isoler tout à fait pendant quelque temps, ne fût-ce que pour revenir plus tranquille. Toute vraie douleur donne, la plupart du temps, ce besoin de solitude à l'homme, comme la souffrance physique aux animaux.

Madame des Arcis fut d'abord tellement surprise, qu'elle ne répondit que par ces phrases banales qu'on a toujours sur les lèvres quand on ne peut pas dire ce qu'on pense : elle trouvait ce voyage tout simple ; le chevalier avait raison ; elle reconnaissait l'importance de cette démarche, et ne s'y opposait en aucune façon. Tandis qu'elle parlait, la douleur lui serrait le cœur ; elle dit qu'elle se trouvait lasse, et s'assit sur un banc.

Là, elle resta plongée dans une rêverie profonde, les regards fixes, les mains pendantes. Madame des Arcis n'avait connu jusqu'alors ni grande joie ni grands plaisirs. Sans être une femme d'un esprit élevé, elle sentait assez fortement et elle était d'une famille assez commune pour avoir quelque peu souffert. Son mariage avait été pour elle un bonheur tout à fait imprévu, tout à fait nouveau ; un éclair avait brillé devant ses yeux au milieu de longues et froides journées, maintenant la nuit la saisissait.

Elle demeura longtemps pensive. Le chevalier détournait les yeux, et semblait impatient de rentrer à la maison. Il se levait et se rasseyait. Madame des

Arcis se leva aussi enfin, prit le bras de son mari ; ils rentrèrent ensemble.

L'heure du dîner venue, madame des Arcis fit dire qu'elle se trouvait malade et qu'elle ne descendrait pas. Dans sa chambre était un prie-Dieu où elle resta à genoux jusqu'au soir. Sa femme de chambre entra plusieurs fois, ayant reçu du chevalier l'ordre secret de veiller sur elle ; elle ne répondit pas à ce qu'on lui disait. Vers huit heures du soir elle sonna, demanda la robe commandée à l'avance pour sa fille, et qu'on mît le cheval à la voiture. Elle fit avertir en même temps le chevalier qu'elle allait au bal, et qu'elle souhaitait qu'il l'y accompagnât.

Camille avait la taille d'un enfant, mais la plus svelte et la plus légère. Sur ce corps bien-aimé, dont les contours commençaient à se dessiner, la mère posa une petite parure simple et fraîche. Une robe de mousseline blanche brodée, des petits souliers de satin blanc, un collier de graines d'Amérique sur le cou, une couronne de bluets sur la tête, tels furent les atours de Camille, qui se mirait avec orgueil et sautait de joie. La mère, vêtue d'une robe de velours, comme quelqu'un qui ne veut pas danser, tenait son enfant devant une psyché, et l'embrassait coup sur coup, en répétant : « Tu es belle ! tu es belle ! » lorsque le chevalier monta. Madame des Arcis, sans aucune émotion apparente, demanda à son domestique si on avait attelé, et à son mari s'il venait. Le chevalier donna la main à sa femme, et l'on alla au bal.

C'éait la première fois qu'on voyait Camille. On avait beaucoup entendu parler d'elle. La curiosité dirigea tous les regards vers la petite fille dès qu'elle parut. On pouvait s'attendre à ce que madame des Arcis montrât quelque embarras et quelque inquiétude ; il n'en fut rien. Après les politesses d'usage, elle s'assit de l'air le plus calme, et, tandis que chacun suivait des yeux son enfant avec une espèce d'étonnement ou un air d'intérêt affecté, elle la laissait aller par la chambre sans paraître y songer.

Camille retrouvait là ses petites compagnes ; elle courait tour à tour vers l'une ou vers l'autre, comme si elle eût été au jardin. Toutes, cependant, la recevaient avec réserve et avec froideur. Le chevalier, debout à l'écart, souffrait visiblement. Ses amis vinrent à lui, vantèrent la beauté de sa fille ; des personnes étrangères, ou même inconnues, l'abordèrent avec l'intention de lui faire compliment. Il sentait qu'on le consolait, et ce n'était guère de son goût. Cependant un regard auquel on ne se trompe pas, le regard de tous, lui remit peu à peu quelque joie au cœur. Après avoir parlé par gestes presque à tout le monde, Camille était restée debout entre les genoux de sa mère. On venait de la voir aller de côté et d'autre ; on s'attendait à quelque chose d'étrange, ou tout au moins de curieux ; elle n'avait rien fait que de dire bonsoir aux gens avec une grande révérence, donner un petit *shake-hand* à des demoiselles anglaises, envoyer des baisers aux mères de ses petites amies, le tout peut-être appris par cœur, mais fait avec grâce et naïveté. Revenue tranquillement à sa place, on commença à l'admirer. Rien, en effet, n'était plus beau que cette enveloppe dont ne pouvait sortir cette pauvre âme. Sa taille, son visage, ses longs cheveux bouclés, ses yeux surtout d'un éclat incomparable, surprenaient tout le monde. En même temps que ses regards essayaient de tout deviner, et ses gestes de tout dire, son air réfléchi et mélancolique prêtait à ses moindres mouvements, à ses allures d'enfant et à ses poses un certain aspect d'un air de grandeur; un peintre ou un sculpteur en eût été frappé. On s'approcha de madame des Arcis, on l'entoura, on fit mille questions par gestes à Camille; à l'étonnement et à la répugnance avaient succédé une bienveillance sincère, une franche sympathie. L'exagération, qui arrive toujours dès que le voisin parle après le voisin pour répéter la même chose, s'en mêla bientôt. On n'avait jamais vu un si charmant enfant; rien ne lui ressemblait, rien n'était si beau qu'elle. Camille eut enfin un triomphe complet, auquel elle était loin de rien comprendre.

Madame des Arcis le comprenait. Toujours calme au dehors, elle eut ce soir un battement de cœur qui lui était dû, le plus heureux, le plus pur de sa vie. Il y eut entre elle et son mari un sourire échangé, qui valait bien des larmes.

Cependant une jeune fille se mit au piano, et joua une contredanse. Les enfants se prirent par la main, se mirent en place, et commencèrent à exécuter les pas que le maître de danse de l'endroit leur avait appris. Les parents, d'autre part, commencèrent à se complimenter réciproquement, à trouver charmante cette petite fête, et à se faire remarquer les uns aux autres la gentillesse de leurs progénitures. Ce fut bientôt un grand bruit de rires enfantins, de plaisanteries de café entre les jeunes gens, de causeries de chiffons entre les jeunes filles, de bavardages entre les papas, de politesses aigres-douces entre les mamans, bref, un bal d'enfants en province.

Le chevalier ne quittait pas des yeux sa fille, qui, on le pense bien, n'était pas de la contredanse. Camille regardait la fête avec une attention un peu triste. Un petit garçon vint l'inviter. Elle secoua la tête pour toute réponse ; quelques bluets tombèrent de sa couronne, qui n'était pas bien solide. Madame des Arcis les ramassa, et eut bientôt réparé, avec quelques épingles, le désordre de cette coiffure qu'elle avait faite elle-même ; mais elle chercha vainement ensuite son mari : il n'était plus dans la salle. Elle fit demander s'il était parti, et s'il avait pris la voiture. On lui répondit qu'il était retourné chez lui à pied.

V

E chevalier avait résolu de s'éloigner sans dire adieu à sa femme. Il craignait et fuyait toute explication fâcheuse, et comme, d'ailleurs, son dessein était de revenir dans peu de temps, il crut agir plus sagement en laissant seulement une lettre. Il n'était pas tout à fait vrai que ses affaires l'appelassent en Hollande; cependant son voyage pouvait lui être avantageux. Un de ses amis écrivit à Chardonneux pour presser son départ; c'était un prétexte convenu. Il prit, en rentrant, le semblant d'un homme obligé de s'en aller à l'improviste. Il fit faire ses paquets en toute hâte, les envoya à la ville, monta à cheval et partit.

Une hésitation involontaire et un très-grand regret s'emparèrent cependant de lui lorsqu'il franchit le seuil de sa porte. Il craignit d'avoir obéi trop vite à un sentiment qu'il pouvait maîtriser, de faire verser à sa femme des larmes inutiles, et de ne pas trouver ailleurs le repos qu'il ôtait peut-être à sa maison. « Mais qui sait, pensa-t-il, si je ne fais pas, au contraire, une chose utile et raisonnable ? Qui sait si le chagrin passager que pourra causer mon absence ne nous rendra pas des jours plus heureux ? Je suis frappé d'un malheur dont Dieu seul connaît la cause ; je m'éloigne pour quelques jours du lieu où je souffre. Le changement, le voyage, la fatigue même, calmeront peut-être mes ennuis ; je vais m'occuper de choses matérielles, importantes, nécessaires ; je reviendrai le cœur plus tranquille, plus content ; j'aurai réfléchi, je saurai mieux ce que j'ai à faire. — Cependant Cécile va souffrir, » se disait-il au fond du cœur. Mais, son parti une fois pris, il continua sa route.

Madame des Arcis avait quitté le bal vers onze heures. Elle était montée en voiture avec sa fille, qui s'endormit bientôt sur ses genoux. Bien qu'elle ignorât que le chevalier eût exécuté si promptement son projet de voyage, elle n'en souffrait pas moins d'être sortie seule de chez ses voisins. Ce qui n'est aux yeux du monde qu'un manque d'égards devient une douleur sensible à qui en soupçonne le motif. Le chevalier n'avait pu supporter le spectacle public de son malheur. La mère avait voulu montrer ce malheur pour tâcher de le vaincre et d'en avoir raison. Elle eût aisément pardonné à son mari un mouvement de tristesse ou de mauvaise humeur ; mais il faut penser qu'en province une telle manière de laisser ainsi sa femme et sa fille est une chose presque inouïe ; et la moindre bagatelle en

pareil cas, seulement un manteau qu'on cherche,
lorsque celui qui devrait l'apporter n'est pas là, a
fait quelquefois plus de mal que tout le respect des
convenances ne saurait faire de bien.

Tandis que la voiture se traînait lentement sur
les cailloux d'un chemin vicinal nouvellement fait,
madame des Arcis, regardant sa fille endormie, se
livrait aux plus tristes pressentiments. Soutenant
Camille, de façon à ce que les cahots ne pussent
l'éveiller, elle songeait, avec cette force que la nuit
donne à la pensée, à la fatalité qui semblait la
poursuivre jusque dans cette joie légitime qu'elle
venait d'avoir à ce bal. Une étrange disposition
d'esprit la faisait se reporter tour à tour, tantôt vers
son propre passé, tantôt vers l'avenir de sa fille.
« Que va-t-il arriver? se disait-elle. Mon mari s'éloigne de moi ; s'il ne part pas aujourd'hui pour toujours, ce sera demain; tous mes efforts, toutes mes
prières ne serviront qu'à l'importuner; son amour
est mort, sa pitié subsiste, mais son chagrin est plus
fort que lui et que moi-même. Ma fille est belle,
mais vouée au malheur; qu'y puis-je faire? Que
puis-je prévoir ou empêcher? Si je m'attache à cette
pauvre enfant, comme je le dois, comme je le fais,
c'est presque renoncer à voir mon mari. Il nous fuit,
nous lui faisons horreur. Si je tentais, au contraire,
de me rapprocher de lui, si j'osais essayer de rappeler son ancien amour, ne me demanderait-il pas
peut-être de me séparer de ma fille? Ne pourrait-il
pas se faire qu'il voulût confier Camille à des étran-

gers, et se délivrer d'un spectacle qui l'afflige?»

En se parlant ainsi à elle-même, madame des Arcis embrassait Camille.

« Pauvre enfant! se disait-elle, moi t'abandonner! Moi acheter au prix de ton repos, de ta vie peut-être, l'apparence d'un bonheur qui me fuirait à mon tour! Cesser d'être mère pour être épouse! Quand une pareille chose serait possible, ne vaut-il pas mieux mourir que d'y songer? »

Puis elle revenait à ses conjectures. « Que va-t-il arriver? se demandait-elle encore. Qu'ordonnera de nous la Providence? Dieu veille sur tous, il nous voit comme les autres. Que fera-t-il de nous? Que deviendra cette enfant? »

A quelque distance de Chardonneux, il y avait un gué à passer. Il avait beaucoup plu depuis un mois à peu près, en sorte que la rivière débordait et couvrait les prés d'alentour. Le *passeux* refusa d'abord de prendre la voiture dans son bac, et dit qu'il fallait dételer, qu'il se chargeait de traverser l'eau avec les gens et le cheval, non avec le carrosse. Madame des Arcis, pressée de revoir son mari, ne voulut pas descendre. Elle dit au cocher d'entrer dans le bac; c'était un trajet de quelques minutes, qu'elle avait fait cent fois.

Au milieu du gué, le bateau commença à dévier, poussé par le courant. Le *passeux* demanda aide au cocher pour empêcher, disait-il, d'aller à l'écluse. Il y avait, en effet, à deux ou trois cents pas plus bas, un moulin avec une écluse, faite de soliveaux, de pieux et de planches rassemblés, mais vieille, brisée par l'eau, et devenue une espèce de cascade, ou plutôt de précipice. Il était clair que, si l'on se laissait entraîner jusque-là, on devait s'attendre à un accident terrible.

Le cocher était descendu de son siége ; il aurait voulu être bon à quelque chose, mais il n'y avait qu'une perche dans le bac. Le *passeux*, de son côté, faisait ce qu'il pouvait, mais la nuit était sombre ; une petite pluie fine aveuglait ces deux hommes, qui tantôt se relayaient, tantôt réunissaient leurs forces, pour couper l'eau et gagner la rive.

A mesure que le bruit de l'écluse se rapprochait, le danger devenait plus effrayant. Le bateau, lourdement chargé, et défendu contre le courant par deux hommes vigoureux, n'allait pas vite. Lorsque la perche était bien enfoncée et bien tenue à l'avant, le bac s'arrêtait, allait de côté, ou tournait sur lui-même ; mais le flot était trop fort. Madame des Arcis, qui était restée dans la voiture avec l'enfant, ouvrit la glace avec une terreur affreuse :

« Est-ce que nous sommes perdus ? » s'écria-t-elle.

En ce moment la perche rompit. Les deux hommes tombèrent dans le bateau, épuisés et les mains meurtries.

Le *passeux* savait nager, mais non le cocher. Il n'y avait pas de temps à perdre :

« Père Georgeot, dit madame des Arcis au *passeux* (c'était son nom), peux-tu me sauver, ma fille et moi ? »

Le père Georgeot jeta un coup d'œil sur l'eau, puis sur la rive :

« Certainement, répondit-il en haussant les épaules d'un air presque offensé qu'on lui adressât une pareille question.

— Que faut-il faire ? dit madame des Arcis.

— Vous mettre sur mes épaules, répliqua le *passeux*. Gardez votre robe, ça vous soutiendra. Empoignez-moi le cou à deux bras, mais n'ayez pas peur et ne vous cramponnez pas, nous serions noyés ; ne criez pas, ça vous ferait boire. Quant à la petite, je la prendrai d'une main par la taille, je nagerai de l'autre à la marinière, et je la passerai en l'air sans la mouiller. Il n'y a pas vingt-cinq brasses d'ici aux pommes de terre qui sont dans ce champ-là.

— Et Jean ? dit madame des Arcis, désignant le cocher.

— Jean boira un coup, mais il en reviendra. Qu'il aille à l'écluse et qu'il attende, je le retrouverai. »

Le père Georgeot s'élança dans l'eau, chargé de son double fardeau, mais il avait trop préjugé de ses forces. Il n'était plus jeune, tant s'en fallait. La rive était plus loin qu'il ne disait, et le courant plus fort qu'il ne l'avait pensé. Il fit cependant tout ce qu'il put pour arriver à terre, mais il fut bientôt entraîné. Le tronc d'un saule couvert par l'eau, et qu'il ne pouvait voir dans les ténèbres, l'arrêta tout à coup : il s'y était violemment frappé au front. Son sang coula, sa vue s'obscurcit.

« Prenez votre fille et mettez-la sur mon cou, dit-il, ou sur le vôtre ; je n'en puis plus.

— Pourrais-tu la sauver si tu ne portais qu'elle? demanda la mère.

— Je n'en sais rien, mais je crois que oui, dit le *passeux*. »

Madame des Arcis, pour toute réponse, ouvrit les bras, lâcha le cou du *passeux*, et se laissa aller au fond de l'eau.

Lorsque le *passeux* eut déposé à terre la petite Camille saine et sauve, le cocher, qui avait été tiré de la rivière par un paysan, l'aida à chercher le corps de madame des Arcis. On ne le trouva que le lendemain matin, près du rivage.

VI

n an après cet événement, dans une chambre d'un hôtel garni situé rue du Bouloi, à Paris, dans le quartier des diligences, une jeune fille en deuil était assise près d'une table au coin du feu. Sur cette table était une bouteille de vin d'ordinaire, à moitié vide, et un verre. Un homme courbé par l'âge, mais d'une physionomie ouverte et franche, vêtu à peu près comme un ouvrier, se promenait à grands pas dans la chambre. De temps en temps il s'approchait de la jeune fille, s'arrêtait devant elle, et la regardait d'un air presque paternel. La jeune fille, alors, étendait le bras, soulevait la bouteille avec un empressement mêlé d'une sorte de répugnance involontaire, et remplissait le verre Le vieillard buvait un petit coup, puis recommençait à marcher, tout en gesticulant d'une façon singulière et presque ridicule, pendant que la jeune fille, souriant d'un air triste, suivait ses mouvements avec attention.

Il eût été difficile, à qui se fût trouvé là, de deviner quelles étaient ces deux personnes : l'une, immobile, froide, pareille au marbre, mais pleine de grâce et de distinction, portant sur son visage et dans ses moindres gestes plus que ce qu'on appelle ordinairement la beauté ; l'autre d'une apparence tout à fait vulgaire, les habits en désordre, le chapeau sur la tête, buvant du gros vin de cabaret, et faisant résonner sur le parquet les clous de ses souliers. C'était un étrange contraste.

Ces deux personnes étaient pourtant liées par une amitié bien vive et bien tendre. C'étaient Camille et l'oncle Giraud. Le digne homme était venu à Chardonneux lorsque madame des Arcis avait été portée d'abord à l'église, puis à sa dernière demeure. Sa mère étant morte et son père absent, la pauvre enfant se trouvait alors absolument seule en ce monde. Le chevalier, ayant une fois quitté sa maison, distrait par son voyage, appelé par ses affaires, et obligé de parcourir plusieurs villes de la Hollande, n'avait appris que fort tard la mort de sa femme ; en sorte qu'il se passa près d'un mois, pendant lequel Camille resta, pour ainsi dire, orpheline. Il y avait bien, il est vrai, à la maison une sorte de gouvernante qui avait charge de veiller sur la jeune fille ; mais la mère, de son vivant, ne souffrait point de partage. Cet emploi était une sinécure ; la gouvernante connaissait à peine Camille, et ne pouvait lui être d'aucun secours dans une pareille circonstance.

La douleur de la jeune fille à la mort de sa mère avait été si violente, qu'on avait craint longtemps pour ses jours. Lorsque le corps de madame des Arcis avait été retiré de l'eau et apporté à la maison, Camille accompagnait ce cortége funèbre en poussant des cris de désespoir si déchirants que les gens du pays en avaient presque peur. Il y avait, en effet, je ne sais quoi d'effrayant dans cet être qu'on était habitué à voir muet, doux et tranquille, et qui sortait tout à coup de son silence en présence de la mort. Des sons inarticulés qui s'échappaient de ses lèvres, et qu'elle seule n'entendait pas, avaient quelque chose de sauvage ; ce n'étaient ni des paroles ni des sanglots, mais une sorte de langage horrible, qui semblait inventé par la douleur. Pendant un jour et une nuit, ces cris affreux ne cessèrent de remplir la maison ; Camille courait de tous côtés, s'arrachant les cheveux et frappant les murailles. On essaya en vain de l'arrêter ; la force même fut inutile. Ce ne fut que la nature épuisée qui la fit enfin tomber au pied du lit où le corps de sa mère était couché.

Presque aussitôt, elle avait paru reprendre sa tranquillité accoutumée, et, pour ainsi dire, tout oublier. Elle était restée quelque temps dans un calme apparent, marchant toute la journée, au hasard, d'un pas lent et distrait, ne se refusant à aucun des soins qu'on prenait pour elle ; on la croyait revenue à elle-même, et le médecin qui avait été appelé s'y trompa comme tout le monde ;

mais une fièvre nerveuse se déclara bientôt avec les plus graves symptômes. Il fallut veiller constamment sur la malade ; sa raison semblait entièrement perdue.

C'était alors que l'oncle Giraud avait pris la résolution de venir à tout prix au secours de sa nièce. « Puisqu'elle n'a plus ni père ni mère dans ce moment-ci, avait-il dit aux gens de la maison, je me déclare pour son oncle véritable, chargé de la soigner et d'empêcher qu'il ne lui arrive malheur. Cette enfant m'a toujours plu ; j'ai souvent demandé à son père de me la donner pour me faire rire. Je ne veux pas l'en priver, c'est sa fille, mais pour l'instant je m'en empare. A son retour, je la lui rendrai fidèlement. »

L'oncle Giraud n'avait pas grande foi aux médecins, par une assez bonne raison, c'est qu'il croyait à peine aux maladies, n'ayant jamais lui-même été malade. Une fièvre nerveuse surtout lui paraissait une chimère, un pur dérangement d'idées, qu'un peu de distraction devait guérir. Il s'était donc décidé à amener Camille à Paris. « Vous voyez, dit-il encore, qu'elle a du chagrin, cette enfant. Elle ne fait que pleurer, et elle a raison : une mère ne vous meurt pas deux fois. Mais il ne s'agit pas que la fille s'en aille parce que l'autre vient de partir ; il faut tâcher qu'elle pense à autre chose. On dit que Paris est très-bon pour cela ; je ne connais point Paris, moi, ni elle non plus. Ainsi donc je vais l'y mener, cela nous fera du bien à tous les deux.

D'ailleurs, quand ce ne serait que la route, cela ne peut que lui être très-bon. J'ai eu de la peine comme un autre, et toutes les fois que j'ai vu sautiller devant moi la queue d'un postillon, cela m'a toujours ragaillardi. »

De cette façon, Camille et son oncle étaient venus à Paris. Le chevalier, instruit de ce voyage par une lettre de l'oncle Giraud, l'approuva. Au retour de sa tournée en Hollande, il avait rapporté à Chardonneux une mélancolie tellement profonde, qu'il lui était presque impossible de voir qui que ce fût, même sa fille. Il semblait vouloir fuir tout être vivant, et chercher à se fuir lui-même. Presque toujours seul, à cheval, dans les bois, il fatiguait son corps outre mesure pour donner quelque repos à son âme. Un chagrin caché, incurable, le dévorait. Il se reprochait au fond du cœur d'avoir rendu sa femme malheureuse pendant sa vie, et d'avoir contribué à sa mort. « Si j'avais été là, se disait-il, elle vivrait, et je devais y être. » Cette pensée, qui ne le quittait plus, empoisonnait sa vie.

Il désirait que Camille fût heureuse ; il était prêt, dans l'occasion, à faire pour cela les plus grands sacrifices. Sa première idée, en revenant à Chardonneux, avait été d'essayer de remplacer près de sa fille celle qui n'était plus, et de payer avec usure cette dette de cœur qu'il avait contractée ; mais le souvenir de la ressemblance de la mère et de l'enfant lui causait à l'avance une douleur intolérable. C'était en vain qu'il cherchait à se tromper sur cette douleur même, et qu'il voulait se persuader que ce serait plutôt à ses yeux une consolation, un adoucissement à sa peine, de retrouver ainsi sur un visage aimé les traits de celle qu'il pleurait sans cesse. Camille, malgré tout, était pour lui un reproche vivant, une preuve de sa faute et de son malheur, qu'il ne se sentait pas la force de supporter.

L'oncle Giraud n'en pensait pas si long. Il ne songeait qu'à égayer sa nièce et à lui rendre la vie agréable. Malheureusement ce n'était pas facile. Camille s'était laissé emmener sans résistance, mais elle ne voulait prendre part à aucun des plaisirs que le bonhomme tâchait de lui proposer. Ni promenades, ni fêtes, ni spectacles, ne pouvaient la tenter; pour toute réponse, elle montrait sa robe noire.

Le vieux maître maçon était obstiné. Il avait loué, comme on l'a vu, un appartement garni dans une auberge des Messageries, la première qu'un commissionnaire de la rue lui avait indiquée, ne comptant y rester qu'un mois ou deux. Il y était avec Camille depuis près d'un an. Pendant un an, Camille s'était refusée à toutes ses propositions de partie de plaisir, et, comme il était en même temps aussi bon et aussi patient qu'entêté, il attendait depuis un an sans se plaindre. Il aimait cette pauvre fille de toute son âme, sans qu'il en sût lui-même la cause, par un de ces charmes inexplicables qui attachent la bonté au malheur.

« Mais enfin, je ne sais pas, disait-il, tout en achevant sa bouteille, ce qui peut t'empêcher de venir à l'Opéra avec moi. Cela coûte fort cher ; j'ai le billet dans ma poche ; voilà ton deuil fini d'hier ; tu as là deux robes neuves ; d'ailleurs tu n'as qu'à mettre ton capuchon, et... »

Il s'interrompit. « Diable ! dit-il, tu n'entends rien, je n'y avais pas pensé. Mais qu'importe ? ce n'est pas nécessaire dans cet endroit-là. Tu n'entends pas, moi, je n'écoute pas. Nous regarderons danser, voilà tout. »

Ainsi parlait le bon oncle, qui ne pouvait jamais songer, quand il avait quelque chose d'intéressant à dire, que sa nièce ne pouvait l'entendre ni lui répondre. Il causait avec elle malgré lui. D'une autre part, quand il essayait de s'exprimer par signes, c'était encore pire ; elle le comprenait encore moins. Aussi avait-il adopté l'habitude de lui parler comme à tout le monde, en gesticulant, il est vrai, de toutes ses forces ; Camille s'était faite à cette pantomime parlante, et trouvait moyen d'y répondre à sa façon.

Le deuil de Camille venait de finir en effet, comme le disait le bonhomme. Il avait fait faire deux belles robes à sa nièce, et les lui présentait d'un air à la fois si tendre et si suppliant, qu'elle lui sauta au cou pour le remercier, puis elle se rassit avec la tristesse calme qu'on lui voyait toujours.

« Mais ce n'est pas tout, dit l'oncle, il faut les mettre, ces belles robes. Elles sont faites pour cela, ces robes ; elles sont jolies, ces robes. » Et, tout en parlant, il se promenait par la chambre en faisant danser les robes comme des marionnettes.

Camille avait assez pleuré pour qu'un moment de joie lui fût permis. Pour la première fois depuis la mort de sa mère, elle se leva, se plaça devant son miroir, prit une des deux robes que son oncle lui montrait, le regarda tendrement, lui tendit la main, et fit un petit signe de tête pour dire : Oui.

A ce signe, le bonhomme Giraud se mit à sauter comme un enfant, avec ses gros souliers. Il triomphait : l'heure était enfin venue où il accomplissait son dessein ; Camille allait se parer, sortir avec lui, venir à l'Opéra, voir le monde ; il ne se tenait pas d'aise à cette pensée, et il embrassait sa nièce coup sur coup, tout en criant après la femme de chambre, les domestiques, tous les gens de la maison

La toilette achevée, Camille était si belle, qu'elle sembla le reconnaître elle-même, et sourit à sa propre image. « La voiture est en bas, » dit l'oncle Giraud, tâchant d'imiter avec ses bras le geste d'un cocher qui fouette ses chevaux, et avec sa bouche le bruit d'un carrosse. Camille sourit de nouveau, prit la robe de deuil qu'elle venait de quitter, la plia avec soin, la baisa, la mit dans l'armoire, et partit.

VII

i l'oncle Giraud n'était pas élégant de sa personne, il se piquait du moins de faire bien les choses. Peu lui importait que ses habits, toujours tout neufs, et beaucoup trop larges, parce qu'il ne voulait pas être gêné, l'enveloppassent comme bon leur semblait, que ses bas drapés fussent mal tirés, et que sa perruque lui tombât sur les yeux. Mais quand il se mêlait de régaler les autres, il prenait d'abord ce qu'il y avait de plus cher et de meilleur. Aussi avait-il retenu ce soir-là, pour lui et pour Camille, une bonne loge découverte, bien en évidence, afin que sa nièce pût être vue de tout le monde.

Aux premiers regards que Camille jeta sur le théâtre et dans la salle, elle fut éblouie; cela ne pouvait manquer : une jeune fille à peine âgée de seize ans, élevée au fond d'une campagne, et se trouvant tout à coup transportée au milieu du séjour du luxe, des arts et du plaisir, devait presque croire qu'elle rêvait. On jouait un ballet : Camille suivait avec curiosité les attitudes, les gestes et les pas des acteurs ; elle comprenait que c'était une pantomime, et, comme elle devait s'y connaître, elle cherchait à s'en expliquer le sens. A tout moment, elle se retournait vers son oncle d'un air stupéfait, comme pour le consulter ; mais il n'y comprenait guère plus qu'elle. Elle voyait des bergers en bas de soie offrant des fleurs à leurs bergères, des amours voltigeant au bout d'une corde, des dieux assis sur des nuages. Les décorations, les lumières, le lustre surtout, dont l'éclat la charmait, les parures des femmes, les broderies, les plumes, toute cette pompe d'un spectacle inconnu pour elle la jetait dans un doux étonnement.

De son côté, elle devint bientôt elle-même l'objet d'une curiosité presque générale ; sa parure était simple, mais du meilleur goût. Seule, en grande loge, à côté d'un homme aussi peu musqué que l'était l'oncle Giraud, belle comme un astre et fraîche comme une rose, avec ses grands yeux noirs et son air naïf, elle devait nécessairement attirer les regards. Les hommes commencèrent à se la montrer, les femmes à l'observer ; les marquis s'approchèrent, et les compliments les plus flatteurs, faits à haute voix, à la mode du temps, furent adressés à la nouvelle venue ; par malheur, l'oncle Giraud seul recueillait les hommages, qu'il savourait avec délices.

Cependant Camille, peu à peu, reprit d'abord son

air tranquille, puis un mouvement de tristesse la saisit. Elle sentit combien il était cruel d'être isolée au milieu de cette foule. Ces gens qui causaient dans leurs loges, ces musiciens dont les instruments réglaient la mesure des pas des acteurs, ce vaste échange de pensées entre le théâtre et la salle, tout cela, pour ainsi dire, la repoussa en elle-même. « Nous parlons et tu ne parles pas, semblait lui dire tout ce monde; nous écoutons, nous rions, nous chantons, nous nous aimons, nous jouissons de tout; toi seule ne jouis de rien, toi seule n'entends rien, toi seule n'es ici qu'une statue, le simulacre d'un être qui ne fait qu'assister à la vie. »

Camille ferma les yeux pour se délivrer de ce spectacle; elle se souvint de ce bal d'enfants où elle avait vu danser ses compagnes, et où elle était restée près de sa mère. Elle revint par la pensée à la maison natale, à son enfance si malheureuse, à ses longues souffrances, à ses larmes secrètes, à la mort de sa mère, enfin à ce deuil qu'elle venait de quitter, et qu'elle résolut de reprendre en rentrant. Puisqu'elle était à jamais condamnée, il lui sembla qu'il valait mieux pour elle ne jamais tenter de moins souffrir. Elle sentit plus amèrement qu'elle ne l'avait encore fait que tout effort de sa part pour résister à la malédiction céleste était inutile. Remplie de cette pensée, elle ne put retenir quelques pleurs que l'oncle Giraud vit couler; il cherchait à en deviner la cause, lorsqu'elle lui fit signe qu'elle voulait partir. Le bonhomme, surpris et inquiet, hésitait et ne savait que faire ; Camille se leva, et lui montra la porte de la loge, afin qu'il lui donnât son mantelet.

En ce moment, elle aperçut au-dessous d'elle, à la galerie, un jeune homme de bonne mine, très-richement vêtu, qui tenait à la main un morceau d'ardoise, sur lequel il traçait des lettres et des figures avec un petit crayon blanc. Il montrait ensuite cette ardoise à son voisin, plus âgé que lui ; celui-ci paraissait le comprendre aussitôt, et lui répondait de la même manière avec une très-grande promptitude. Tous deux échangeaient en même temps, en ouvrant ou fermant les doigts, certains signes qui semblaient leur servir à se mieux communiquer leurs idées.

Camille ne comprit rien, ni à ces dessins qu'elle distinguait à peine, ni à ces signes qu'elle ne connaissait pas ; mais elle avait remarqué, du premier coup d'œil, que ce jeune homme ne remuait pas les lèvres ; — prête à sortir, elle s'arrêta. Elle voyait qu'il parlait un langage qui n'était celui de personne, et qu'il trouvait moyen de s'exprimer sans ce fatal mouvement de la parole, si incompréhensible pour elle, et qui faisait le tourment de sa pensée. Quel que fût ce langage étrange, une surprise extrême, un désir invincible d'en voir davantage, lui firent reprendre la place qu'elle venait de quitter ; elle se pencha au bord de la loge, et observa attentivement ce que faisait cet inconnu. Le voyant de nouveau écrire sur l'ardoise et la présenter à son voisin, elle fit un mouvement involontaire comme pour la saisir au passage. A ce mouvement, le jeune homme se retourna et regarda Camille à son tour. A peine leurs yeux se furent-ils rencontrés, qu'ils restèrent tous deux d'abord immobiles et indécis, comme s'ils eussent cherché à se reconnaître; puis, en un instant, ils se devinèrent, et se dirent d'un regard : « Nous sommes muets tous deux. »

L'oncle Giraud apportait à sa nièce son mantelet, sa canne et son loup, mais elle ne voulut plus s'en aller; elle avait repris sa chaise, et resta accoudée sur la balustrade.

L'abbé de l'Épée venait alors de commencer à se faire connaître.

Faisant une visite à une dame, dans la rue des Fossés-Saint-Victor, touché de pitié pour deux sourdes-muettes qu'il avait vues, par hasard, travailler à l'aiguille, la charité qui remplissait son âme s'était éveillée tout à coup, et opérait déjà des prodiges. Dans la pantomime informe de ces êtres misérables et méprisés, il avait trouvé les germes d'une langue féconde, qu'il croyait pouvoir devenir universelle, plus vraie, en tout cas, que celle de Leibnitz. Comme la plupart des hommes de génie, il avait peut-être dépassé son but, le voyant trop grand ; mais c'était déjà beaucoup d'en voir la grandeur. Quelle que pût être l'ambition de sa bonté, il apprenait aux sourds-muets à lire et à écrire. Il les replaçait au nombre des hommes.

Seul et sans aide, par sa propre force, il avait entrepris de faire une famille de ces malheureux, et il se préparait à sacrifier à ce projet sa vie et sa fortune, en attendant que le roi jetât les yeux sur eux.

Le jeune homme assis près de la loge de Camille était un des élèves formés par l'abbé. Né gentilhomme et d'une ancienne maison, doué d'une vive intelligence, mais frappé de la *demi-mort,* comme on disait alors, il avait reçu, l'un des premiers, la même éducation à peu près que le célèbre comte de Solar, avec cette différence qu'il était riche, et qu'il ne courait aucun risque de mourir de faim, faute d'une pension du duc de Penthièvre. Indépendamment des leçons de l'abbé, on lui avait donné un gouverneur, qui, étant une personne laïque, pouvait l'accompagner partout, chargé, bien entendu, de veiller sur ses actions et de diriger ses pensées (c'était le voisin qui lisait sur l'ardoise). Le jeune homme profitait, avec grand soin et grande application, de ces études journalières qui exerçaient son esprit sur toute chose, à la lecture comme au manége, à l'Opéra comme à la messe ; cependant un peu de fierté native et une indépendance de caractère très-prononcée luttaient en lui contre cette application pénible. Il ne savait rien des maux qui auraient pu l'atteindre, s'il fût né dans une classe inférieure ou seulement, comme Camille, dans un autre lieu que Paris. L'une des premières choses qu'on lui avait apprises, lorsqu'il avait commencé à épeler, avait été le nom de son père, le marquis de Maubray. Il savait donc qu'il était, à la fois, différent des autres hommes par le privilége de la naissance et par une disgrâce de la nature. L'orgueil et l'humiliation se disputaient ainsi un noble esprit, qui, par bonheur, ou peut-être par nécessité, n'en était pas moins resté simple.

Ce marquis, sourd-muet, observant et comprenant les autres, aussi fier qu'eux tous, et qui avait aussi, auprès de son gouverneur, sur les grands parquets de Versailles, traîné ses talons rouges à fleur de terre, selon l'usage, était lorgné par plus d'une jolie femme, mais il ne quittait pas des yeux Camille; de son côté, elle le voyait très-bien, sans le regarder davantage. L'opéra fini, elle prit le bras de son oncle, et, n'osant pas se retourner, rentra pensive.

VIII

l va sans dire que ni Camille ni l'oncle Giraud ne savaient seulement le nom de l'abbé de l'Épée ; encore moins se doutaient-ils de la découverte d'une science nouvelle qui faisait parler les muets. Le chevalier aurait pu connaître cette découverte ; sa femme l'eût certainement connue si elle eût vécu ; mais Chardonneux était loin de Paris ; le chevalier ne recevait pas la gazette, ou, s'il la recevait, ne la lisait pas. Ainsi quelques lieues de distance, un peu de paresse, ou la mort, peuvent produire le même résultat.

Revenue au logis, Camille n'avait plus qu'une idée : ce que ses gestes et ses regards pouvaient dire, elle l'employa pour expliquer à son oncle qu'il lui fallait, avant tout, une ardoise et un crayon. Le bonhomme Giraud ne fut point embarrassé de cette demande, bien qu'elle lui fût adressée un peu tard, car il était temps de souper ; il courut à sa chambre, et, persuadé qu'il avait compris, il rapporta en triomphe à sa nièce une petite planche et un morceau de craie, reliques précieuses de son ancien amour pour la bâtisse et la charpente.

Camille n'eut pas l'air de se plaindre de voir son désir rempli de cette façon; elle prit la planchette sur ses genoux, et fit asseoir son oncle à côté d'elle; puis elle lui fit prendre la craie, et lui saisit la main comme pour le guider, en même temps que ses regards inquiets s'apprêtaient à suivre ses moindres mouvements.

L'oncle Giraud comprenait bien qu'elle lui demandait d'écrire quelque chose, mais quoi? Il l'ignorait. « Est-ce le nom de ta mère? Est-ce le mien? Est-ce le tien? » Et, pour se faire comprendre, il frappa du bout du doigt, le plus doucement qu'il put, sur le cœur de la jeune fille. Elle inclina aussitôt la tête; le bonhomme crut qu'il avait deviné; il écrivit donc en grosses lettres le nom de Camille; après quoi, satisfait de lui-même et de la manière dont il avait passé sa soirée, le souper étant prêt, il se mit à table sans attendre sa nièce, qui n'était pas de force à lui tenir tête.

Camille ne se retirait jamais que son oncle n'eût achevé sa bouteille : elle le regarda prendre son repas, lui souhaita le bonsoir, puis rentra chez elle, tenant sa petite planche entre ses bras.

Aussitôt son verrou tiré, elle se mit à son tour à écrire. Débarrassée de sa coiffure et de ses paniers, elle commença à copier, avec un soin et une peine infinis, le mot que son oncle venait de tracer, et à barbouiller de blanc une grande table qui était au milieu de la chambre. Après plus d'un essai et plus d'une rature elle parvint assez bien à reproduire les lettres qu'elle avait devant les yeux. Lorsque ce fut fait, et que, pour s'assurer de l'exactitude de sa copie, elle eut compté une à une les lettres qui lui avaient servi de modèle, elle se promena autour de la table, le cœur palpitant d'aise comme si elle eût remporté une victoire. Ce mot de *Camille* qu'elle venait d'écrire lui paraissait admirable à voir, et devait certainement, à son sens, exprimer les plus belles choses du monde. Dans ce mot seul, il lui semblait voir une multitude de pensées, toutes plus douces, plus mystérieuses, plus charmantes les unes que les autres. Elle était loin de croire que ce n'était que son nom.

On était au mois de juillet, l'air était pur et la nuit superbe. Camille avait ouvert sa fenêtre; elle s'y arrêtait de temps en temps, et là, rêvant, les cheveux dénoués, les bras croisés, les yeux brillants, belle de cette pâleur que la clarté des nuits donne aux femmes, elle regardait l'une des plus tristes perspectives qu'on puisse avoir devant les yeux : l'étroite cour d'une longue maison où se trouvait logée une entreprise de diligences. Dans cette cour, froide, humide et malsaine, jamais un rayon de soleil n'avait pénétré; la hauteur des étages entassés l'un sur l'autre, défendait contre la lumière cette espèce de cave. Quatre ou cinq grosses voitures, serrées sous un hangar, présentaient leurs timons à qui voulait entrer. Deux ou trois autres, laissées dans la cour, faute de place, semblaient attendre les chevaux, dont le piétinement dans l'écurie demandait l'avoine du soir au matin. Au-dessus d'une porte strictement fermée dès minuit pour les locataires, mais toujours prête à s'ouvrir avec bruit à toute heure au claquement du fouet d'un cocher, s'élevaient d'énormes murailles, garnies d'une cinquantaine de croisées où jamais, passé dix heures, une chandelle ne brillait, à moins de circonstances extraordinaires.

Camille allait quitter sa fenêtre, quand tout à coup, dans l'ombre que projetait une lourde diligence, il lui sembla voir passer une forme humaine, revêtue d'un habit brillant, se promenant à pas lents. Le frisson de la peur saisit d'abord Camille sans qu'elle sût pourquoi, car son oncle était là, et la surveillance du bonhomme se révélait par son bruyant sommeil; quelle apparence d'ailleurs qu'un voleur ou un assassin vînt se promener dans cette cour en pareil costume?

L'homme y était pourtant, et Camille le voyait. Il marchait derrière la voiture, regardant la fenêtre où elle se tenait. Après quelques instants, Camille sentit revenir son courage; elle prit sa lumière, et, avançant les bras hors de la croisée, éclaira subitement la cour; en même temps elle y jeta un regard à demi effrayé, à demi menaçant. L'ombre de la voiture s'étant effacée, le marquis de Maubray, car c'était lui, vit qu'il était complétement découvert, et, pour toute réponse, posa un genou en terre joignant ses mains en regardant Camille, dans l'attitude du plus profond respect.

Ils restèrent quelque temps ainsi, Camille à la fenêtre, tenant sa lumière, le marquis à genoux devant elle. Si Roméo et Juliette, qui ne s'étaient vus qu'un soir dans un bal masqué, ont échangé dès la première fois tant de serments, fidèlement tenus, que l'on songe à ce que purent être les premiers gestes et les premiers regards de deux amants qui ne pouvaient se dire que par la pensée ces mêmes choses, éternelles devant Dieu, et que le génie de Shakspeare a immortalisées sur la terre !

Il est certain qu'il est ridicule de monter sur deux ou trois marchepieds pour grimper sur l'impériale d'une voiture, en s'arrêtant à chaque effort qu'on est obligé de faire, pour savoir si l'on doit continuer. Il est vrai qu'un homme en bas de soie et en veste brodée risque d'avoir mauvaise grâce lorsqu'il s'agit de sauter de cette impériale sur le rebord d'une croisée. Tout cela est incontestable, à moins qu'on n'aime.

Lorsque le marquis de Maubray fut dans la chambre de Camille, il commença par lui faire un salut aussi cérémonieux que s'il l'eût rencontrée aux Tuileries. S'il avait su parler, peut-être lui eût-il raconté comme quoi il avait échappé à la vigilance de son gouverneur, pour venir, au moyen de quelque argent donné à un laquais, passer la nuit sous sa fenêtre ; comme quoi il l'avait suivie lorsqu'elle avait quitté l'Opéra ; comment un regard d'elle avait changé sa vie entière ; comment enfin il n'aimait qu'elle au monde, et n'ambitionnait d'autre bonheur que de lui offrir sa main et sa fortune. Tout cela était écrit sur ses lèvres ; mais la révérence de Camille, en lui rendant son salut, lui fit comprendre combien un tel récit eût été inutile et qu'il lui importait peu de savoir comment il avait fait pour venir chez elle, dès l'instant qu'il y était venu.

Monsieur de Maubray, malgré l'espèce d'audace dont il avait fait preuve pour parvenir jusqu'à celle qu'il aimait, était, nous l'avons dit, simple et réservé. Après avoir salué Camille, il cherchait vainement de quelle façon lui demander si elle voulait de lui pour époux ; elle ne comprenait rien à ce qu'il tâchait de lui expliquer. Il vit sur la table la planchette où était écrit le nom de *Camille.* Il prit le morceau de craie, et, à côté de ce nom, il écrivit le sien : *Pierre.*

« Qu'est-ce que tout cela veut dire ? cria une grosse voix de basse-taille. Qu'est-ce que c'est que des rendez-vous pareils ? Par où vous êtes-vous introduit ici, monsieur ? Que venez-vous faire dans cette maison ? »

C'était l'oncle Giraud qui parlait ainsi, entrant en robe de chambre, d'un air furieux.

« Voilà une belle chose ! continua-t-il. Dieu sait que je dormais, et que, du moins, si vous avez fait du bruit, ce n'est pas avec votre langue. Qu'est-ce que c'est que des êtres pareils, qui ne trouvent rien de plus simple que de tout escalader ? Quelle est votre intention ? Abîmer une voiture, briser tout, faire du dégât, et après cela, quoi ? Déshonorer une famille ! Jeter l'opprobre et l'infamie sur d'honnêtes gens !...

« Celui-là, non plus, ne m'entend pas encore, » s'écria l'oncle Giraud désolé. Mais le marquis prit un crayon, un morceau de papier, et écrivit cette espèce de lettre :

« J'aime mademoiselle Camille, je veux l'épouser, j'ai vingt mille livres de rente. Voulez-vous me la donner ? »

« Il n'y a que les gens qui ne parlent pas, dit l'oncle Giraud, pour mener les affaires aussi vite.

« Mais, dites donc, s'écria-t-il après quelques moments de réflexion, je ne suis pas son père ; je ne suis que l'oncle. Il faut demander la permission au papa. »

IX

e n'était pas une chose facile que d'obtenir du chevalier son consentement à un pareil mariage, non qu'il ne fût disposé, comme on l'a vu, à faire tout ce qui était possible pour rendre sa fille moins malheureuse ; mais il y avait dans la circonstance présente une difficulté presque insurmontable. Il s'agissait d'unir une femme, atteinte d'une horrible infirmité, à un homme frappé de la même disgrâce, et si une telle union devait avoir des fruits, il était probable qu'elle ne ferait que mettre quelque infortuné de plus au monde.

Le chevalier, retiré dans sa terre, toujours en proie au plus noir chagrin, continuait de vivre dans la solitude. Madame des Arcis avait été enterrée dans le parc ; quelques saules pleureurs entouraient sa tombe, et annonçaient de loin aux passants la modeste place où elle reposait. C'était vers ce lieu que le chevalier dirigeait tous les jours sa promenade. Là, il passait de longues heures, dévoré de regrets et de tristesse, et se livrant à tous les souvenirs qui pouvaient nourrir sa douleur.

Ce fut là que l'oncle Giraud vint le trouver tout à coup un matin. Dès le lendemain du jour où il avait surpris les deux amants ensemble, le bonhomme avait quitté Paris avec sa nièce, avait ramené Camille au Mans, et l'avait laissée dans sa propre maison, pour y attendre le résultat de la démarche qu'il allait faire.

Pierre, averti de ce voyage, avait promis d'être fidèle et de rester prêt à tenir sa parole. Orphelin dès longtemps, maître de sa fortune, n'ayant besoin que de prendre l'avis d'un tuteur, sa volonté n'avait à craindre aucun obstacle. Le bonhomme, de son côté, voulait bien servir de médiateur et tâcher de marier les deux jeunes gens, mais il n'entendait pas que cette première entrevue, qui lui semblait passablement étrange, pût se renouveler autrement qu'avec la permission du père et du notaire.

Aux premiers mots de l'oncle Giraud, le chevalier montra, comme on le pense, le plus grand étonnement.

Lorsque le bonhomme commença à lui raconter cette rencontre à l'Opéra, cette scène bizarre et cette proposition plus singulière encore, il eut peine à concevoir qu'un tel roman fût possible. Forcé cependant de reconnaître qu'on lui parlait sérieusement, les objections auxquelles on s'attendait se présentèrent aussitôt à son esprit.

« Que voulez-vous ? dit-il à Giraud. Unir deux êtres également malheureux ? N'est-ce pas assez d'avoir dans notre famille cette pauvre créature dont je suis le père ? Faut-il encore augmenter notre malheur en lui donnant un mari semblable à elle ? Suis-je destiné à me voir entouré d'êtres réprouvés du monde, objets de mépris et de pitié ? Dois-je passer ma vie avec des muets, vieillir au milieu de leur affreux silence, avoir les yeux fermés par leurs mains ? Mon nom, dont je ne tire pas vanité, Dieu le sait, mais qui, enfin, est celui de mon père, dois-je le laisser à des infortunés qui ne pourront ni le signer ni le prononcer ?

— Non, pas le prononcer, dit Giraud, mais le signer, c'est une autre chose.

— Le signer ! s'écria le chevalier. Êtes-vous privé de raison ?

— Je sais ce que je dis, et ce jeune homme sait écrire, répliqua l'oncle. Je vous témoigne et vous certifie qu'il écrit même fort bien et même très-couramment, comme sa proposition, que j'ai dans ma poche et qui est fort honnête, en fait foi. »

Le bonhomme montra en même temps au chevalier le papier sur lequel le marquis de Maubray avait tracé le peu de mots qui exposaient, d'une manière laconique, il est vrai, mais claire, l'objet de sa demande.

« Que signifie cela ? dit le père. Depuis quand les sourds-muets tiennent-ils la plume ? Quel conte me faites-vous, Giraud ?

— Ma foi, dit Giraud, je ne sais ce qui en est, ni comment pareille chose peut se faire. La vérité est que mon intention était tout bonnement de distraire Camille, et de voir un peu aussi, avec elle, ce que c'est que les pirouettes. Ce petit marquis s'est trouvé être là, et il est certain qu'il avait une ardoise et un crayon, dont il se servait très-lestement. J'avais toujours cru, comme vous, que, lorsqu'on était muet, c'était pour ne rien dire; mais pas du tout. Il paraît qu'aujourd'hui on a fait une découverte au moyen de laquelle tout ce monde-là se comprend et fait très-bien la conversation. On dit que c'est un abbé, dont je ne sais plus le nom, qui a inventé ce moyen-là. Quant à moi, vous comprenez bien qu'une ardoise ne m'a jamais paru bonne qu'à mettre sur un toit; mais ces Parisiens sont si fins!

— Est-ce sérieux, ce que vous dites?

— Très-sérieux. Ce petit marquis est riche, joli garçon; c'est un gentilhomme et un galant homme; je réponds de lui. Songez, je vous en prie, à une chose : que ferez-vous de cette pauvre Camille? Elle ne parle pas, c'est vrai, mais ce n'est pas sa faute. Que voulez-vous qu'elle devienne? Elle ne peut pas toujours rester fille. Voilà un homme qui l'aime; cet homme-là, si vous la lui donnez, ne se dégoûtera jamais d'elle à cause du défaut qu'elle a au bout de la langue; il sait ce qui en est par lui-même. Ils se comprennent, ces enfants, ils s'entendent, sans avoir besoin de crier pour cela. Le petit marquis sait lire et écrire; Camille apprendra à en faire autant; cela ne lui sera pas plus difficile qu'à l'autre. Vous sentez bien que, si je vous proposais de marier votre fille à un aveugle, vous auriez le droit de me rire au nez; mais je vous propose un sourd-muet, c'est raisonnable. Vous voyez que, depuis seize ans que vous avez cette petite-là, vous ne vous en êtes jamais bien consolé. Comment voulez-vous qu'un homme fait comme tout le monde s'en arrange, si vous, qui êtes son père, vous ne pouvez pas en prendre votre parti? »

Tandis que l'oncle parlait, le chevalier jetait de temps en temps un regard du côté du tombeau de sa femme, et semblait réfléchir profondément.

« Rendre à sa fille l'usage de la pensée! dit-il après un long silence. Dieu le permettrait-il? Est-ce possible? »

En ce moment, le curé d'un village voisin entrait dans le jardin, venant dîner au château. Le chevalier le salua d'un air distrait, puis, sortant tout à coup de sa rêverie :

« L'abbé, lui demanda-t-il, vous savez quelquefois les nouvelles, et vous recevez les papiers. Avez-vous entendu parler d'un prêtre qui a entrepris l'éducation des sourds-muets? »

Malheureusement, le personnage auquel cette question s'adressait était un véritable curé de campagne de ce temps-là, homme simple et bon, mais fort ignorant, et partageant tous les préjugés d'un siècle où il y en avait tant, et de si funestes.

« Je ne sais ce que monseigneur veut dire, répondit-il (traitant le chevalier en seigneur de village), à moins qu'il ne soit question de l'abbé de l'Épée.

— Précisément, dit l'oncle Giraud. C'est le nom qu'on m'a dit ; je ne m'en souvenais plus.

— Eh bien ! dit le chevalier, que faut-il en croire ?

— Je ne saurais, répliqua le curé, parler avec trop de circonspection d'une matière sur laquelle je ne puis me donner encore pour complétement édifié. Mais je suis fondé à croire, d'après le peu de renseignements qu'il m'a été loisible de recueillir à ce sujet, que ce monsieur de l'Épée, qui paraît être, d'ailleurs, une personne tout à fait vénérable, n'a point atteint le but qu'il s'était proposé.

— Qu'entendez-vous par là ? dit l'oncle Giraud.

— J'entends, dit le prêtre, que l'intention la plus pure peut quelquefois faillir par le résultat. Il est hors de doute, d'après ce que j'ai pu en apprendre, que les plus louables efforts ont été faits ; mais j'ai tout lieu de croire que la prétention d'apprendre à lire aux sourds-muets, comme le dit monseigneur, est tout à fait chimérique.

— Je l'ai vu de mes yeux, dit Giraud ; j'ai vu un sourd-muet qui écrit.

— Je suis bien éloigné, répliqua le curé, de vouloir vous contredire en aucune façon ; mais des personnes savantes et distinguées, parmi lesquelles je pourrais même citer des docteurs de la Faculté de Paris, m'ont assuré d'une manière péremptoire que la chose était impossible.

— Une chose qu'on voit ne peut pas être impossible, reprit le bonhomme impatienté. J'ai fait cinquante lieues avec un billet dans ma poche, pour le montrer au chevalier; le voilà, c'est clair comme le jour. »

En parlant ainsi, le vieux maître maçon avait de nouveau tiré son papier, et l'avait mis sous les yeux du curé. Celui-ci, à demi étonné, à demi piqué, examina le billet, le retourna, le lut plusieurs fois à haute voix, et le rendit à l'oncle, ne sachant trop quoi dire.

Le chevalier avait semblé étranger à la discussion; il continuait de marcher en silence, et son incertitude croissait d'instant en instant.

« Si Giraud a raison, pensait-il, et si je refuse, je manque à mon devoir; c'est presque un crime que je commets. Une occasion se présente où cette pauvre fille, à qui je n'ai donné que l'apparence de la vie, trouve une main qui recherche la sienne dans les ténèbres où elle est plongée. Sans sortir de cette nuit qui l'enveloppe pour toujours, elle peut rêver qu'elle est heureuse. De quel droit l'en empêcherais-je? Que dirait sa mère, si elle était là?... »

Les regards du chevalier se reportèrent encore une fois vers le tombeau, puis il prit le bras de l'oncle Giraud, fit quelques pas à l'écart avec lui, et lui dit à voix basse : « Faites ce que vous voudrez.

— A la bonne heure! dit l'oncle; je vais la chercher, je vous l'amène; elle est chez moi, nous revenons ensemble, ce sera fait dans un instant.

— Jamais! répondit le père. Tâchons ensemble qu'elle soit heureuse; mais la revoir, je ne le peux pas. »

Pierre et Camille furent mariés à Paris, à l'église des Petits-Pères. Le gouverneur et l'oncle furent les seuls témoins. Lorsque le prêtre officiant leur adressa les formules d'usage, Pierre, qui en avait assez appris pour savoir à quel moment il fallait s'incliner en signe d'assentiment, s'acquitta assez bien d'un rôle qui était pourtant difficile à remplir. Camille n'essaya de rien deviner ni de rien comprendre; elle regarda son mari, et baissa la tête comme lui.

Ils n'avaient fait que se voir et s'aimer, et c'est assez, pourrait-on dire. Lorsqu'ils sortirent de l'église, en se tenant la main pour toujours, c'est tout au plus s'ils se connaissaient. Le marquis avait une assez grande maison. Camille, après la messe, monta dans un brillant équipage, qu'elle regardait avec une curiosité enfantine. L'hôtel dans lequel on la ramena ne lui fut pas un moindre sujet d'étonnement. Ces appartements, ces chevaux, ces gens, qui allaient être à elle, lui semblaient une merveille. Il était convenu, du reste, que ce mariage se ferait sans bruit; un souper fort simple fut toute la fête.

X

amille devint mère. Un jour que le chevalier faisait sa triste promenade au fond du parc, un domestique lui apporta une lettre écrite d'une main qui lui était inconnue, et où se trouvait un singulier mélange de distinction et d'ignorance. Elle venait de Camille et renfermait ce qui suit :

« O mon père! je parle, non pas avec la bouche, mais avec ma main. Mes pauvres lèvres sont toujours fermées, et cependant je sais parler. Celui qui est mon maître m'a appris à pouvoir vous écrire. Il m'a fait enseigner comme pour lui, par la même personne qui l'avait élevé, car vous savez qu'il est resté comme moi très-longtemps. J'ai eu beaucoup de peine à apprendre. Ce qu'on enseigne d'abord, c'est de parler avec les doigts, ensuite on apprend des figures écrites. Il y en a de toutes sortes, qui expriment la peur, la colère, et tout en général. On est très-long à connaître tout, et encore plus à mettre des mots, à cause des figures qui ne sont pas la même chose, mais enfin on en vient à bout, comme vous voyez. L'abbé de l'Épée est un homme très-bon et très-doux, de même que le père Vanin, de la Doctrine chrétienne.

« J'ai un enfant qui est très-beau ; je n'osais pas vous en parler avant de savoir s'il sera comme nous. Mais je n'ai pu résister au plaisir que j'ai à vous écrire, malgré notre peine, car vous pensez bien que mon mari et moi nous sommes très-inquiets, surtout parce que nous ne pouvons pas entendre. La bonne peut bien entendre, mais nous avons peur qu'elle ne se trompe ; ainsi nous attendons avec une grande impatience de voir s'il ouvrira les lèvres et s'il les remuera avec le bruit des entendants-parlants. Vous pensez bien que nous avons consulté des médecins pour savoir s'il est possible que l'enfant de deux personnes aussi malheureuses que nous ne soit pas muet aussi, et ils nous ont bien dit que cela se pouvait ; mais nous n'osons pas le croire.

« Jugez avec quelle crainte nous regardons ce pauvre enfant depuis longtemps, et comme nous sommes embarrassés lorsqu'il ouvre ses petites lèvres et que nous ne pouvons pas savoir si elles font du bruit ! Soyez sûr, mon père, que je pense bien à ma mère, car elle a dû s'inquiéter comme moi. Vous l'avez bien aimée, comme moi j'aime mon enfant ; mais je n'ai été pour vous qu'un sujet de chagrin. Maintenant que je sais lire et écrire, je comprends combien ma mère a dû souffrir.

« Si vous étiez tout à fait bon pour moi, cher père, vous viendriez nous voir à Paris; ce serait un sujet de joie et de reconnaissance pour votre fille respectueuse.

« Camille. »

Après avoir lu cette lettre, le chevalier hésita longtemps. Il avait eu d'abord peine à s'en fier à ses yeux et à croire que c'était Camille elle-même qui lui avait écrit; mais il fallait se rendre à l'évidence. Qu'allait-il faire? S'il cédait à sa fille, et s'il allait en effet à Paris, il s'exposait à retrouver, dans une douleur nouvelle, tous les souvenirs d'une ancienne douleur. Un enfant qu'il ne connaissait pas, il est vrai, mais qui n'en était pas moins le fils de sa fille, pouvait lui rendre les chagrins du passé. Camille pouvait lui rappeler Cécile, et cependant il ne pouvait s'empêcher en même temps de partager l'inquiétude de cette jeune mère attendant une parole de son enfant.

« Il faut y aller, dit l'oncle Giraud quand le chevalier le consulta. C'est moi qui ai fait ce mariage-là, et je le tiens pour bon et durable. Voulez-vous laisser votre sang dans la peine? N'en est-ce pas assez, soit dit sans reproche, d'avoir oublié votre femme au bal, moyennant quoi elle est tombée à l'eau? Oubliez-vous aussi cette petite? Pensez-vous que ce soit tout d'être triste? Vous l'êtes, j'en conviens, et même plus que de raison; mais croyez-vous qu'on n'ait pas autre chose à faire au monde? Elle vous demande de venir; partons. Je vais avec vous, et je n'ai qu'un regret, c'est qu'elle ne m'ait pas appelé aussi. Il n'est pas bien de sa part de n'avoir pas frappé à ma porte, moi qui lui ai toujours ouvert.

— Il a raison, pensait le chevalier. J'ai fait inutilement et cruellement souffrir la meilleure des femmes. Je l'ai laissée mourir d'une mort affreuse, quand j'aurais dû l'en préserver. Si je dois en être puni aujourd'hui par le spectacle du malheur de ma fille, je ne saurais m'en plaindre; quelque pénible que soit pour moi ce spectacle, je dois m'y résoudre et m'y condamner. Ce châtiment m'est dû. Que la fille me punisse d'avoir abandonné la mère! J'irai à Paris, je verrai cet enfant. J'ai délaissé ce que j'aimais, je me suis éloigné du malheur; je veux prendre maintenant un amer plaisir à le contempler. »

Dans un joli boudoir boisé, à l'entre-sol d'un bon hôtel situé dans le faubourg Saint-Germain, se tenaient la jeune femme et son mari lorsque le père et l'oncle arrivèrent. Sur une table étaient des dessins, des livres, des gravures. Le mari lisait, la femme brodait, l'enfant jouait sur le tapis.

Le marquis s'était levé; Camille courut à son père, qui l'embrassa tendrement, et ne put retenir quelques larmes; mais les regards du chevalier se reportèrent aussitôt sur l'enfant. Malgré lui, l'horreur qu'il avait eue autrefois pour l'infirmité de

Camille reprenait place dans son cœur, à la vue de cet être qui allait hériter de la malédiction qu'il lui avait léguée. Il recula lorsqu'on le lui présenta.

« Encore un muet ! » s'écria-t-il.

Camille prit son fils dans ses bras ; sans entendre elle avait compris. Soulevant doucement l'enfant devant le chevalier, elle posa son doigt sur ses petites lèvres, en les frottant un peu, comme pour l'inviter à parler. L'enfant se fit prier quelques minutes, puis prononça bien distinctement ces deux mots, que la mère lui avait fait apprendre davance : « Bonjour, papa ! »

— Et vous voyez bien que Dieu pardonne tout, et toujours, » dit l'oncle Giraud.

LE
SECRET DE JAVOTTE

1844

LE
SECRET DE JAVOTTE

I

'AUTOMNE dernier, vers huit heures du soir, deux jeunes gens revenant de la chasse suivaient à cheval la route de Noisy, à quelque distance de Luzarches. Derrière eux marchait un piqueur menant les chiens. Le soleil se couchait et dorait au loin la belle forêt de Carenelle, où le feu duc de Bourbon aimait à chasser. Tandis que le plus jeune des deux cavaliers, âgé d'environ vingt-cinq ans, trottait gaiement sur sa monture, et s'amusait à sauter les haies, l'autre paraissait distrait et préoccupé. Tantôt il excitait son cheval et le frappait avec impatience, tantôt il s'arrêtait tout

à coup et restait au pas en arrière, comme absorbé par ses pensées. A peine répondait-il aux joyeux discours de son compagnon, qui, de son côté, le raillait de son silence. En un mot, il semblait livré à cette rêverie bizarre, particulière aux savants et aux amoureux, qui sont rarement où ils paraissent être. Arrivé à un carrefour, il mit pied à terre, et, s'avançant au bord d'un fossé, il ramassa une petite branche de saule qui était enfoncée dans le sable assez profondément ; il détacha une feuille de cette branche, et, sans qu'on l'aperçût, la glissa furtivement dans son sein ; puis, remontant aussitôt à cheval :

« Pierre, dit-il au piqueur, prends le tournebride et va-t'en aux Clignets par le village ; nous rentrerons, mon frère et moi, par la garenne ; car je vois qu'aujourd'hui Gitana n'est pas sage, elle me ferait quelque sottise si nous rencontrions dans le chemin creux quelque troupeau de bestiaux rentrant à la ferme. »

Le piqueur obéit et prit avec ses chiens un sentier tracé dans les roches. Voyant cela, le jeune Armand de Berville (ainsi se nommait le moins âgé des deux frères) partit d'un grand éclat de rire :

« Parbleu ! dit-il, mon cher Tristan, tu es d'une prudence admirable ce soir. N'as-tu pas peur que Gitana ne soit dévorée par un mouton ? Mais tu as beau faire ; je parierais que, malgré toutes tes précautions, cette pauvre bête, d'ordinaire si tranquille, va te jouer quelque mauvais tour d'ici à une demi-heure.

— Pourquoi cela? demanda Tristan d'un ton bref et presque irrité.

— Mais, apparemment, répondit Armand en se rapprochant de son frère, parce que nous allons passer devant l'avenue de Renonval, et que ta jument est sujette à caracoler quand elle voit la grille. Heureusement, ajouta-t-il en riant, et de plus belle, que madame de Vernage est là, et que tu trouveras chez elle ton couvert mis, si Gitana te casse une jambe.

— Mauvaise langue, dit Tristan en souriant à son tour un peu à contre-cœur, qu'est-ce qui pourra donc te déshabituer de tes méchantes plaisanteries?

— Je ne plaisante pas du tout, reprit Armand; et quel mal y a-t-il à cela? Elle a de l'esprit, cette marquise; elle aime le passe-poil, c'est de son âge. N'as-tu pas l'honneur d'être au service du roi dans le régiment des hussards noirs? Si, d'une autre part, elle aime aussi la chasse, et si elle trouve que ton cor fait bon effet au soleil sur ta veste rouge, est-ce que c'est un péché mortel?

— Écoute, écervelé! dit Tristan. Que tu badines ainsi entre nous, si cela te plaît, rien de mieux; mais pense sérieusement à ce que tu dis quand il y a un tiers pour l'entendre. Madame de Vernage est l'amie de notre mère; sa maison est une des seules ressources que nous ayons dans le pays, pour nous désennuyer de cette vie monotone qui t'amuse, toi, avocat sans causes, mais qui me tuerait si je la menais longtemps. La marquise est presque la seule femme parmi nos rares connaissances...

— La plus agréable, ajouta Armand.

— Tant que tu voudras. Tu n'es pas fâché, toi-même, d'aller à Renonval, lorsqu'on nous y invite. Ce ne serait pas un trait d'esprit de notre part que de nous brouiller avec ces gens-là, et c'est ce que tes discours finiront par faire, si tu continues à jaser au hasard. Tu sais très-bien que je n'ai pas plus qu'un autre la prétention de plaire à madame de Vernage...

— Prends garde à Gitana ! s'écria Armand. Regarde comme elle dresse les oreilles ; je te dis qu'elle sent la marquise d'une lieue.

— Trêve de plaisanteries! Retiens ce que je te recommande, et tâche d'y penser sérieusement.

— Je pense, dit Armand, et très-sérieusement! que la marquise est très-bien en manches plates, et que le noir lui va à merveille.

— A quel propos cela?

— A propos de manches. Est-ce que tu te figures qu'on ne voit rien dans ce monde ? L'autre jour, en causant dans le bateau, est-ce que je ne t'ai pas entendu très-clairement dire que le noir était ta couleur, et cette bonne marquise, sur ce renseignement, n'a-t-elle pas eu la grâce de monter dans sa chambre en rentrant, et de redescendre galamment avec la plus noire de toutes ses robes?

— Qu'y a-t-il d'étonnant ? N'est-il pas tout simple de changer de toilette pour dîner ?

— Prends garde à Gitana ! te dis-je ; elle est capable de s'emporter, et de te mener tout droit, malgré toi, à l'écurie de Renonval. Et la semaine dernière, à la fête, cette même marquise, toujours de noir vêtue, n'a-t-elle pas trouvé naturel de m'installer dans la grande calèche avec mon chien et monsieur le curé, pour grimper dans ton tilbury, au risque de montrer sa jambe ?

— Qu'est-ce que cela prouve ? Il fallait bien que l'un de nous deux subît cette corvée.

— Oui, mais cet *un*, c'est toujours moi. Je ne m'en plains pas, je ne suis pas jaloux ; mais pas plus tard qu'hier, au rendez-vous de chasse, n'a-t-elle pas imaginé de quitter sa voiture et de me prendre mon propre cheval, que je lui ai cédé avec un désintéressement admirable, pour qu'elle pût galoper dans les bois à côté de monsieur l'officier ? Plains-toi donc de moi, je suis ta providence ; au lieu de te renfermer dans tes dénégations, tu me devrais, honnêtement parlant, ta confiance et tes secrets.

— Quelle confiance veux-tu qu'on ait dans un étourdi tel que toi, et quels secrets veux-tu que je te dise, s'il n'y a rien de vrai dans tes contes ?

— Prends garde à Gitana, mon frère !

— Tu m'impatientes avec ton refrain. Et quand il serait vrai que j'eusse fantaisie d'aller ce soir faire une visite à Renonval, qu'y aurait-il d'extraordinaire ? Aurais-je besoin d'un prétexte pour te prier d'y venir avec moi ou de rentrer seul à la maison?

— Non, certainement ; de même que, si nous venions à rencontrer madame de Vernage se promenant devant son avenue, il n'y aurait non plus rien de surprenant. Le chemin que tu nous fais prendre est bien le plus long, il est vrai ; mais qu'est-ce que c'est qu'un quart de lieue de plus ou de moins en comparaison de l'éternité? La marquise doit nous avoir entendus sonner du cor ; il serait bien juste qu'elle prît le frais sur la route, en compagnie de son inévitable adorateur et voisin, Monsieur de la Bretonnière.

— J'avoue, dit Tristan, bien aise de changer de texte, que ce monsieur de la Bretonnière m'ennuie cruellement. Semble-t-il concevable qu'une femme d'autant d'esprit que madame de Vernage se laisse accaparer par un sot et traîne partout une pareille ombre ?

— Il est certain, répondit Armand, que le personnage est lourd et indigeste. C'est un vrai hobereau, dans la force du terme, créé et mis au monde pour l'état de voisin. Voisiner est son lot ; c'est même presque sa science, car il voisine comme personne ne le fait. Jamais je n'ai vu un homme mieux établi que lui hors de chez soi. Si on va dîner chez madame de Vernage, il est au bout de la table au milieu des enfants. Il chuchote avec la gouvernante, il donne de la bouillie au petit ; et remarque bien que ce n'est pas un pique-assiette ordinaire et classique, qui se croit obligé de rire si la maîtresse du logis dit un bon mot; il serait plutôt disposé, s'il osait, à tout blâmer et tout contrecarrer. S'il s'agit d'une partie de campagne, jamais il ne manquera de trouver que le baromètre est à variable. Si quelqu'un cite une anecdote, ou parle d'une curiosité, il a vu quelque chose de bien mieux ; mais il ne daigne pas dire quoi, et se contente de hocher la tête avec une modestie à le souffleter. L'assommante créature ! Je ne sais pas, en vérité, s'il est possible de causer un quart d'heure durant avec madame de Vernage, quand il est là, sans que sa tête inquiète et effarouchée vienne se placer entre elle et vous. Il n'est certes pas beau, il n'a pas d'esprit; les trois quarts du temps il ne dit mot, et, par une faveur spéciale de la Providence, il trouve moyen, en se taisant, d'être plus ennuyeux qu'un bavard, rien que par la façon dont il regarde parler les autres. Mais que lui importe? Il ne vit pas, il assiste à la vie, et tâche de gêner, de décourager et d'impatienter les vivants. Avec tout cela, la marquise le supporte; elle a la charité de l'écouter, de l'encourager ; je crois, ma foi, qu'elle l'aime, et qu'elle ne s'en débarrassera jamais.

— Qu'entends-tu par là? demanda Tristan, un peu troublé à ce dernier mot. Crois-tu qu'on puisse aimer un personnage semblable?

— Non pas d'amour, reprit Armand avec un air d'indifférence railleuse. Mais enfin ce pauvre homme n'est pas non plus un monstre. Il est garçon et fort à l'aise. Il a, comme nous, un petit castel, une petite meute et un grand vieux carrosse. Il possède sur tout autre, près de la marquise, cet incomparable avantage que donnent une habitude de dix ans et une obsession de tous les jours. Un nouveau venu, un officier en congé, permets-moi de te le dire tout bas, peut éblouir et plaire en passant; mais celui qui est là *tous* les jours a quinte et quatorze par état, sans compter l'industrie, comme dit Basile. »

Tandis que les deux frères causaient ainsi, ils avaient laissé les bois derrière eux et commençaient à entrer dans les vignes. Déjà ils apercevaient sur le coteau le clocher du village de Renonval.

« Madame de Vernage, continua Armand, a cent belles qualités; mais c'est une coquette. Elle passe pour dévote, et elle a un chapelet bénit accroché à son étagère; mais elle aime assez les fleurettes. Ne t'en déplaise, c'est, à mon avis, une femme difficile à deviner et passablement dangereuse.

— Cela est possible, dit Tristan.

— Et même probable, reprit son frère. Je ne suis pas fâché que tu le penses comme moi, et je te dirai volontiers à mon tour : Parlons sérieusement. J'ai depuis longtemps occasion de la connaître et de l'étudier de près. Toi, tu viens ici pour quelques jours; tu es un jeune et beau garçon, elle est une belle et spirituelle *femme*; tu ne sais que faire, elle te plaît, tu lui en contes, et elle te laisse dire. Moi, qui la vois l'hiver comme l'été, à Paris comme à la campagne, je suis moins confiant, et elle le sait bien; c'est pourquoi elle me prend mon cheval et me laisse en tête-à-tête avec le curé. Ses grands yeux noirs, qu'elle baisse vers la terre avec une modestie parfois si sévère, savent se relever vers toi, j'en suis bien sûr, lorsque vous courez la forêt, et je dois convenir que cette femme a un grand charme. Elle a tourné la tête, à ma connaissance, à trois ou quatre pauvres petits garçons qui ont failli en perdre l'esprit; mais veux-tu que je t'exprime ma pensée? Je te dirai, en style de Scudéry, qu'on pénètre assez facilement jusqu'à l'antichambre de son cœur, mais que l'appartement est toujours fermé, peut-être parce qu'il n'y a personne.

— Si tu ne te trompais pas, dit Tristan, ce serait un assez vilain caractère.

— Non pas à son avis : qu'a-t-on à lui reprocher? Est-ce sa faute si on devient amoureux d'elle? Bien qu'elle n'ait guère plus de trente ans, elle dit à qui veut l'entendre qu'elle a renoncé, depuis qu'elle est veuve, aux plaisirs du monde, qu'elle veut vivre en paix dans sa terre, monter à cheval et prier Dieu. Elle fait l'aumône et va à confesse; or toute femme qui a un confesseur, si elle n'est pas sincèrement et véritablement religieuse, est la pire espèce de coquette que la civilisation ait inventée. Une femme pareille, sûre d'elle-même, belle encore et jouissant volontiers des petits priviléges de la beauté, sait composer sans cesse, non avec sa conscience, mais avec sa prochaine confession. Aux moments mêmes où elle semble se livrer avec le plus charmant abandon aux cajoleries qu'elle aime tout bas, elle regarde si le bout de son pied est suffisamment caché sous sa robe, et calcule la place où elle peut laisser prendre, sans péché, un baiser sur sa mitaine. A quoi bon? diras-tu. Si la foi lui manque, pourquoi ne pas être franchement coquette? Si elle croit, pourquoi s'exposer à la tentation? Parce qu'elle la brave et s'en amuse. Et, en effet, on ne saurait dire qu'elle soit sincère ni hypocrite; elle est ainsi et elle plaît; ses victimes passent et disparaissent. La Bretonnière, le silencieux, restera jusqu'à sa mort, très-probablement, sur le seuil du temple où ce sphinx aux grands yeux rend ses oracles et respire l'encens. ».

Tristan, pendant que son frère parlait, avait arrêté son cheval. La grille du château de Renonval n'était plus éloignée que d'une centaine de pas. Devant cette grille, comme Armand l'avait prévu, madame de Vernage se promenait sur la pelouse; mais elle était seule, contre l'ordinaire. Tristan changea tout à coup de visage.

« Écoute, Armand, dit-il, je t'avoue que je l'aime. Tu es homme et tu as du cœur; tu sais aussi bien que moi que devant la passion il n'y a ni loi ni conseil. Tu n'es pas le premier qui me parle ainsi d'elle; on m'a dit tout cela, mais je n'en puis rien croire. Je suis subjugué par cette femme; elle est si charmante, si aimable, si séduisante, quand elle veut...

— Je le sais très-bien, dit Armand.

— Non, s'écria Tristan, je ne puis croire qu'avec tant de grâce, de douceur, de piété, car enfin elle fait l'aumône, comme tu dis, et remplit ses devoirs; je ne puis, je ne veux pas croire qu'avec tous les dehors de la franchise et de la bonté, elle puisse être telle que tu te l'imagines. Mais il n'importe; je cherchais un motif pour te laisser en chemin, et pour rester seul; j'aime mieux m'en fier à ta parole. Je vais à Renonval; retourne aux Clignets. Si notre bonne mère s'inquiète de ne pas me voir avec toi, tu lui diras que j'ai perdu la chasse, que mon cheval est malade, ce que tu voudras. Je ne veux faire qu'une courte visite, et je reviendrai sur-le-champ.

— Pourquoi ce mystère, s'il en est ainsi?

— Parce que la marquise elle-même reconnaît que c'est le plus sage. Les gens du pays sont bavards, sots et importuns comme trois petites villes ensemble. Garde-moi le secret; à ce soir! »

Sans attendre une réponse, Tristan partit au galop.

Demeuré seul, Armand changea de route, et prit un chemin de traverse qui le menait plus vite chez lui. Ce n'était pas, on le pense bien, sans déplaisir ni sans une sorte de crainte qu'il voyait son frère s'éloigner. Jeune d'années, mais déjà mûri par une précoce expérience du monde, Armand de Berville, avec un esprit souvent léger en apparence, avait beaucoup de sens et de raison. Tandis que Tristan, officier distingué dans l'armée, courait en Algérie les chances de la guerre, et se livrait parfois aux dangereux écarts d'une imagination vive et passionnée, Armand restait à la maison et tenait compagnie à sa vieille mère. Tristan le raillait parfois de ses goûts sédentaires, et l'appelait monsieur l'abbé, prétendant que, sans la Révolution, il aurait porté la tonsure, en sa qualité de cadet; mais cela ne le fâchait pas. « Va pour le titre, répondait-il, mais donne-moi le bénéfice. » La baronne de Berville, la mère, veuve depuis longtemps, habitait le Marais en hiver, et dans la belle saison la petite terre des Clignets. Ce n'était pas une maison assez riche pour entretenir un grand équipage, mais comme les jeunes gens aimaient la chasse et que la baronne adorait ses enfants, on avait fait venir des *fox'hounds* d'Angleterre; quelques voisins avaient suivi cet exemple; ces petites meutes réunies formaient de quoi composer des chasses passables dans les bois qui entouraient la forêt de Carenelle. Ainsi s'étaient établies rapidement, entre les habitants des Clignets et ceux de deux ou trois châteaux des environs, des relations amicales et presque intimes. Madame de Vernage, comme on vient de le voir, était la reine du canton. Depuis le sieur de Franconville et le magistrat de Beauvais jusqu'à l'élégant un peu arriéré de Luzarches, tout rendait hommage à la belle marquise, voire même le curé de Noisy. Renonval était le rendez-vous de ce qu'il y avait de personnes notables dans l'arrondissement de Pontoise. Toutes étaient d'accord pour vanter, comme Tristan, la grâce et la bonté de la châtelaine. Personne ne résistait à l'empire souverain qu'elle exerçait, comme on dit, sur les cœurs ; et c'est précisément pourquoi Armand était fâché que son frère ne revînt pas souper avec lui.

Il ne lui fut pas difficile de trouver un prétexte pour justifier cette absence, et de dire à la baronne en rentrant que Tristan s'était arrêté chez un fermier, avec lequel il était en marché pour un coin de terre. Madame de Berville, qui ne dînait qu'à neuf heures quand ses enfants allaient à la chasse, afin de prendre son repas en famille, voulut attendre pour se mettre à table que son fils aîné fût revenu. Armand, mourant de faim et de soif, comme tout chasseur qui a fait son métier, parut médiocrement satisfait de ce retard qu'on lui imposait. Peut-être craignait-il, à part lui, que la visite à Renonval ne se prolongeât plus longtemps qu'il n'avait été dit. Quoi qu'il en fût, il prit d'abord, pour se donner un peu de patience, un à-compte sur le dîner, puis il alla visiter ses chiens et jeter à l'écurie le coup d'œil du maître, et revint s'étendre sur un canapé, déjà à moitié endormi par la fatigue de la journée.

La nuit était venue, et le temps s'était mis à l'orage. Madame de Berville, assise comme de coutume, devant son métier à tapisserie, regardait la pendule, puis la fenêtre où ruisselait la pluie. Une demi-heure s'écoula lentement, et bientôt vint l'inquiétude.

« Que fait donc ton frère? disait la baronne. Il est impossible qu'à cette heure et par un temps semblable il s'arrête si longtemps en route; quelque accident lui sera arrivé : je vais envoyer à sa rencontre.

— C'est inutile, répondait Armand ; je vous jure qu'il se porte aussi bien que nous, et peut-être mieux ; car, voyant cette pluie, il se sera sans doute fait donner à souper dans quelque cabaret de Noisy pendant que nous sommes à l'attendre. »

L'orage redoublait, le temps se passait ; de guerre lasse, on servit le dîner ; mais il fut triste et silencieux. Armand se reprochait de laisser ainsi sa mère dans une incertitude cruelle, et qui lui semblait inutile ; mais il avait donné sa parole. De son côté, madame de Berville voyait aisément, sur le visage de son fils, l'inquiétude qui l'agitait ; elle n'en pénétrait pas la cause, mais l'effet ne lui échappait pas. Habituée à toute la tendresse et aux confidences même d'Armand, elle sentait que, s'il gardait le silence, c'est qu'il y était obligé. Par quelle raison ? Elle l'ignorait, mais elle respectait cette réserve, tout en ne pouvant s'empêcher d'en souffrir. Elle levait les yeux vers lui d'un air craintif et presque suppliant, puis elle écoutait gronder la foudre, et haussait les épaules en soupirant. Ses mains tremblaient, malgré elle, de l'effort qu'elle faisait pour paraître tranquille. A mesure que l'heure avançait, Armand se sentait de moins en moins le courage de tenir sa promesse. Le dîner terminé, il n'osait se lever; la mère et le fils restèrent longtemps seuls, appuyés sur la table desservie, et se comprenant sans ouvrir les lèvres.

Vers onze heures, la femme de chambre de la baronne étant venue apporter les bougeoirs, madame de Berville souhaita le bonsoir à son fils, et se retira dans son appartement pour dire ses prières accoutumées.

« Que fait-il, en effet, cet étourdi garçon? se disait Armand, tout en se débarrassant, pour se mettre au lit, de son attirail de chasseur. Rien de bien inquiétant, cela est probable. Il fait les yeux doux à madame de Vernage, et subit le silence imposant de La Bretonnière. Est-ce bien sûr? Il me semble qu'à cette heure-ci La Bretonnière doit être dans son coche, en route pour aller se coucher. Il est vrai que Tristan est peut-être en route aussi; j'en doute, pourtant; le chemin n'est pas bon, il pleut bien fort pour monter à cheval. D'une autre part, il y a d'excellents lits à Renonval, et une marquise si polie peut certainement offrir un asile à un capitaine surpris par l'orage. Il est probable, tout bien considéré, que Tristan ne reviendra que demain. Cela est fâcheux, pour deux raisons : d'abord cela inquiète notre mère, et puis, c'est toujours une chose dangereuse que ces abris trouvés chez une voisine; il n'y a rien qui porte moins conseil qu'une nuit passée sous le toit d'une jolie femme, et on ne dort jamais bien chez les gens dont on rêve. Quelquefois même, on ne dort pas du tout. Que va-t-il advenir de Tristan s'il se prend tout de bon pour cette coquette? Il a du cœur pour deux, mais tant pis. Elle trouvera aisé de le jouer, trop aisé peut-être, c'est là mon espoir. Elle dédaignera d'en agir faussement envers un si loyal caractère. Mais, après tout, se disait encore Armand, en soufflant sur sa bougie, qu'il revienne quand il voudra, il est beau et brave. Il s'est tiré d'affaire à Constantine, il s'en tirera à Renonval. »

Il y avait longtemps que toute la maison reposait et que le silence régnait dans la campagne lorsque le bruit des pas d'un cheval se fit entendre sur la route. Il était deux heures du matin; une voix impérieuse cria qu'on ouvrît, et tandis que le garçon d'écurie levait lourdement, l'une après l'autre, les barres de fer qui retenaient la grande porte, les chiens se mirent, selon leur coutume, à pousser de longs gémissements. Armand, qui dormait de tout son cœur, réveillé en sursaut, vit tout à coup devant lui son frère tenant un flambeau et enveloppé d'un manteau dégouttant de pluie.

« Tu rentres à cette heure? lui dit-il; il est bien tard ou bien matin. »

Tristan s'approcha de lui, lui serra la main, et lui dit avec l'accent d'une colère presque furieuse :

« Tu avais raison, c'est la dernière des femmes, et je ne la reverrai de ma vie. »

Après quoi il sortit brusquement.

II

ALGRÉ toutes les questions, toutes les instances que put faire Armand, Tristan ne voulut donner à son frère aucune explication des étranges paroles qu'il avait prononcées en rentrant. Le lendemain, il annonça à sa mère que ses affaires le forçaient d'aller à Paris pour quelques jours, et donna ses ordres en conséquence; il avait le dessein de partir le soir même.

« Il faut convenir, disait Armand, que tu en agis avec moi d'une façon un peu cavalière. Tu me fais la moitié d'une confidence, et tu t'en vas d'un jour à l'autre avec le reste de ton secret. Que veux-tu que je pense de ce départ impromptu?

— Ce qu'il te plaira, répondit Tristan avec une indifférence si tranquille qu'elle semblait n'avoir rien d'emprunté. Tu ne feras qu'y perdre ta peine. J'ai eu un mouvement de colère, il est vrai, pour une bagatelle, une querelle d'amour-propre, une bouderie, comme tu voudras l'appeler. La Bretonnière m'a ennuyé; la marquise était de mauvaise humeur; l'orage m'a contrarié; je suis revenu je ne sais pourquoi, et je t'ai parlé sans savoir ce que je disais. Je conviendrai bien, si tu veux, qu'il y a un peu de froid entre la marquise et moi; mais, à la première occasion, tu nous verras amis comme devant.

— Tout cela est bel et bon, répliquait Armand, mais tu ne parlais pas hier par énigme, quand tu m'as dit : « C'est la dernière des femmes. » Il n'y a là mauvaise humeur qui tienne. Quelque chose est arrivé, que tu me caches.

— Et que veux-tu qu'il me soit arrivé? » demandait Tristan.

A cette question, Armand baissait la tête, et restait muet; car en pareille circonstance, du moment que son frère se taisait, toute supposition, même faite en plaisantant, pouvait être aisément blessante.

Vers le milieu de la journée, une calèche découverte entra dans la cour des Clignets. Un petit homme d'assez mauvaise tournure, à l'air gauche et endimanché, descendit aussitôt de la voiture, baissa lui-même le marchepied et présenta la main à une grande et belle femme, mise simplement et avec goût. C'étaient madame de Vernage et La Bretonnière qui venaient faire visite à la baronne. Tandis qu'ils montaient le perron, où madame de Berville vint les recevoir, Armand observa le visage de son frère avec un peu de surprise et beaucoup d'attention. Mais Tristan le regarda en souriant, comme pour lui dire : « Tu vois qu'il n'y a rien de nouveau. »

A la tournure aisée que prit la conversation, aux politesses froides, mais sans nulle contrainte, qu'échangèrent Tristan et la marquise, il ne semblait pas, en effet, que rien d'extraordinaire se fût passé la veille. La marquise apportait à madame de Berville, qui aimait les oiseaux, un nid de rouges-gorges; La Bretonnière l'avait dans son chapeau. On descendit dans le jardin, on alla voir la volière. La Bretonnière, bien entendu, donna le bras à la baronne; les deux jeunes gens restèrent près de madame de Vernage. Elle paraissait plus gaie que de coutume; elle marchait au hasard de côté et d'autre sans respect pour les buis de la baronne, et tout en se faisant un bouquet au passage.

« Eh bien! messieurs, dit-elle, quand chassons-nous ? »

Armand attendait cette question pour entendre Tristan annoncer son départ. Il l'annonça effectivement du ton le plus calme; mais, en même temps, il fixa sur la marquise un regard pénétrant, presque dur et offensif. Elle ne parut y faire aucune attention, et ne lui demanda même pas quand il comptait revenir.

« En ce cas-là, reprit-elle, monsieur Armand, vous serez le seul représentant des Berville que nous verrons à Renonval; car je suppose que nous vous aurons. La Bretonnière dit qu'il a découvert, avec les lunettes de mon garde, une espèce de cochon sauvage à qui la barbe vient comme aux oiseaux les plumes...

— Point du tout, dit La Bretonnière, c'est une sorte de truie chinoise, de couleur noire, appelée tonkin. Lorsque ces animaux quittent la basse-cour et s'habituent à vivre dans les bois...

— Oui, dit la marquise, ils deviennent farouches, et, à force de manger du gland, les défenses leur poussent au bout du museau.

— C'est de toute vérité, répondit La Bretonnière, non pas, il est vrai, à la première, ni même à la seconde génération ; mais il suffit que le fait existe, ajouta-t-il d'un air satisfait.

— Sans doute, reprit madame de Vernage, et si un homme s'avisait de faire comme mesdames les tonkines, de s'installer dans une forêt, il en résulterait que ses petits-enfants auraient des cornes sur la tête. Et c'est ce qui prouve, continua-t-elle en frappant de son bouquet sur la main de Tristan, qu'on a grand tort de faire le sauvage : cela ne réussit à personne.

— Cela est encore vrai, dit La Bretonnière ; la sauvagerie est un grand défaut.

— Elle vaut pourtant mieux, répondit Tristan, qu'une certaine espèce de domesticité. »

La Bretonnière ouvrait de grands yeux, ne sachant trop s'il devait se fâcher.

« Oui, dit madame de Berville à la marquise, vous avez bien raison. Grondez-moi ce méchant garçon, qui est toujours sur les grands chemins, et qui veut encore nous quitter ce soir pour aller à Paris. Défendez-lui donc de partir. »

Madame de Vernage, qui, tout à l'heure, n'avait pas dit un mot pour essayer de retenir Tristan, se voyant ainsi priée de le faire, y mit aussitôt toute l'insistance et toute la bonne grâce dont elle était capable. Elle prit son plus doux regard et son plus doux sourire pour dire à Tristan qu'il se moquait, qu'il n'avait point d'affaire à Paris, que la curiosité d'une chasse au tonkin devait l'emporter sur tout au monde; qu'enfin elle le priait officiellement de venir déjeuner le lendemain à Renonval. Tristan répondait à chacun de ces compliments par un de ces petits saluts insignifiants qu'ont inventés les gens qui ne savent quoi dire : il était clair que sa patience était mise à une cruelle épreuve. Madame de Vernage n'attendit pas un refus qu'elle prévoyait, et, dès qu'elle eut cessé de parler; elle se retourna et s'occupa d'autre chose, exactement comme si elle eût répété une comédie et que son rôle eût été fini.

« Que signifie tout cela? se disait toujours Armand. Quel est celui qui en veut à l'autre? Est-ce mon frère? Est-ce La Bretonnière? Que vient faire ici la marquise? »

La façon d'être de madame de Vernage était, en effet, difficile à comprendre. Tantôt elle témoignait à Tristan une froideur et une indifférence marquées; tantôt elle paraissait le traiter avec plus de familiarité et de coquetterie qu'à l'ordinaire. « Cassez-moi donc cette branche-là, lui disait-elle; cherchez-moi du muguet. J'ai du monde ce soir, je veux être toute en fleurs; je compte mettre une robe botanique, et avoir un jardin sur la tête. »

Tristan obéissait : il le fallait bien. La marquise se trouva bientôt avoir une véritable botte de fleurs, mais aucune ne lui plaisait. « Vous n'êtes pas connaisseur, disait-elle, vous êtes un mauvais jardinier; vous brisez tout, et vous croyez bien faire parce que vous vous piquez les doigts; mais ce n'est pas cela, vous ne savez pas choisir. »

En parlant ainsi, elle effeuillait les branches, puis es laissait tomber à terre, et les repoussait du pied en marchant, avec ce dédain sans souci qui fait quelquefois tant de mal le plus innocemment du monde.

Il y avait au milieu du parc une petite rivière avec un pont de bois qui était brisé, mais dont il restait encore quelques planches. La Bretonnière, selon sa manie, déclara qu'il y avait danger à s'y hasarder, et qu'il fallait revenir par un autre chemin. La marquise voulut passer, et commençait à prendre les devants, quand la baronne lui représenta qu'en effet ce pont était vermoulu, et qu'elle courait le risque d'une chute assez grave.

« Bah! dit madame de Vernage. Vous calomniez vos planches pour faire les honneurs de la profondeur de votre rivière; si je faisais comme Condé, qu'est-ce qu'il arriverait donc? »

Devant monter à cheval, au retour, elle avait à la main une cravache. Elle la jeta de l'autre côté de l'eau, dans une petite île : « Maintenant, messieurs, reprit-elle, voilà mon bâton jeté à l'ennemi. Qui de vous ira le chercher ?

— C'est fort imprudent, dit La Bretonnière ; cette cravache est fort jolie, la pomme en est très-bien ciselée.

— Y aura-t-il du moins une récompense honnête ? demanda Armand.

— Fi donc ! s'écria la marquise. Vous marchandez avec la gloire ! Et vous, monsieur le hussard, ajouta-t-elle en se tournant vers Tristan, qu'est-ce que vous dites ? Passerez-vous ? »

Tristan semblait hésiter, non par crainte du danger ni du ridicule, mais par un sentiment de répugnance à se voir ainsi provoqué pour une semblable bagatelle. Il fronça le sourcil et répondit froidement :

« Non, madame.

— Hélas ! dit madame de Vernage en soupirant, si mon pauvre Phanor était là, il m'aurait déjà rendu ma cravache. »

La Bretonnière, tâtant le pont avec sa canne, le contemplait d'un air de réflexion profonde ; appuyée nonchalamment sur la poutre brisée qui servait de rampe, la marquise s'amusait à faire plier les planches en se balançant au-dessus de l'eau : elle s'élança tout à coup, traversa le pont avec une vivacité et une légèreté charmantes, et se mit à courir dans l'île. Armand avait voulu la prévenir, mais son frère lui prit le bras, et, se mettant à marcher à grands pas, l'entraîna à l'écart dans une allée; là, dès que les deux jeunes gens furent seuls :

« La patience m'échappe, dit Tristan. J'espère que tu ne me crois pas assez sot pour me fâcher d'une plaisanterie; mais cette plaisanterie a un motif. Sais-tu ce qu'elle vient chercher ici ? Elle vient me braver, jouer avec ma colère, et voir jusqu'à quel point j'endurerai son audace; elle sait ce que signifie son froid persiflage. Misérable cœur ! Méprisable femme, qui, au lieu de respecter mon silence et de me laisser m'éloigner d'elle en paix, vient promener ici sa petite vanité, et se faire une sorte de triomphe d'une discrétion qu'on ne lui doit pas!

— Explique-toi, dit Armand; qu'y a-t-il?

— Tu sauras tout, car, aussi bien, tu y es intéressé, puisque tu es mon frère. Hier au soir, pendant que nous causions sur la route, et que tu me disais tant de mal de cette femme, je suis descendu de cheval au carrefour des Roches. Il y avait à terre une branche de saule, que tu ne m'as pas vu ramasser; cette branche de saule, c'était madame de Vernage qui l'avait enfoncée dans le sable, en se promenant le matin. Elle riait tout à l'heure en m'en faisant casser d'autres aux arbres ; mais celle-là avait un sens : elle voulait dire que la gouvernante et les enfants de la marquise étaient allés chez son oncle à Beaumont, que La Bretonnière ne viendrait pas dîner, et que, si je craignais d'éveiller les gens en sortant de Renonval un peu plus tard, je pouvais laisser mon cheval chez le bonhomme du Héloy.

— Peste! dit Armand, tout cela dans un brin de saule!

— Oui, et plût à Dieu que j'eusse repoussé du pied ce brin de saule comme elle vient de le faire pour nos fleurs! Mais, je te l'ai dit et tu l'as vu toi-même, je l'aimais, j'étais sous le charme. Quelle bizarrerie! Oui! hier encore je l'adorais, j'étais tout amour, j'aurais donné mon sang pour elle, et aujourd'hui...

— Eh bien, aujourd'hui?

— Écoute; il faut, pour que tu me comprennes, que tu saches d'abord une petite aventure qui m'est arrivée l'an passé. Tu sauras donc qu'au bal de l'Opéra j'ai rencontré une espèce de grisette, de modiste, je ne sais quoi. Je suis venu à faire sa connaissance par un hasard assez singulier. Elle était assise à côté de moi, et je ne faisais nulle attention à elle, lorsque Saint-Aubin, que tu connais, vint me dire bonsoir. Au même instant, ma voisine, comme effrayée, cacha sa tête derrière mon épaule; elle me dit à l'oreille qu'elle me suppliait de la tirer d'embarras, de lui donner le bras pour faire un tour de foyer; je ne pouvais guère m'y refuser. Je me levai avec elle, et je quittai Saint-Aubin. Elle me conta là-dessus qu'il était son amant, qu'elle avait peur de lui, qu'il était jaloux, enfin qu'elle le fuyait. Je me trouvais ainsi tout à coup jouer, aux yeux de Saint-Aubin, le rôle d'un rival heureux ; car il avait reconnu sa grisette, et nous suivait d'un air mécontent. Que te dirai-je ? Il me parut plaisant de prendre à peu près au sérieux ce rôle que l'occasion m'offrait. J'emmenai souper la petite fille. Saint-Aubin, le lendemain, vint me trouver et voulut se fâcher. Je lui ris au nez, et je n'eus pas de peine à lui faire entendre raison. Il convint de bonne grâce qu'il n'était guère possible de se couper la gorge pour une demoiselle qui se réfugiait au bal masqué pour fuir la jalousie de son amant. Tout se passa en plaisanterie, et l'affaire fut oubliée ; tu vois que le mal n'est pas grand.

— Non, certes ; il n'y a là rien de bien grave.

— Voici maintenant ce qui arrive : Saint-Aubin, comme tu sais, voit quelquefois madame de Vernage. Il est venu ici et à Renonval. Or, cette nuit, au moment même où la marquise, assise près de moi, écoutait de son grand air de reine toutes les folies qui me passaient par la tête, et essayait, en souriant, cette bague qui, grâce au ciel, est encore à mon doigt, sais-tu ce qu'elle imagine de me dire ? Que cette histoire de bal lui a été contée, qu'elle la sait de bonne source, que Saint-Aubin adorait cette grisette, qu'il a été au désespoir de l'avoir perdue, qu'il a voulu se venger, qu'il m'a demandé raison, que j'ai reculé, et qu'alors... »

Tristan ne put achever. Pendant quelques minutes les deux frères marchèrent en silence.

« Qu'as-tu répondu ? dit enfin Armand.

— Je lui ai répondu une chose très-simple. Je lui ai dit tout bonnement : « Madame la marquise, un homme qui souffre qu'un autre homme lève la main sur lui impunément s'appelle un lâche, vous le savez très-bien. Mais la femme qui, sachant cela, ou le croyant, devient la maîtresse de ce lâche, s'appelle aussi d'un certain nom qu'il est inutile de vous dire. » Là-dessus j'ai pris mon chapeau.

— Et elle ne t'a pas retenu ?

— Si fait, elle a d'abord voulu prendre les choses en riant, et me dire que je me fâchais pour un propos en l'air. Ensuite elle m'a demandé pardon de m'avoir offensé sans dessein ; je ne sais pas même si elle n'a pas essayé de pleurer. A tout cela je n'ai rien répliqué, sinon que je n'attachais aucune importance à une indignité qui ne pouvait m'atteindre, qu'elle était libre de croire et de penser tout ce que bon lui semblerait, et que je ne me donnerais pas la moindre peine pour lui ôter son opinion. « Je suis, lui ai-je dit, soldat depuis dix ans, mes camarades qui me connaissent auraient quelque peine à admettre votre conte, et par conséquent je ne m'en soucie qu'autant qu'il faut pour le mépriser. »

— Est-ce là réellement ta pensée ?

— Y songes-tu ? Si je pouvais hésiter à savoir ce que j'ai à faire, c'est précisément parce que je suis soldat que je n'aurais pas deux partis à prendre. Veux-tu que je laisse une femme sans cœur plaisanter avec mon honneur, et répéter demain sa misérable histoire à une coquette de son bord, ou à quelqu'un de ces petits garçons à qui tu prétends qu'elle tourne la tête ? Supposes-tu que mon nom, le tien, celui de notre mère, puisse devenir un objet de risée ? Seigneur Dieu ! cela fait frémir !

— Oui, dit Armand, et voilà cependant les petits badinages pleins de grâce qu'inventent ces dames pour se désennuyer. Faire d'une niaiserie un roman bien noir, bien scandaleux, voilà le bon plaisir de leur cervelle creuse. Mais que comptes-tu faire maintenant ?

— Je compte aller ce soir à Paris. Saint-Aubin est aussi un soldat ; c'est un brave ; je suis loin de croire, Dieu m'en préserve ! qu'un mot de sa part ait jamais pu donner l'idée de cette fable fabriquée par quelque femme de chambre ; mais, à coup sûr, je le ramènerai ici, et il ne lui sera pas plus difficile de dire tout haut la vérité, qu'il ne me le sera, à moi, de l'entendre. C'est une démarche fâcheuse, pénible, que je ferai là, sans nul doute ; c'est une triste chose que d'aller trouver un camarade, et de lui dire : « On m'accuse d'avoir manqué de cœur. » Mais n'importe, en pareille circonstance, tout est juste et doit être permis. Je te le répète, c'est notre nom que je défends, et s'il ne devait pas sortir de là pur comme de l'or, je m'arracherais moi-même la croix que je porte. Il faut que la marquise entende Saint-Aubin lui dire, en ma présence, qu'on lui a répété un sot conte, et que ceux qui l'ont forgé en ont menti. Mais, une fois cette explication faite, il faut que la marquise m'entende aussi à mon tour; il faut que je lui donne bien discrètement, en termes bien polis, en tête-à-tête, une leçon qu'elle n'oublie jamais; je veux avoir le petit plaisir de lui exprimer nettement ce que je pense de son orgueil et de sa ridicule pruderie. Je ne prétends pas faire comme Bussy d'Amboise, qui, après avoir exposé sa vie pour aller chercher le bouquet de sa maîtresse, le lui jeta à la figure : je m'y prendrai plus civilement; mais quand une bonne parole produit son effet, il importe peu comment elle est dite, et je te réponds que d'ici à quelque temps, du moins, la marquise sera moins fière, moins coquette et moins hypocrite.

— Allons rejoindre la compagnie, dit Armand, et ce soir j'irai avec toi. Je te laisserai faire tout seul, cela va sans dire; mais, si tu le permets, je serai dans la coulisse. »

La marquise se disposait à retourner chez elle lorsque les deux frères reparurent. Elle se doutait vraisemblablement qu'elle avait été pour quelque chose dans leur conversation, mais son visage n'en exprimait rien; jamais, au contraire, elle n'avait semblé plus calme et plus contente d'elle-même. Ainsi qu'il a été dit, elle s'en allait à cheval. Tristan, faisant les honneurs de la maison, s'approcha pour lui prendre le pied et la mettre en selle. Comme elle avait marché sur le sable mouillé, son brodequin était humide, en sorte que l'empreinte en resta marquée sur le gant de Tristan. Dès que madame de Vernage fut partie, Tristan ôta ce gant, et le jeta à terre.

« Hier, je l'aurais baisé, » dit-il à son frère.

Le soir venu, les deux jeunes gens prirent la poste ensemble, et allèrent coucher à Paris. Madame de Berville, toujours inquiète et toujours indulgente, comme une vraie mère qu'elle était, fit semblant de croire aux raisons qu'ils prétendirent avoir pour partir. Dès le lendemain matin, comme on le pense bien, leur premier soin fut d'aller demander Monsieur de Saint-Aubin, capitaine de dragons, rue Neuve-Saint-Augustin, à l'hôtel garni où il logeait habituellement quand il était en congé.

« Dieu veuille que nous le trouvions! disait Armand. Il est peut-être en garnison bien loin.

— Quand il serait à Alger, répondait Tristan, il faut qu'il parle, ou du moins qu'il écrive ; j'y mettrai six mois, s'il le faut, mais je le trouverai, ou il dira pourquoi. »

Le garçon de l'hôtel était un Anglais, chose fort commode peut-être pour les sujets de la reine Victoria curieux de visiter Paris, mais assez gênante pour les Parisiens. A la première parole de Tristan, il répondit par l'exclamation la plus britannique:

« Oh!

— Voilà qui est bien, dit Armand, plus impatient encore que son frère; mais monsieur de Saint-Aubin est-il ici?

— Oh! no.

— N'est-ce pas dans cette maison qu'il demeure?

—Oh! yes.
— Il est donc sorti?
— Oh! no.
— Expliquez-vous. Peut-on lui parler?
— No, sir, impossible.
— Pourquoi, impossible?
— Parce qu'il est... Comment dites-vous?
— Il est malade?
— Oh! no, il est mort. »

III

L serait difficile de peindre l'espèce de consternation qui frappa Tristan et son frère en apprenant la mort de l'homme qu'ils avaient un si grand désir de retrouver. Ce n'est jamais, quoi qu'on en dise, une chose indifférente que la mort. On ne la brave pas sans courage, on ne la voit pas sans horreur, et il est même douteux qu'un gros héritage puisse rendre vraiment agréable sa hideuse figure, dans le moment où elle se présente. Mais quand elle nous enlève subitement quelque bien ou quelque espérance, quand elle se mêle de nos affaires et nous prend dans les mains ce que nous croyons tenir, c'est alors surtout qu'on sent sa puissance, et que l'homme reste muet devant le silence éternel.

Saint-Aubin avait été tué en Algérie, dans une razzia. Après s'être fait raconter, tant bien que mal, par les gens de l'hôtel, les détails de cet événement, les deux frères reprirent tristement le chemin de la maison qu'ils habitaient à Paris.

« Que faire maintenant? dit Tristan ; je croyais n'avoir, pour sortir d'embarras, qu'un mot à dire à un honnête homme, et il n'est plus. Pauvre garçon ! je m'en veux à moi-même de ce qu'un motif d'intérêt personnel se mêle au chagrin que me cause sa mort. C'était un brave et digne officier; nous avions bivouaqué et trinqué ensemble. Ayez donc trente ans, une vie sans reproche, une bonne tête et un sabre au côté, pour aller vous faire assassiner par un Bédouin en embuscade! Tout est fini, je ne songe plus à rien; je ne veux pas m'occuper d'un conte quand j'ai à pleurer un ami. Que toutes les marquises du monde disent ce qui leur plaira!

— Ton chagrin est juste, répondit Armand ; je le partage et je le respecte ; mais, tout en regrettant un ami et en méprisant une coquette, il ne faut pourtant rien oublier. Le monde est là, avec ses lois; il ne voit ni ton dédain ni tes larmes ; il faut lui répondre dans sa langue, ou, tout au moins, l'obliger à se taire.

— Et que veux-tu que j'imagine? Où veux-tu que je trouve un témoin, une preuve quelconque, un être ou une chose qui puisse parler pour moi? Tu comprends bien que Saint-Aubin, lorsqu'il est venu me trouver pour s'expliquer en galant homme sur une aventure de grisette, n'avait pas amené avec lui tout son régiment. Les choses se sont passées en tête-à-tête; si elles eussent dû devenir sérieuses, certes, alors, les témoins seraient là; mais nous nous sommes donné une poignée de main, et nous avons déjeuné ensemble; nous n'avions que faire d'inviter personne.

— Mais il n'est guère probable, reprit Armand, que cette sorte de querelle et de réconciliation soit demeurée tout à fait secrète. Quelques amis communs ont dû la connaître. Rappelle-toi, cherche dans tes souvenirs.

— Et à quoi bon? Quand même, en cherchant bien, je pourrais retrouver quelqu'un qui se souvînt de cette vieille histoire, ne veux-tu pas que j'aille me faire donner par le premier venu une espèce d'attestation comme quoi je ne suis pas un poltron? Avec Saint-Aubin je pouvais agir sans crainte; tout se demande à un ami. Mais quel rôle jouerais-je, à l'heure qu'il est, en allant dire à un de nos camarades : « Vous rappelez-vous une petite fille, un bal, une querelle de l'an passé? » On se moquerait de moi, et on aurait raison.

— C'est vrai; et cependant il est triste de laisser une femme, et une femme orgueilleuse, vindicative et offensée, tenir impunément de méchants propos.

— Oui, cela est triste plus qu'on ne peut le dire. A une insulte faite par un homme on répond par un coup d'épée. Contre toute espèce d'injure, publique ou non... même imprimée, on peut se défendre; mais quelle ressource a-t-on contre une calomnie sourde, répétée dans l'ombre, à voix basse, par une femme malfaisante qui veut vous nuire?

C'est là le triomphe de la lâcheté. C'est là qu'une pareille créature, dans toute la perfidie du mensonge, dans toute la sécurité de l'impudence, vous assassine à coups d'épingle ; c'est là qu'elle ment avec tout l'orgueil, toute la joie de la faiblesse qui se venge ; c'est là qu'elle glisse à loisir, dans l'oreille d'un sot qu'elle cajole, une infamie étudiée, revue et augmentée par l'auteur ; et cette infamie fait son chemin, cela se répète, se commente ; et l'honneur, le bien du soldat, l'héritage des aïeux, le patrimoine des enfants, est mis en question pour une telle misère ! »

Tristan parut réfléchir pendant quelque temps, puis il ajouta d'un ton à demi sérieux, à demi plaisant :

« J'ai envie de me battre avec La Bretonnière.

— A propos de quoi ? dit Armand, qui ne put s'empêcher de rire. Que t'a fait ce pauvre diable dans tout cela ?

— Ce qu'il m'a fait ? C'est qu'il est très-possible qu'il soit au courant de mes affaires. Il est assez dans les initiés, et passablement curieux de sa nature ; je ne serais pas du tout surpris que la marquise le prît pour confident.

— Tu avoueras du moins que ce n'est pas sa faute si on lui raconte une histoire, et qu'il n'en est pas responsable.

— Bah ! et s'il s'en fait l'éditeur ? Cet homme-là, qui n'est qu'une mouche de coche, est plus jaloux cent fois de madame de Vernage que s'il était son mari ; et, en supposant qu'elle lui récite ce beau roman inventé sur mon compte, crois-tu qu'il s'amuse à en garder le secret?

— A la bonne heure, mais encore faudrait-il être sûr d'abord qu'il en parle, et même, dans ce cas-là, je ne vois guère qu'il puisse être juste de chercher querelle à quelqu'un parce qu'il répète ce qu'il a entendu dire. Quelle gloire y aurait-il d'ailleurs à faire peur à La Bretonnière? Il ne se battrait certainement pas, et, franchement, il serait dans son droit.

— Il se battrait. Ce garçon-là me gêne; il est ennuyeux, il est de trop dans ce monde.

— En vérité, mon cher Tristan, tu parles comme un homme qui ne sait à qui s'en prendre. Ne dirait-on pas, à t'entendre, que tu cherches une affaire d'honneur pour rétablir ta réputation, ou que tu as besoin d'une balafre pour la montrer à ta maîtresse, comme un étudiant allemand?

— Mais, aussi, c'est que je me trouve dans une situation vraiment intolérable. On m'accuse, on me déshonore, et je n'ai pas un moyen de me venger! Si je croyais réellement... »

Les deux jeunes gens passaient en cet instant sur le boulevard devant la boutique d'un bijoutier. Tristan s'arrêta de nouveau tout à coup pour regarder un bracelet placé dans l'étalage.

« Voilà une chose étrange, dit-il.

— Qu'est-ce que c'est? Veux-tu te battre aussi avec la fille de comptoir?

— Non pas, mais tu me conseillais de chercher

dans mes souvenirs. En voici un qui se présente. Tu vois bien ce bracelet d'or, qui, au reste, n'a rien de merveilleux : un serpent avec deux turquoises. Dans le moment de ma dispute avec Saint-Aubin, il venait de commander, chez ce même marchand, dans cette boutique, un bracelet comme celui-là, lequel bracelet était destiné à cette grisette dont il s'occupait, et qui avait failli nous brouiller ; lorsque, après notre querelle vidée, nous eûmes déjeuné ensemble : « Parbleu, me dit-il en riant, tu viens m'enlever la reine de mes pensées à l'instant où je me disposais à lui faire un cadeau ; c'était un petit bracelet avec mon nom gravé en dedans ; mais, ma foi, elle ne l'aura pas. Si tu veux le lui donner, je te le cède puisque tu es le préféré, il faut que tu payes ta bienvenue. — Faisons mieux, répondis-je ; soyons de moitié dans l'envoi que tu comptais lui faire. — Tu as raison, reprit-il ; mon nom est déjà sur la plaque, il faut que le tien y soit gravé aussi, et, en signe de bonne amitié, nous y ferons ajouter la date. » Ainsi fut dit, ainsi fut fait. La date et les deux noms, écrits sur le bracelet, furent envoyés à la demoiselle, et doivent actuellement exister quelque part en la possession de mademoiselle Javotte (c'est le nom de notre héroïne), à moins qu'elle ne l'ait vendu pour aller dîner.

— A merveille ! s'écria Armand ; cette preuve que tu cherchais est toute trouvée. Il faut maintenant que ce bracelet reparaisse. Il faut que la marquise voie les deux signatures, et le jour bien spécifié. Il faut que mademoiselle Javotte elle-même témoigne au besoin de la vérité et de l'identité de la chose. N'en est-ce pas assez pour prouver clairement que rien de sérieux n'a pu se passer entre Saint-Aubin et toi? Certes, deux amis qui, pour se divertir, font un pareil cadeau à une femme qu'ils se disputent, ne sont pas bien en colère l'un contre l'autre, et il devient alors évident...

— Oui, tout cela est très-bien, dit Tristan; ta tête va plus vite que la mienne; mais pour exécuter cette grande entreprise, ne vois-tu pas qu'avant de retrouver ce bracelet si précieux, il faudrait commencer par retrouver Javotte? Malheureusement ces deux découvertes semblent également difficiles. Si, d'un côté, la jeune personne est sujette à perdre ses nippes, elle est capable, d'autre part, de s'égarer fort elle-même. Chercher, après un an d'intervalle, une grisette perdue sur le pavé de Paris, et, dans le tiroir de cette grisette, un gage d'amour fabriqué en métal, cela me paraît au-dessus de la puissance humaine; c'est un rêve impossible à réaliser.

— Pourquoi? reprit Armand; essayons toujours. Vois comme le hasard, de lui-même, te fournit l'indice qu'il te fallait : tu avais oublié ce bracelet; il te le met presque devant les yeux, ou du moins, il te le rappelle. Tu cherchais un témoin, le voilà, il est irrécusable : *ce bracelet dit tout, ton amitié pour Saint-Aubin, son estime pour toi, le peu de gravité de l'affaire.* La fortune est femme, mon cher; quand elle fait des avances, il faut en profiter. Penses-y, tu n'as que ce moyen d'imposer silence à madame de Vernage; mademoiselle Javotte et son serpentin bleu sont ta seule et unique ressource. Paris est grand, c'est vrai, mais nous avons du temps. Ne le perdons pas; et d'abord, où demeurait jadis cette demoiselle?

— A te dire vrai, je n'en sais plus rien; c'était, je crois, dans un passage, une espèce de *square,* de cité.

— Entrons chez le bijoutier, et questionnons-le. Les marchands ont quelquefois une mémoire incroyable; ils se souviennent des gens après des années, surtout de ceux qui ne les payent pas très-bien. »

Tristan se laissa conduire par son frère; tous deux entrèrent dans la boutique. Ce n'était pas une chose facile que de rappeler au marchand un objet de peu de valeur acheté chez lui il y avait longtemps. Il ne l'avait pourtant pas oublié, à cause de la singularité des deux noms réunis.

« Je me souviens, en effet, dit-il, d'un petit bracelet que deux jeunes gens m'ont commandé l'hiver dernier, et je reconnais bien monsieur; mais quant à savoir où ce bracelet a été porté, et à qui, je n'en peux rien dire.

— C'était à une demoiselle Javotte, dit Armand, qui devait demeurer dans un passage.

— Attendez, » reprit le bijoutier. Il ouvrit son livre, le feuilleta, réfléchit, se consulta, et finit par dire : « C'est cela même; mais ce n'est point le nom de Javotte que je trouve sur mon livre. C'est le nom de madame de Monval, cité Bergère, 4.

— Vous avez raison, dit Tristan, elle se faisait appeler ainsi; ce nom de Monval m'était sorti de la tête; peut-être avait-elle le droit de le porter, car son titre de Javotte n'était, je crois, qu'un sobriquet. Travaillez-vous encore quelquefois pour elle; vous a-t-elle acheté autre chose?

— Non, monsieur; elle m'a vendu, au contraire, une chaîne d'argent cassée qu'elle avait.

— Mais point de bracelet?

— Non, monsieur.

— Va pour Monval, dit Armand; grand merci, monsieur. Et quant à nous, en route pour la cité Bergère.

— Je crois, dit Tristan en quittant le bijoutier, qu'il serait bon de prendre un fiacre. J'ai quelque peur que madame de Monval n'ait changé plusieurs fois de domicile, et que notre course ne soit longue. »

Cette prévision était fondée. La portière de la cité Bergère apprit aux deux frères que madame de Monval avait déménagé depuis longtemps, qu'elle s'appelait à présent mademoiselle Durand, ouvrière en robes, et qu'elle demeurait rue Saint-Jacques.

« Est-elle à son aise? A-t-elle de quoi vivre? demanda Armand, poursuivi par la crainte du bracelet vendu.

— Oh! oui, monsieur, elle fait beaucoup de dépense; elle avait ici un logement complet, des meubles d'acajou et une batterie de cuisine. Elle voyait beaucoup de militaires, toutes personnes décorées et très comme il faut. Elle donnait quelquefois de très-jolis dîners qu'on faisait venir du café Vachette. Tous ces messieurs étaient bien gais, et il y en avait un qui avait une bien belle voix ; il chantait comme un vrai artiste de l'Académie. Du reste, monsieur, il n'y a jamais eu rien à dire sur le compte de madame de Monval. Elle étudiait aussi pour être artiste; c'était moi qui faisais son ménage, et elle ne sortait jamais qu'en citadine.

— Fort bien, dit Armand. Allons rue Saint-Jacques. »

« Mademoiselle Durand ne loge plus ici, répondit la seconde portière ; il y a six mois qu'elle s'en est allée, et nous ne savons guère trop où elle est. Ce ne doit pas être dans un palais, car elle n'est pas partie en carrosse, et elle n'emportait pas grand'chose.

— Est-ce qu'elle menait une vie malheureuse ?

— Oh! mon Dieu, une vie bien pauvre. Elle n'était guère à l'aise, cette demoiselle. Elle demeurait là au fond de l'allée, sur la cour, derrière la fruitière. Elle travaillait toute la sainte journée ; elle ne gagnait guère et elle avait bien du mal. Elle allait au marché le matin, et elle faisait sa soupe elle-même sur un petit fourneau qu'elle avait. On ne peut pas dire qu'elle manquait de soin, mais cela sentait toujours les choux dans sa chambre. Il y a une dame en deuil qui est venue, une de ses tantes, qui l'a emmenée ; nous croyons qu'elle s'est mise aux sœurs du Bon-Pasteur. La lingère du coin vous dira peut-être cela : c'était elle qui l'employait.

— Allons chez la lingère, dit Armand. Mais les choux sont de mauvais augure. »

Le troisième renseignement recueilli sur Javotte ne fut pas d'abord plus satisfaisant que les deux premiers. Moyennant une petite somme que sa famille avait trouvé moyen de lui fournir, elle était entrée, en effet, au couvent des sœurs du Bon-Pasteur, et y avait passé environ trois mois. Comme sa conduite était bonne, la protection de quelques personnes charitables l'avait fait admettre par les sœurs, qui lui montraient beaucoup de bonté et qui n'avaient qu'à se louer de son obéissance. « Malheureusement, disait la lingère, cette pauvre enfant a une tête si vive qu'il ne lui est pas possible de rester en place. C'était une grande faveur pour elle que d'avoir été reçue comme pensionnaire par les religieuses. Tout le monde disait du bien d'elle, et elle remplissait régulièrement ses devoirs de religion, en même temps qu'elle travaillait très-bien, car c'est une bonne ouvrière. Mais tout d'un coup sa tête est partie ; elle a demandé à s'en aller. Vous comprenez, monsieur, que dans ce temps-ci un couvent n'est pas une prison ; on lui a ouvert les portes, et elle s'est envolée.

— Et vous ignorez ce qu'elle est devenue ?

— Pas tout à fait, répondit en riant la lingère.

Il y a une de mes demoiselles qui l'a rencontrée au Ranelagh. Elle se fait appeler maintenant Amélina Rosenval. Je crois qu'elle demeure rue de Bréda, et qu'elle est figurante aux Folies-Dramatiques. »

Tristan commençait à se décourager. « Laissons tout cela, dit-il à son frère. A la tournure que prennent les choses, nous n'en aurons jamais fini. Qui sait si mademoiselle Durand, madame de Monval, madame Rosenval, n'est pas en Chine ou à Quimper-Corentin?

— Il faut y aller voir, disait toujours Armand. Nous avons trop fait pour nous arrêter. Qui te dit que nous ne sommes pas sur le point de découvrir notre voyageuse? Ouvrière ou artiste, nonne ou figurante, je la trouverai. Ne faisons pas comme cet homme qui avait parié de traverser pieds nus un bassin gelé, au mois de janvier, et qui, arrivé à moitié chemin, trouva que c'était trop froid et revint sur ses pas. »

Armand avait raison cette fois. Madame Rosenval en personne fut découverte rue de Bréda; mais il ne s'agissait plus, à cette nouvelle adresse, du couvent, ni des choux, ni du Ranelagh. De figurante qu'elle était naguère, madame Rosenval était devenue tout à coup, par la grâce du hasard et d'un ancien préfet, personnage important et protecteur des arts, *prima donna* d'un théâtre de province. Elle habitait depuis quelque temps une assez grande ville du midi de la France, où son talent, nouvellement découvert, mais généreusement encouragé, faisait les délices des connaisseurs du lieu et l'admiration de la garnison. Elle se trouvait à Paris en passant, pour contracter, si faire se pouvait, un engagement dans la capitale. On dit aux deux jeunes gens, il est vrai, qu'on ne savait pas s'ils pourraient être reçus; mais ils furent introduits par une femme de chambre dans un appartement assez riche, d'un goût peu sévère, orné de statuettes, de glaces et de cartons-pâtes, à peu près comme un café. La maîtresse du lieu était à sa toilette ; elle fit dire qu'on attendît, et qu'elle allait recevoir monsieur de Berville.

« A présent, je te laisse, dit Armand à son frère, tu vois que nous sommes venus à bout de notre campagne. C'est à toi de faire le reste ; décide madame Rosenval à te rendre ton bracelet ; qu'elle l'accompagne d'un mot de sa main qui donne plus de poids à cette restitution ; reviens armé de cette preuve authentique, et moquons-nous de la marquise. »

Armand sortit sur ces paroles, et Tristan resta seul à se promener dans le somptueux salon de Javotte. Il y était depuis un quart d'heure, lorsque la porte de la chambre à coucher s'ouvrit. Un gros et grand monsieur, à la démarche grave, à la tête grisonnante, portant des lunettes, une chaîne, un binocle et des breloques de montre, le tout en or, s'avança d'un air affable et majestueux. « Monsieur, dit-il à Tristan, j'apprends que vous êtes le parent de madame Rosenval. Si vous voulez prendre la peine d'entrer, elle vous attend dans son cabinet. »

Il fit un léger salut et se retira.

« Peste! se dit Tristan, il paraît que Javotte voit à présent meilleure compagnie que dans l'allée de la rue Saint-Jacques. »

Soulevant une portière de soie chamarrée, que lui avait indiquée le monsieur aux lunettes d'or, il pénétra dans un boudoir tendu en mousseline rose, où madame Rosenval, étendue sur un canapé, le reçut d'un air nonchalant. Comme on ne retrouve jamais sans plaisir une femme qu'on a aimée, fût-ce Amélina, fût-ce même Javotte, surtout lorsque l'on s'est donné tant de peine pour la chercher, Tristan baisa avec empressement la main fort blanche de son ancienne conquête, puis il prit place à côté d'elle, et débuta, comme cela se devait, par lui faire ses compliments sur ce qu'elle était embellie, qu'il la revoyait plus charmante que jamais, etc... (toutes choses qu'on dit à toute femme qu'on retrouve, fût-elle devenue plus laide qu'un péché mortel).

« Permettez-moi, ma chère, ajouta-t-il, de vous féliciter sur l'heureux changement qui me semble s'être opéré dans vos petites affaires. Vous êtes logée ici comme un grand seigneur.

— Vous serez donc toujours un mauvais plaisant, monsieur de Berville? répondit Javotte. Tout cela est fort simple; ce n'est qu'un pied-à-terre, mais je me fais arranger quelque chose là-bas, car vous savez que je perche au diable.

— Oui, j'ai appris que vous étiez au théâtre.

— Mon Dieu, oui, je me suis décidée. Vous savez que la grande musique, la musique sérieuse, a été l'occupation de toute ma vie. Monsieur le Baron, que vous venez de voir, je suppose, sortant d'ici, et qui est un de mes bons amis, m'a persécutée pour prendre un engagement. Que voulez-vous ! je me suis laissé faire. Nous jouons toutes sortes de choses, le drame, le vaudeville, l'opéra.

— On m'a dit cela, reprit Tristan ; mais j'ai à vous parler d'une affaire assez sérieuse, et, comme votre temps doit être précieux, trouvez bon que je me hâte de profiter de l'occasion que j'ai de vous faire mes confidences. Vous souvenez-vous d'un certain bracelet... »

Tout en parlant, Tristan, par distraction, jeta les yeux sur la cheminée ; la première chose qu'il y remarqua fut la carte de visite de La Bretonnière, accrochée à la glace.

« Est-ce que vous connaissez ce personnage-là ? demanda-t-il avec surprise.

— Oui ; c'est un ami du baron ; je le vois de temps en temps, et je crois même qu'il dîne à la maison aujourd'hui. Mais, de grâce, continuez donc, je vous en prie, et je vous écoute. »

IV

Il y aurait peut-être pour le philosophe ou pour le psychologue, comme on dit, une curieuse étude à faire sur le chapitre des distractions. Supposez un homme qui est en train de parler des choses qui le touchent le plus à la personne dont il a le plus à craindre ou à espérer, à un avocat, à une femme ou à un ministre. Quel degré d'influence exercera sur lui une épingle qui le pique au milieu de son discours, une boutonnière qui se déchire, un voisin qui se met à jouer de la flûte? Que fera un acteur, récitant une tirade, et apercevant tout à coup un de ses créanciers dans la salle? Jusqu'à quel point, enfin, peut-on parler d'une chose, et en même temps penser à une autre?

Tristan se trouvait à peu près dans une situation de ce genre. D'une part, comme il l'avait dit, le temps pressait : le monsieur à lunettes d'or pouvait reparaître à tout moment. D'ailleurs, dans l'oreille d'une femme qui vous écoute, il y a une mouche qu'il faut prendre au vol; dès qu'il n'est plus trop tôt avec elle, presque toujours il est trop tard. Tristan attachait assez de prix à ce qu'il venait demander à Javotte pour y employer toute son éloquence. Plus la démarche qu'il faisait pouvait sembler bizarre et extraordinaire, plus il sentait la nécessité de la terminer promptement. Mais, d'une autre part, il avait devant les yeux la carte de La Bretonnière, ses regards ne pouvaient s'en détacher; et, tout en poursuivant l'objet de sa visite, il se répétait à lui-même : « Je retrouverai donc cet homme-là partout !

— Enfin, que voulez-vous? dit Javotte. Vous êtes distrait comme un poëte en couches. »

Il va sans dire que Tristan ne voulait point parler de son motif secret, ni prononcer le nom de la marquise.

« Je ne puis rien vous expliquer, répondit-il. Je ne puis que vous dire une seule chose, c'est que vous m'obligeriez infiniment en me rendant le bracelet que Saint-Aubin et moi nous vous avons donné, s'il est encore en votre possession.

— Mais qu'est-ce que vous voulez en faire?

— Rien qui puisse vous inquiéter, je vous en donne ma parole.

— Je vous crois, Berville, vous êtes homme d'honneur. Le diable m'emporte, je vous crois. »

Madame Rosenval, dans ses nouvelles grandeurs, avait conservé quelques expressions qui sentaient encore un peu les choux.

« Je suis enchanté, dit Tristan, que vous ayez de moi un si bon souvenir ; vous n'oubliez pas vos amis.

— Oublier mes amis ! jamais. Vous m'avez vue dans le monde quand j'étais sans le sou, je me plais à le reconnaître. J'avais deux paires de bas à jour qui se succédaient l'une à l'autre, et je mangeais la soupe dans une cuillère de bois. Maintenant je dîne dans de l'argent massif, avec un laquais par derrière et plusieurs dindons par devant ; mais mon cœur est toujours le même. Savez-vous que dans notre jeune temps nous nous amusions pour de bon ? A présent, je m'ennuie comme un roi... Vous souvenez-vous d'un jour... à Montmorency ?... Non, ce n'était pas vous, je me trompe ; mais c'est égal, c'était charmant. Ah ! les bonnes cerises ! et ces côtelettes de veau que nous avons mangées chez le père Duval, au château de la Chasse, pendant que le vieux coq, ce pauvre Coco, picorait du pain sur la table ! Il y a eu pourtant deux Anglais assez bêtes pour faire boire de l'eau-de-vie à ce pauvre animal, et il en est mort. Avez-vous su cela ? »

Lorsque Javotte parlait ainsi à peu près naturellement, c'était avec une volubilité extrême ; mais quand ses grands airs la reprenaient, elle se mettait tout à coup à traîner ses phrases avec un air de rêverie et de distraction.

« Oui, vraiment, continua-t-elle d'une voix de duchesse enrhumée, je me souviens toujours avec plaisir de tout ce qui se rattache au passé.

— C'est à merveille, ma chère Amélina ; mais, répondez, de grâce, à mes questions. Avez-vous conservé ce bracelet ?

— Quel bracelet, Berville ? Qu'est-ce que vous voulez dire ?

— Ce bracelet que je vous redemande, et que Saint-Aubin et moi nous vous avions donné ?

— Fi donc ! redemander un cadeau ! C'est bien peu gentilhomme, mon cher.

— Il ne s'agit point ici de gentilhommerie. Je vous l'ai dit : il s'agit d'un service fort important que vous pouvez me rendre. Réfléchissez, je vous en conjure, et répondez-moi sérieusement. Si ce n'est que le bracelet qui vous tient au cœur, je m'engage bien volontiers à vous en mettre un autre à chaque bras, en échange de celui dont j'ai besoin.

— C'est fort galant de votre part.

— Non, ce n'est pas galant, c'est tout simple. Je ne vous parle ici que dans mon intérêt.

— Mais d'abord, dit Javotte en se levant et en jouant de l'éventail, il faudrait savoir, comme je vous disais, ce que vous en feriez, de ce bracelet. Je ne peux pas me fier à un homme qui n'a pas lui-même confiance en moi. Voyons, contez-moi un peu vos affaires. Il y a quelque femme, quelque tricherie là-dessous. Tenez, je parierais que c'est quelque ancienne maîtresse à vous ou à Saint-Aubin, qui veut me dépouiller de mes ustensiles de ménage. Il y a quelque brouille, quelque jalousie, quelque mauvais propos ; allons, parlez donc.

— S'il faut absolument vous dire mon motif, répondit Tristan, voulant se débarrasser de ces questions, la vérité est que Saint-Aubin est mort; nous étions fort liés, vous le savez, et je désirerais garder ce bracelet où nos deux noms sont écrits ensemble.

— Bah! quelle histoire vous me fabriquez là! Saint-Aubin est mort? Depuis quand?

— Il est mort en Afrique, il y a peu de temps.

— Vrai? Pauvre garçon! je l'aimais bien aussi. C'était un gentil cœur, et je me souviens que dans le temps il m'appelait sa beauté rose. « Voilà ma beauté rose, » disait-il. Je trouve ce nom-là très-joli. Vous rappelez-vous comme il était drôle un jour que nous étions à Ermenonville, et que nous avions tout cassé dans l'auberge? Il ne restait seulement plus une assiette. Nous avions jeté les chaises par les fenêtres à travers les carreaux, et le matin, tout justement, voilà qu'il arrive une grande longue famille de bons provinciaux qui venaient visiter la nature. Il ne se trouvait plus une tasse pour leur servir leur café au lait.

— Tête de folle! dit Tristan; ne pouvez-vous, une fois par hasard, faire attention à ce qu'on vous dit? Avez-vous mon bracelet, oui ou non?

— Je n'en sais rien du tout, et je n'aime pas les propositions faites à bout portant.

— Mais vous avez, je le suppose, un coffre, un tiroir, un endroit quelconque à mettre vos bijoux?

Ouvrez-moi ce tiroir ou ce coffre; je ne vous en demande pas davantage. »

Javotte sembla un peu réfléchir, se rassit près de Tristan, et lui prit la main :

« Écoutez, dit-elle, vous concevez que, si ce bracelet vous est nécessaire, je ne tiens pas à une pareille misère. J'ai de l'amitié pour vous, Berville; il n'y a rien que je ne fisse pour vous obliger. Mais vous comprenez bien aussi que ma position m'impose des devoirs. Il est possible que, d'un jour à l'autre, j'entre à l'Opéra, dans les chœurs. Monsieur le baron m'a promis d'y employer toute son influence. Un ancien préfet, comme lui, a de l'empire sur les ministres, et monsieur de La Bretonnière, de son côté...

— La Bretonnière! s'écria Tristan impatienté; et que diantre fait-il ici? Apparemment qu'il trouve moyen d'être en même temps à Paris et à la campagne. Il ne nous quitte pas là-bas, et je le retrouve chez vous!

— Je vous dis que c'est un ami du baron. C'est un homme fort distingué que monsieur de La Bretonnière. Il est vrai qu'il a une campagne près de la vôtre, et qu'il va souvent chez une personne que vous connaissez probablement, une marquise, une comtesse, je ne sais plus son nom.

— Est-ce qu'il vous parle d'elle? Qu'est-ce que cela veut dire?

— Certainement, il nous parle d'elle. Il la voit ous les jours, pas vrai? Il a son couvert à sa table;

elle s'appelle Vernage, ou quelque chose comme ça ; on sait ce que c'est, entre nous soit dit, que les voisins et les voisines... Eh bien ! qu'est-ce que vous avez donc ?

— Peste soit du fat ! dit Tristan, prenant la carte de La Bretonnière et la froissant entre ses doigts. Il faut que je lui dise son fait un de ces jours.

— Oh ! oh ! Berville, vous prenez feu, mon cher. La Vernage vous touche, je le vois. Eh bien ! tenez, faisons l'échange. Votre confidence pour mon bracelet.

— Vous l'avez donc, ce bracelet ?

— Vous l'aimez donc, cette marquise ?

— Ne plaisantons pas. L'avez-vous ?

— Non pas, je ne dis pas cela. Je vous répète que ma position...

— Belle position ! Vous moquez-vous des gens ! Quand vous iriez à l'Opéra, et quand vous seriez figurante à vingt sous par jour...

— Figurante ! s'écria Javotte en colère. Pour qui me prenez-vous, s'il vous plaît ? Je chanterai dans les chœurs, savez-vous !

— Pas plus que moi. On vous prêtera un maillot et une toque, et vous irez en procession derrière la princesse Isabelle ; ou bien ou vous donnera le dimanche une petite gratification pour vous enlever au bout d'une poulie dans le ballet de *La Sylphide*. Qu'est-ce que vous entendez avec votre position ?

— J'entends et je prétends que, pour rien au

monde, je ne voudrais que monsieur le baron pût voir mon nom mêlé à une mauvaise affaire. Vous voyez bien que, pour vous recevoir, j'ai dit que vous étiez mon parent. Je ne sais pas ce que vous ferez de ce bracelet, moi, et il ne vous plaît pas de me le dire. Monsieur le baron ne m'a jamais connue que sous le nom de madame de Rosenval ; c'est le nom d'une terre que mon père a vendue. J'ai des maîtres, mon cher, j'étudie, et je ne veux rien faire qui compromette mon avenir. »

Plus l'entretien se prolongeait, plus Tristan souffrait de la résistance et de l'étrange légèreté de Javotte. Évidemment le bracelet était là, dans cette chambre peut-être ; mais où le trouver ? Tristan se sentait par moments l'envie de faire comme les voleurs, et d'employer la menace pour parvenir à son but. Un peu de douceur et de patience lui semblait pourtant préférable.

« Ma brave Javotte, dit-il, ne nous fâchons pas. Je crois fermement à tout ce que vous me dites. Je ne veux non plus, en aucune façon, vous compromettre ; chantez à l'Opéra tant que vous voudrez, dansez même, si bon vous semble. Mon intention n'est nullement...

— Danser ! moi qui ai joué Célimène ! Oui, mon petit, j'ai joué Célimène à Belleville, avant de partir pour la province ; mon directeur, monsieur Poupinel, qui a assisté à la représentation, m'a engagée tout de suite pour les troisièmes Dugazon. J'ai été ensuite seconde grande première coquette, premier rôle marqué, et forte première chanteuse; et c'est Brochard lui-même, qui est ténor léger, qui m'a fait résilier, et Gustave, qui est Laruette, a voyagé avec moi en Auvergne. Nous faisions quatre ou cinq cents francs avec *La Tour de Nesle,* et *Adolphe et Clara ;* nous ne jouions que ces deux pièces-là partout. Si vous croyez que je vais danser!

— Ne nous fâchons pas, ma belle, je vous en conjure.

— Savez-vous que j'ai joué avec Frédérick? Oui, j'ai joué avec Frédérick, en province, au bénéfice d'un homme de lettres. Il est vrai que je n'avais pas un grand rôle ; je faisais un page dans *Lucrèce Borgia,* mais toujours j'ai joué avec Frédérick.

— Je n'en doute pas, vous ne danserez point ; je vous supplie de m'excuser; mais, ma chère, le temps se passe, et vous répondez à beaucoup de choses, excepté à ce que je vous demande. Finissons-en, s'il est possible. Dites-moi : voulez-vous me permettre d'aller à l'instant même chez Fossin, d'y prendre un bracelet, une chaîne, une bague, ce qui vous amusera, ce qui pourra vous plaire, de vous l'envoyer ou de vous le rapporter, selon votre fantaisie; en échange de quoi vous me renverrez ou vous me rendrez à moi-même cette bagatelle que je vous demande, et à laquelle vous ne tenez pas sans doute !

— Qui sait? dit Javotte d'un ton radouci. Nous autres, nous tenons à peu de chose; et je suis comme cela, j'aime mes effets.

— Mais ce bracelet ne vaut pas dix louis, et apparemment ce n'est pas ce qu'il y a d'écrit dessus qui vous le rend précieux? »

La vanité masculine, d'une part, et la coquetterie féminine, d'une autre, sont deux choses si naturelles et qui retrouvent toujours si bien leur compte, que Tristan n'avait pu s'empêcher de se rapprocher de Javotte en faisant cette question. Il avait entouré doucement de son bras la jolie taille de son ancienne amie, et Javotte, la tête penchée sur son éventail, souriait en soupirant tout bas, tandis que la moustache du jeune hussard effleurait déjà ses cheveux blonds; le souvenir du passé et l'idée d'un bracelet neuf lui faisaient palpiter le cœur.

« Parlez, Tristan, dit-elle, soyez tout à fait franc. Je suis bonne fille; n'ayez pas peur. Dites-moi où ira mon serpentin bleu.

— Eh bien! mon enfant, répondit le jeune homme, je vais tout avouer : je suis amoureux.

— Est-elle belle?

— Vous êtes plus jolie; elle est jalouse, elle veut ce bracelet; il lui est revenu, je ne sais comment, que je vous ai aimée...

— Menteur!

— Non, c'est la vérité; vous étiez, ma chère, vous êtes encore si parfaitement gentille, fraîche et coquette, une petite fleur; vos dents ont l'air de perles tombées dans une rose; vos yeux, votre pied...

— Eh bien! dit Javotte, soupirant toujours.

« — Eh bien! reprit Tristan, et notre bracelet? »

Javotte se préparait peut-être à répondre de sa voix la plus tendre : « Eh bien! mon ami, allez chez Fossin, » lorsqu'elle s'écria tout à coup :

« Prenez garde, vous m'égratignez! »

La carte de visite de La Bretonnière était encore dans la main de Tristan, et le coin du carton corné avait, en effet, touché l'épaule de madame Rosenval. Au même instant on frappa doucement à la porte; la tapisserie se souleva, et La Bretonnière lui-même entra dans la chambre.

« Pardieu! monsieur, s'écria Tristan, ne pouvant contenir un mouvement de dépit, vous arrivez comme mars en carême.

— Comme mars en toute saison, dit La Bretonnière, enchanté de son calembour.

— On pourrait voir cela, reprit Tristan.

— Quand il vous plaira, dit La Bretonnière.

— Demain vous aurez de mes nouvelles. »

Tristan se leva, prit Javotte à part : « Je compte sur vous, n'est-ce pas? lui dit-il à voix basse. Dans une heure, j'enverrai ici. »

Puis il sortit, sans plus de façon, en répétant encore : « A demain! »

« Que veut dire cela? demanda Javotte.

— Ma foi, je n'en sais rien, dit La Bretonnière. »

V

RMAND, comme on le pense bien, avait attendu impatiemment le retour de son frère, afin d'apprendre le résultat de l'entretien avec Javotte. Tristan rentra chez lui tout joyeux.

« Victoire ! mon cher, s'écria-t-il ; nous avons gagné la bataille et mieux encore, car nous aurons demain tous les plaisirs du monde à la fois.

— Bah ! dit Armand, qu'y a-t-il donc ? Tu as un air de gaieté qui fait plaisir à voir.

— Ce n'est pas sans raison ni sans peine. Javotte a hésité ; elle a bavardé ; elle m'a fait des discours à dormir debout ; mais enfin elle cédera, j'en suis certain ; je compte sur elle. Ce soir, nous aurons mon bracelet, et demain matin, pour nous distraire, nous nous battrons avec La Bretonnière.

— Encore ce pauvre garçon ? Tu lui en veux donc beaucoup ?

— Non, en vérité, je n'ai plus de rancune contre lui. Je l'ai rencontré, je l'ai envoyé promener, je lui donnerai un coup d'épée, et je lui pardonne.

— Où l'as-tu donc vu? Chez ta belle?

— Eh, mon Dieu! oui. Ne faut-il pas que ce monsieur-là se fourre partout?

— Et comment la querelle est-elle venue?

— Il n'y a pas de querelle; deux mots, te dis-je, une misère; nous en causerons. Commençons maintenant par aller chez Fossin acheter quelque chose pour Javotte, avec qui je suis convenu d'un échange; car on ne donne rien pour rien quand on s'appelle Javotte, et même sans cela.

— Allons, dit Armand, je suis ravi comme toi que tu sois parvenu à ton but et que tu aies de quoi confondre ta marquise. Mais, chemin faisant, mon cher ami, réfléchissons, je t'en prie, sur la seconde partie de ta vengeance projetée. Elle me semble plus qu'étrange.

— Trêve de mots, dit Tristan, c'est un point résolu. Que j'aie tort ou raison, n'importe : nous pouvions ce matin discuter là-dessus; à présent le vin est tiré, il faut le boire.

— Je ne me lasserai pas, reprit Armand, de te répéter que je ne conçois pas comment un homme comme toi, un militaire, reconnu pour brave, peut trouver du plaisir à ces duels sans motif, ces affaires d'enfant, ces bravades d'écolier, qui ont peut-être été à la mode, mais dont tout le monde se moque aujourd'hui. Les querelles de parti, les duels de cocarde peuvent se comprendre dans les crises politiques. Il peut sembler plaisant à un républicain de ferrailler avec un royaliste, uniquement parce qu'ils se rencontrent : les passions sont en jeu, et tout peut s'excuser. Mais je ne te conseille pas ici, je te blâme. Si ton projet est sérieux, je n'hésite pas à te dire qu'en pareil cas je refuserais de servir de témoin à mon meilleur ami.

— Je ne te demande pas de m'en servir, mais de te taire. Allons chez Fossin.

— Allons où tu voudras, je n'en démordrai pas. Prendre en grippe un homme importun, cela arrive à tout le monde ; le fuir ou s'en railler, passe encore ; mais vouloir le tuer, c'est horrible.

— Je te dis que je ne le tuerai pas ; je te le promets, je m'y engage. Un petit coup d'épée, voilà tout. Je veux mettre en écharpe le bras du cavalier servant de la marquise, en même temps que je lui offrirai humblement, à elle, le bracelet de ma grisette.

— Songe donc que cela est inutile. Si tu te bats pour laver ton honneur, qu'as-tu à faire du bracelet ? Si le bracelet te suffit, qu'as-tu à faire de cette querelle ? M'aimes-tu un peu ? Cela ne sera pas.

— Je t'aime beaucoup, mais cela sera. »

En parlant ainsi, les deux frères arrivèrent chez Fossin. Tristan, ne voulant pas que Javotte pût se repentir de son marché, choisit pour elle une belle châtelaine qu'il fit envelopper avec soin, ayant dessein de la porter lui-même et d'attendre la réponse, s'il n'était pas reçu. Armand, ayant autre chose en tête, et voyant son frère plus joyeux encore à l'idée de revenir promptement avec le bracelet en question, ne lui proposa pas de l'accompagner. Il fut convenu qu'ils se retrouveraient le soir.

Au moment où ils allaient se séparer, la roue d'une calèche découverte, courant avec un assez grand fracas, rasa le trottoir de la rue Richelieu. Une livrée bizarre, qui attirait les yeux, fit retourner les passants. Dans cette voiture était madame de Vernage, seule, nonchalamment étendue. Elle aperçut les deux jeunes gens, et les salua d'un petit signe de tête, avec une indolence protectrice.

« Ah! dit Tristan, pâlissant malgré lui, il paraît que l'ennemi est venu observer la place. Elle a renoncé à sa fameuse chasse, cette belle dame, pour faire un tour aux Champs-Élysées et respirer la poussière de Paris. Qu'elle aille en paix! Elle arrive à point. Je suis vraiment flatté de la voir ici. Si j'étais un fat, je croirais qu'elle vient savoir de mes nouvelles. Mais point du tout; regarde avec quel laisser-aller aristocratique, supérieur même à celui de Javotte, elle a daigné nous remarquer. Gageons qu'elle ne sait ce qu'elle vient faire; ces femmes-là cherchent le danger, comme les papillons la lumière. Que son sommeil de ce soir lui soit léger! Je me présenterai demain à son petit lever, et nous en aurons des nouvelles. Je me fais une véritable fête de vaincre un tel orgueil avec de telles armes. Si elle savait que j'ai là, dans mes mains, un petit cadeau pour une petite fille, moyennant quoi je suis en droit de lui dire : « Vos belles lèvres en ont menti et vos baisers sentent la calomnie ; » que dirait-elle ? Elle serait peut-être moins superbe, non pas moins belle... Adieu, mon cher, à ce soir ! »

Si Armand n'avait pas plus longuement insisté pour dissuader son frère de se battre, ce n'était pas qu'il crût impossible de l'en empêcher ; mais il le savait trop violent, surtout dans un moment pareil, pour essayer de le convaincre par la raison ; il aimait mieux prendre un autre moyen. La Bretonnière, qu'il connaissait de longue main, lui paraissait avoir un caractère plus calme et plus facile à aborder : il l'avait vu chasser prudemment. Il alla le trouver sur-le-champ, résolu à voir si de ce côté il n'y aurait pas plus de chance de réconciliation. La Bretonnière était seul, dans sa chambre, entouré de liasses de papiers, comme un homme qui met ses affaires en ordre. Armand lui exprima tout le regret qu'il éprouvait de voir qu'un mot (qu'il ignorait du reste, disait-il) pouvait amener deux gens de cœur à aller sur le terrain, et de là en prison.

« Qu'avez-vous donc fait à mon frère ? lui demanda-t-il.

— Ma foi, je n'en sais rien, dit La Bretonnière, se levant et s'asseyant tour à tour d'un air un peu embarrassé, tout en conservant sa gravité ordinaire : votre frère, depuis longtemps, me semble mal disposé à mon égard ; mais, s'il faut vous parler franchement, je vous avoue que j'ignore absolument pourquoi.

— N'y a-t-il pas entre vous quelque rivalité? Ne faites-vous pas la cour à quelque femme?...

— Non, en vérité, pour ce qui me regarde, je ne fais la cour à personne, et je ne vois aucun motif raisonnable qui ait fait franchir ainsi à votre frère les bornes de la politesse.

— Ne vous êtes-vous jamais disputés ensemble?

— Jamais, une seule fois exceptée, c'était du temps du choléra : monsieur de Berville, en causant au dessert, soutint qu'une maladie contagieuse était toujours épidémique, et il prétendait baser sur ce faux principe la différence qu'on a établie entre le mot épidémique et le mot endémique. Je ne pouvais, vous le sentez, être de son avis, et je lui démontrai fort bien qu'une maladie épidémique pouvait devenir fort dangereuse sans se communiquer par le contact. Nous mîmes à cette discussion un peu trop de chaleur, j'en conviens...

— Est-ce là tout?

— Autant que je me le rappelle. Peut-être cependant a-t-il été blessé, il y a quelque temps, de ce que j'ai cédé à l'un de mes parents deux bassets dont il avait envie. Mais que voulez-vous que j'y fasse? Ce parent vient me voir par hasard, je lui montre mes chiens, il trouve ces bassets...

— Si ce n'est que cela encore, il n'y a pas de quoi s'arracher les yeux.

— Non, à mon sens, je le confesse; aussi vous

dis-je, en toute conscience, que je ne comprends exactement rien à la provocation qu'il vient de m'adresser.

— Mais si vous ne faites la cour à personne, il est peut-être amoureux, lui, de cette marquise chez laquelle nous allons chasser.

— Cela se peut, mais je ne le crois pas... Je n'ai point souvenance d'avoir jamais remarqué que la marquise de Vernage pût souffrir ou encourager des assiduités condamnables.

— Qu'est-ce qui vous parle de rien de condamnable ? Est-ce qu'il y a du mal à être amoureux ?

— Je ne discute pas cette question ; je me borne à vous dire que je ne le suis point, et que je ne saurais, par conséquent, être le rival de personne.

— En ce cas, vous ne vous battrez pas ?

— Je vous demande pardon ; je suis provoqué de la manière la plus positive. Il m'a dit, lorsque je suis entré, que j'arrivais comme mars en carême. De tels discours ne se tolèrent pas ; il me faut une réparation.

— Vous vous couperez la gorge pour un mot ?

— Les conjonctures sont fort graves. Je n'entre point dans les raisons qui ont amené ce défi ; je m'en étonne parce qu'il me semble étrange, mais je ne puis faire autrement que de l'accepter.

— Un duel pareil est-il possible ? Vous n'êtes pourtant pas fou, ni Berville non plus. Voyons, La Bretonnière, raisonnons. Croyez-vous que cela m'amuse de vous voir faire une étourderie semblable ?

— Je ne suis point un homme faible, mais je ne suis pas non plus un homme sanguinaire. Si votre frère me propose des excuses, pourvu qu'elles soient bonnes et valables, je suis prêt à les recevoir. Sinon, voici mon testament que je suis en train d'écrire, comme cela se doit.

— Qu'entendez-vous par des excuses valables?

— J'entends... cela se comprend.

— Mais encore?

— De bonnes excuses.

— Mais enfin, à peu près, parlez.

— Eh bien? Il m'a dit que j'arrivais comme mars en carême, et je crois lui avoir dignement répondu. Il faut qu'il rétracte ce mot, et qu'il me dise, devant témoins, que j'arrivais tout simplement comme monsieur de La Bretonnière.

— Je crois que, s'il est raisonnable, il ne peut vous refuser cela. »

Armand sortit de cette conférence non pas entièrement satisfait, mais moins inquiet qu'il n'était venu. C'était au boulevard de Gand, entre onze heures ou minuit, qu'il avait rendez-vous avec son frère. Il le trouva, marchant à grands pas d'un air agité, et il s'apprêtait à négocier son accommodement dans les termes voulus par La Bretonnière, lorsque Tristan lui prit le bras en s'écriant :

« Tout est manqué! Javotte se joue de moi, je n'ai pas mon bracelet.

— Pourquoi?

— Pourquoi? Que sais-je? Une idée d'hirondelle!

Je suis allé chez elle tout droit; on me répond qu'elle est sortie. Je m'assure qu'en effet elle n'y est pas, et je demande si elle n'a rien laissé pour moi ; la chambrière me regarde avec étonnement. A force de questions, j'apprends que madame Rosenval a dîné avec son baron à lunettes et une autre personne, sans doute ce damné La Bretonnière ; qu'ils se sont séparés ensuite, La Bretonnière pour rentrer chez lui, Javotte et le baron pour aller au spectacle, non pas dans la salle, mais sur le théâtre; et je ne sais quoi encore d'incompréhensible ; le tout mêlé de verbiages de servante : « Madame avait reçu une bonne nouvelle; madame paraissait très-contente ; elle était pressée, on n'avait pas eu le temps de manger le dessert, mais on avait envoyé chercher à la cave du vin de Champagne. » Cependant je tire de ma poche la petite boîte de Fossin, que je remets à la chambrière, en la priant de donner cela ce soir à sa maîtresse, et en confidence. Sans chercher à comprendre ce que je ne peux savoir, je joins à mon cadeau un billet écrit à la hâte. Là-dessus, je rentre, je compte les minutes, et la réponse n'arrive pas. Voilà où en sont les choses. Maintenant que cette fille a je ne sais quoi en tête, s'en détournera-t-elle pour m'obliger? Quel vent a soufflé sur cette girouette?

— Mais, dit Armand, le spectacle a fini tard ; il lui faut bien, à cette girouette, le temps nécessaire pour lire et répondre, chercher ce bracelet et l'envoyer. Nous le trouverons chez toi tout à l'heure,

Songe donc que Javotte ne peut décemment accepter ton cadeau qu'à titre d'échange. Quant à ton duel, n'y songe plus.

— Eh, mon Dieu ! je n'y songe pas ; j'y vais.

— Fou que tu es ! et notre mère ? »

Tristan baissa la tête sans répondre, et les deux frères rentrèrent chez eux.

Javotte n'était pourtant pas aussi méchante qu'on pourrait le croire. Elle avait passé la journée dans une perplexité singulière. Ce bracelet redemandé, cette insistance, ce duel projeté, tout cela lui semblait autant de rêveries incompréhensibles ; elle cherchait ce qu'elle avait à faire, et sentait que le plus sage eût été de demeurer indifférente à des événements qui ne la regardaient pas. Mais si madame Rosenval avait toute la fierté d'une reine de théâtre, Javotte, au fond, avait bon cœur. Berville était jeune et aimable ; le nom de cette marquise mêlé à tout cela, ce mystère, ces demi-confidences, plaisaient à l'imagination de la grisette parvenue.

« S'il était vrai qu'il m'aime encore un peu, pensait-elle, et qu'une marquise fût jalouse de moi, y aurait-il grand risque à donner ce bracelet ? Ni le baron ni d'autres ne s'en douteraient ; je ne le porte jamais ; pourquoi ne pas rendre service, si cela ne fait de mal à personne ? »

Tout en réfléchissant, elle avait ouvert un petit secrétaire dont la clef était suspendue à son cou. Là étaient entassés, pêle-mêle, tous les joyaux de sa couronne : un diadème en clinquant pour *La Tour de Nesle,* des colliers en strass, des émeraudes en verre qui avaient besoin des quinquets pour briller d'un éclat douteux; du milieu de ce trésor, elle tira le bracelet de Tristan et considéra attentivement les deux noms gravés sur la plaque.

« Il est joli, ce serpentin! dit-elle. Quelle peut être l'idée de Berville en voulant le reprendre? Je crois qu'il me sacrifie. Si l'inconnue me connaît, je suis compromise. Ces deux noms à côté l'un de l'autre, ce n'est pas autorisé. Si Berville n'a eu pour moi qu'un caprice, est-ce une raison? Bah! il m'en donnera un autre; ce sera drôle. »

Javotte allait peut-être envoyer le bracelet, lorsqu'un coup de sonnette vint l'interrompre dans ses réflexions. C'était le monsieur aux lunettes d'or.

« Mademoiselle, dit-il, je vous annonce un succès : vous êtes des chœurs. Ce n'est pas, de prime abord, une affaire extrêmement brillante; trente sous, vous savez, mais qu'importe? ce joli pied est dans l'étrier. Dès ce soir, vous porterez un domino dans le bal masqué de *Gustave.*

— Voilà une nouvelle! s'écria Javotte en sautant de joie. Choriste à l'Opéra! choriste tout de suite! J'ai justement repassé mon chant; je suis en voix; ce soir, *Gustave!*... Ah, mon Dieu! »

Après le premier moment d'ivresse, madame Rosenval retrouva la gravité qui convient à une cantatrice.

« Baron, dit-elle, vous êtes un homme charmant. Il n'y a que vous, et je sens ma vocation; dînons :

allons à l'Opéra, à la gloire; rentrons, soupons, allez-vous-en ; je dors déjà sur mes lauriers. »

Le convive attendu arriva bientôt. On brusqua le dîner, et Javotte ne manqua pas de vouloir partir beaucoup plus tôt qu'il n'était nécessaire. Le cœur lui battait en entrant par la porte des acteurs, dans ce vieux, sombre et petit corridor où Taglioni peut-être a marché. Comme le ballet fut applaudi, madame Rosenval, couverte d'un capuchon rose, crut avoir contribué au succès. Elle rentra chez elle fort émue, et dans l'ivresse du triomphe ; ses pensées étaient à cent lieues de Tristan, lorsque la femme de chambre lui remit la petite boîte soigneusement enveloppée par Fossin, et un billet où elle trouva ces mots : « Il ne faut pas que les plaisirs vous fassent oublier un ancien ami qui a besoin d'un service. Soyez bonne comme autrefois. J'attends votre réponse avec impatience. »

« Ce pauvre garçon, dit madame Rosenval, je l'avais oublié. Il m'envoie une châtelaine ; il y a plusieurs turquoises... »

Javotte se mit au lit, et ne dormit guère. Elle songea bien plus à son engagement et à sa brillante destinée qu'à la demande de Tristan. Mais le jour la retrouva dans ses bonnes pensées.

« Allons, dit-elle, il faut s'exécuter. Ma journée d'hier a été heureuse ; il faut que tout le monde soit content. »

Il était huit heures du matin quand Javotte prit son bracelet, mit son châle et son chapeau, et sortit de chez elle, pleine de cœur, et presque encore grisette. Arrivée à la maison de Tristan, elle vit devant la loge du concierge, une grosse femme, les joues couvertes de larmes.

« Monsieur de Berville? demanda Javotte.

— Hélas! répondit la grosse femme.

— Y est-il, s'il vous plaît? Est-ce ici?

— Hélas, madame,... il s'est battu,... on vient de le rapporter... Il est mort! »

Le lendemain, Javotte chantait pour la seconde fois dans les chœurs de l'Opéra, sous un quatrième nom qu'elle avait choisi : celui de madame Amaldi.

MIMI PINSON

PROFIL DE GRISETTE.

1845

MIMI PINSON

I

ARMI les étudiants qui suivaient, l'an passé, les cours de l'École de médecine, se trouvait un jeune homme nommé Eugène Aubert. C'était un garçon de bonne famille, qui avait à peu près dix-neuf ans. Ses parents vivaient en province, et lui faisaient une pension modeste, mais qui lui suffisait. Il menait une vie tranquille, et passait pour avoir un caractère fort doux. Ses camarades l'aimaient; en toute circonstance, on le trouvait bon et serviable, la main généreuse et le cœur ouvert. Le seul défaut qu'on lui reprochait était un singulier penchant à la rêverie et à la solitude, et une réserve si excessive dans son langage et ses

moindres actions, qu'on l'avait surnommé la *Petite Fille,* surnom, du reste, dont il riait lui-même, et auquel ses amis n'attachaient aucune idée qui pût l'offenser, le sachant aussi brave qu'un autre au besoin ; mais il était vrai que sa conduite justifiait un peu ce sobriquet, surtout par la façon dont elle contrastait avec les mœurs de ses compagnons. Tant qu'il n'était question que de travail, il était le premier à l'œuvre ; mais s'il s'agissait d'une partie de plaisir, d'un dîner au Moulin-de-Beurre, ou d'une contredanse à la Chaumière, la *Petite Fille* secouait la tête et regagnait sa chambrette garnie. Chose presque monstrueuse parmi les étudiants : non-seulement Eugène n'avait pas de maîtresse, quoique son âge et sa figure eussent pu lui valoir des succès, mais on ne l'avait jamais vu faire le galant au comptoir d'une grisette, usage immémorial au quartier Latin. Les beautés qui peuplent la montagne Sainte-Geneviève et se partagent les amours des Écoles lui inspiraient une sorte de répugnance qui allait jusqu'à l'aversion. Il les regardait comme une espèce à part, dangereuse, ingrate et dépravée, née pour laisser partout le mal et le malheur en échange de quelques plaisirs. « Gardez-vous de ces femmes-là, disait-il : ce sont des poupées de fer rouge. » Et il ne trouvait malheureusement que trop d'exemples pour justifier la haine qu'elles lui inspiraient. Les querelles, les désordres, quelquefois même la ruine, qu'entraînent ces liaisons passagères, dont les dehors ressemblent au bonheur, n'étaient que trop faciles à citer, l'année dernière comme aujourd'hui, et probablement comme l'année prochaine.

Il va sans dire que les amis d'Eugène le raillaient continuellement sur sa morale et son scrupule. « Que prétends-tu? lui demandait souvent un de ses camarades, nommé Marcel, qui faisait profession d'être un bon vivant. Que prouve une faute, ou un accident arrivé une fois par hasard?

— Qu'il faut s'abstenir, répondait Eugène, de peur que cela n'arrive une seconde fois.

— Faux raisonnement, répliquait Marcel, argument de capucin de cartes, qui tombe si le compagnon trébuche! De quoi vas-tu t'inquiéter? Tel d'entre nous a perdu au jeu; est-ce une raison pour se faire moine? L'un n'a plus le sou, l'autre boit de l'eau fraîche; est-ce qu'Élise en perd l'appétit? A qui la faute si le voisin porte sa montre au Mont-de-Piété pour aller se casser un bras à Montmorency? La voisine n'en est pas manchotte. Tu te bats pour Rosalie, on te donne un coup d'épée, elle te tourne le dos, c'est tout simple : en a-t-elle moins fine taille? Ce sont de ces petits inconvénients dont l'existence est parsemée, et ils sont plus rares que tu ne penses. Regarde, un dimanche, quand il fait beau temps, que de bonnes paires d'amis dans les cafés, les promenades et les guinguettes! Considère-moi ces gros omnibus bien rebondis, bien bourrés de grisettes, qui vont au Ranelagh ou à Belleville. Compte ce qui sort, un jour de fête seulement, du quartier Saint-Jacques : les bataillons de modistes, les armées de lingères, les nuées de marchandes de tabac ; tout cela s'amuse, tout cela a ses amours, tout cela va s'abattre autour de Paris, sous les tonnelles des campagnes, comme des volées de friquets. S'il pleut, cela va au mélodrame manger des oranges et pleurer ; car cela mange beaucoup, c'est vrai, et pleure aussi très-volontiers : c'est ce qui prouve un bon caractère. Mais quel mal font ces pauvres filles, qui ont cousu, bâti, ourlé, piqué et ravaudé toute la semaine, en prêchant d'exemple, le dimanche, l'oubli des maux et l'amour du prochain ? Et que peut faire de mieux un honnête homme qui, de son côté, vient de passer huit jours à disséquer des choses peu agréables, que de se débarbouiller la vue en regardant un visage frais, une jambe ronde et la belle nature ?

— Sépulcres blanchis ! disait Eugène.

— Je dis et maintiens, continuait Marcel, qu'on peut et doit faire l'éloge des grisettes, et qu'un usage modéré en est bon. Premièrement elles sont vertueuses, car elles passent la journée à confectionner les vêtements les plus indispensables à la pudeur et à la modestie ; en second lieu, elles sont honnêtes, car il n'y a pas de maîtresse lingère ou autre qui ne recommande à ses filles de boutique de parler au monde poliment ; troisièmement, elles sont très-soigneuses et très-propres, attendu qu'elles ont sans cesse entre les mains du linge et des étoffes qu'il ne faut pas qu'elles gâtent, sous peine d'être moins bien payées; quatrièmement, elles sont sincères, parce qu'elles boivent du ratafia; en cinquième lieu, elles sont économes et frugales, parce qu'elles ont beaucoup de peine à gagner trente sous, et s'il se trouve des occasions où elles se montrent gourmandes et dépensières, ce n'est jamais avec leurs propres deniers; sixièmement, elles sont très-gaies, parce que le travail qui les occupe est en général ennuyeux à mourir, et qu'elles frétillent comme le poisson dans l'eau dès que l'ouvrage est terminé. Un autre avantage qu'on rencontre en elles, c'est qu'elles ne sont point gênantes, vu qu'elles passent leur vie clouées sur leur chaise dont elles ne peuvent pas bouger, et que par conséquent il leur est impossible de courir après leurs amants comme les dames de bonne compagnie. En outre, elles ne sont pas bavardes, parce qu'elles sont obligées de compter leurs points. Elles ne dépensent pas grand'chose pour leurs chaussures, parce qu'elles marchent peu, ni pour leur toilette, parce qu'il est rare qu'on leur fasse crédit. Si on les accuse d'inconstance, ce n'est pas parce qu'elles lisent de mauvais romans ni par méchanceté naturelle; cela tient au grand nombre de personnes différentes qui passent devant leurs boutiques; d'un autre côté, elles prouvent suffisamment qu'elles sont capables de passions véritables, par la grande quantité d'entre elles qui se jettent journellement dans la Seine ou par la fenêtre, ou qui s'asphyxient dans leurs domiciles. Elles ont, il est vrai, l'inconvénient d'avoir presque toujours faim et soif, précisément à cause de leur grande tempérance, mais il est notoire qu'elles peuvent se contenter, en guise de repas, d'un verre de bière et d'un cigare : qualité précieuse qu'on rencontre bien rarement en ménage. Bref, je soutiens qu'elles sont bonnes, aimables, fidèles et désintéressées, et que c'est une chose regrettable lorsqu'elles finissent à l'hôpital. »

Lorsque Marcel parlait ainsi, c'était la plupart du temps au café, quand il s'était un peu échauffé la tête; il remplissait alors le verre de son ami, et voulait le faire boire à la santé de mademoiselle Pinson, ouvrière en linge, qui était leur voisine ; mais Eugène prenait son chapeau, et tandis que Marcel continuait à pérorer devant ses camarades, il s'esquivait doucement.

II

ADEMOISELLE Pinson n'était pas précisément ce qu'on appelle une jolie femme. Il y a beaucoup de différence entre une jolie femme et une grisette. Si une jolie femme, reconnue pour telle, et ainsi nommée en langue parisienne, s'avisait de mettre un petit bonnet, une robe de guingamp et un tablier de soie, elle serait tenue, il est vrai, de paraître une jolie grisette. Mais si une grisette s'affuble d'un chapeau, d'un camail de velours et d'une robe de Palmyre, elle n'est nullement forcée d'être une jolie femme ; bien au contraire, il est probable qu'elle aura l'air d'un portemanteau, et en l'ayant, elle sera dans son droit. La différence consiste donc dans les conditions où vivent ces deux êtres, et principalement dans ce morceau de carton roulé, recouvert d'étoffe et appelé chapeau, que les femmes ont jugé à propos de s'appliquer de chaque côté de la tête, à peu près comme les œillères des chevaux. (Il faut remarquer cependant que les œillères empêchent les chevaux de regarder de côté et d'autre,

et que le morceau de carton n'empêche rien du tout.)

Quoi qu'il en soit, un petit bonnet autorise un nez retroussé, qui à son tour veut une bouche bien fendue, à laquelle il faut de belles dents et un visage rond pour cadre. Un visage rond demande des yeux brillants ; le mieux est qu'ils soient le plus noirs possible, et les sourcils à l'avenant. Les cheveux sont *ad libitum*, attendu que les yeux noirs s'arrangent de tout. Un tel ensemble, comme on le voit, est loin de la beauté proprement dite. C'est ce qu'on appelle une figure chiffonnée, figure classique de grisette, qui serait peut-être laide sous le morceau de carton, mais que le bonnet rend parfois charmante, et plus jolie que la beauté.

Ainsi était mademoiselle Pinson.

Marcel s'était mis dans la tête qu'Eugène devait faire la cour à cette demoiselle; pourquoi ? je n'en sais rien, si ce n'est qu'il était lui-même l'adorateur de mademoiselle Zélia, amie intime de mademoiselle Pinson. Il lui semblait naturel et commode d'arranger ainsi les choses à son goût, et de faire amicalement l'amour. De pareils calculs ne sont pas rares, et réussissent assez souvent, l'occasion, depuis que le monde existe, étant de toutes les tentations la plus forte. Qui peut dire ce qu'ont fait naître d'événements heureux ou malheureux, d'amours, de querelles, de joies ou de désespoirs, deux portes voisines, un escalier secret, un corridor, un carreau cassé ?

Certains caractères, pourtant, se refusent à ces

jeux du hasard. Ils veulent conquérir leurs jouissances, non les gagner à la loterie, et ne se sentent pas disposés à aimer parce qu'ils se trouvent en diligence à côté d'une jolie femme. Tel était Eugène, et Marcel le savait; aussi avait-il formé depuis longtemps un projet assez simple, qu'il croyait merveilleux et surtout infaillible pour vaincre la résistance de son compagnon.

Il avait résolu de donner un souper, et ne trouva rien de mieux que de choisir pour prétexte le jour de sa propre fête. Il fit donc apporter chez lui deux douzaines de bouteilles de bière, un gros morceau de veau froid avec de la salade, une énorme galette de plomb et une bouteille de vin de Champagne. Il invita d'abord deux étudiants de ses amis, puis il fit savoir à mademoiselle Zélia qu'il y avait le soir gala à la maison, et qu'elle eût à amener mademoiselle Pinson. Elles n'eurent garde d'y manquer. Marcel passait, à juste titre, pour un des talons rouges du quartier Latin, de ces gens qu'on ne refuse pas; et sept heures du soir venaient à peine de sonner, que les deux grisettes frappaient à la porte de l'étudiant, mademoiselle Zélia en robe courte, en brodequins gris et en bonnet à fleurs, mademoiselle Pinson, plus modeste, vêtue d'une robe noire qui ne la quittait pas, et qui lui donnait, disait-on, une sorte de petit air espagnol dont elle se montrait fort jalouse. Toutes deux ignoraient, on le pense bien, les secrets de leur hôte.

Marcel n'avait pas fait la maladresse d'inviter

Eugène d'avance; il eût été trop sûr d'un refus de sa part. Ce fut seulement lorsque ces demoiselles eurent pris place à table, et après le premier verre vidé, qu'il demanda la permission de s'absenter quelques instants pour aller chercher un convive, et qu'il se dirigea vers la maison qu'habitait Eugène; il le trouva, comme d'ordinaire, à son travail, seul, entouré de ses livres. Après quelques propos insignifiants, il commença à lui faire tout doucement ses reproches accoutumés, qu'il se fatiguait trop, qu'il avait tort de ne prendre aucune distraction, puis il lui proposa un tour de promenade. Eugène, un peu las, en effet, ayant étudié toute la journée, accepta; les deux jeunes gens sortirent ensemble, et il ne fut pas difficile à Marcel, après quelques tours d'allée au Luxembourg, d'obliger son ami à entrer chez lui.

Les deux grisettes, restées seules et ennuyées probablement d'attendre, avaient débuté par se mettre à l'aise; elles avaient ôté leurs châles et leurs bonnets, et dansaient en chantant une contredanse, non sans faire, de temps en temps, honneur aux provisions, par manière d'essai. Les yeux déjà brillants et le visage animé, elles s'arrêtèrent joyeuses et un peu essoufflées, lorsque Eugène les salua d'un air à la fois timide et surpris. Attendu ses mœurs solitaires, il était à peine connu d'elles; aussi l'eurent-elles bientôt dévisagé des pieds à la tête avec cette curiosité intrépide qui est le privilège de leur caste; puis elles reprirent leur chanson et leur danse comme si de rien n'était. Le nouveau venu, à demi déconcerté, faisait déjà quelques pas en arrière, songeant peut-être à la retraite, lorsque Marcel, ayant fermé la porte à double tour, jeta bruyamment la clef sur la table.

« Personne encore ! s'écria-t-il. Que font donc nos amis ? Mais n'importe, le sauvage nous appartient. Mesdemoiselles, je vous présente le plus vertueux jeune homme de France et de Navarre, qui désire depuis longtemps avoir l'honneur de faire votre connaissance, et qui est particulièrement grand admirateur de mademoiselle Pinson. »

La contredanse s'arrêta de nouveau; mademoiselle Pinson fit un léger salut, et reprit son bonnet.

« Eugène ! s'écria Marcel, c'est aujourd'hui ma fête; ces deux dames ont bien voulu venir la célébrer avec nous. Je t'ai presque amené de force, c'est vrai; mais j'espère que tu resteras de bon gré, à notre commune prière. Il est à présent huit heures à peu près; nous avons le temps de fumer une pipe en attendant que l'appétit nous vienne. »

Parlant ainsi, il jeta un regard significatif à mademoiselle Pinson, qui, le comprenant aussitôt, s'inclina une seconde fois en souriant, et dit d'une voix douce à Eugène : « Oui, monsieur, nous vous en prions. »

En ce moment les deux étudiants que Marcel avait invités frappèrent à la porte. Eugène vit qu'il n'y avait pas moyen de reculer sans trop de mauvaise grâce, et, se résignant, prit place avec les autres.

III

Le souper fut long et bruyant. Ces messieurs, ayant commencé par remplir la chambre d'un nuage de fumée, buvaient d'autant pour se rafraîchir. Ces dames faisaient les frais de la conversation, et égayaient la compagnie de propos plus ou moins piquants aux dépens de leurs amis et connaissances, et d'aventures plus ou moins croyables, tirées des arrière-boutiques. Si la matière manquait de vraisemblance, du moins n'était-elle point stérile. Deux clercs d'avoué, à les en croire, avaient gagné vingt mille francs en jouant sur les fonds espagnols, et les avaient mangés en six semaines avec deux marchandes de gants. Le fils d'un des plus riches banquiers de Paris avait proposé à une célèbre lingère une loge à l'Opéra et une maison de campagne, qu'elle avait refusées, aimant mieux soigner ses parents et rester fidèle à un commis des Deux-Magots. Certain personnage qu'on ne pouvait nommer, et qui était forcé par son rang à s'envelopper du plus grand mystère, venait incognito rendre visite à une brodeuse du passage du Pont-Neuf, laquelle avait été enlevée tout à coup par ordre supérieur, mise dans une chaise de poste à minuit, avec un portefeuille plein de billets de banque, et envoyée aux États-Unis, etc.

« Suffit, dit Marcel, nous connaissons cela. Zélia improvise, et quant à mademoiselle Mimi (ainsi s'appelait mademoiselle Pinson en petit comité), ses renseignements sont imparfaits. Vos clercs d'avoué n'ont gagné qu'une entorse en voltigeant sur les ruisseaux ; votre banquier a offert une orange, et votre brodeuse est si peu aux États-Unis, qu'elle est visible tous les jours, de midi à quatre heures, à l'hôpital de la Charité, où elle a pris un logement par suite de manque de comestibles. »

Eugène était assis auprès de mademoiselle Pinson. Il crut remarquer, à ce dernier mot, prononcé avec une indifférence complète, qu'elle pâlissait. Mais, presque aussitôt, elle se leva, alluma une cigarette, et s'écria d'un air délibéré :

« Silence à votre tour ! Je demande la parole. Puisque le sieur Marcel ne croit pas aux fables, je vais raconter une histoire véritable, *et quorum pars magna fui.*

— Vous parlez latin ? dit Eugène.

— Comme vous voyez, répondit mademoiselle Pinson ; cette sentence me vient de mon oncle, qui a servi sous le grand Napoléon, et qui n'a jamais manqué de la dire avant de réciter une bataille. Si vous ignorez ce que ces mots signifient, vous pouvez l'apprendre sans payer. Cela veut dire : « Je vous en donne ma parole d'honneur. » Vous saurez donc que, la semaine passée, je m'étais rendue, avec deux de mes amies, Blanchette et Rougette, au théâtre de l'Odéon.

— Attendez que je coupe la galette, dit Marcel.

— Coupez, mais écoutez, reprit mademoiselle Pinson. J'étais donc allée avec Blanchette et Rougette à l'Odéon, voir une tragédie. Rougette, comme vous savez, vient de perdre sa grand'mère; elle a hérité de quatre cents francs. Nous avions pris une baignoire; trois étudiants se trouvaient au parterre; ces jeunes gens nous avisèrent, et, sous prétexte que nous étions seules, nous invitèrent à souper.

— De but en blanc? demanda Marcel. En vérité, c'est très-galant. Et vous avez refusé, je suppose !

— Non, monsieur, dit mademoiselle Pinson, nous acceptâmes, et, à l'entr'acte, sans attendre la fin de la pièce, nous nous transportâmes chez Viot.

— Avec vos cavaliers?

— Avec nos cavaliers. Le garçon commença, bien entendu, par nous dire qu'il n'y avait plus rien; mais une pareille inconvenance n'était pas faite pour nous arrêter. Nous ordonnâmes qu'on allât par la ville chercher ce qui pouvait manquer. Rougette prit la plume et commanda un festin de noces : des crevettes, une omelette au sucre, des beignets, des moules, des œufs à la neige, tout ce qu'il y a dans le monde des marmites. Nos jeunes inconnus, à dire vrai, faisaient légèrement la grimace.

— Je le crois parbleu bien! dit Marcel.

— Nous n'en tînmes compte. La chose apportée, nous commençâmes à faire les jolies femmes. Nous ne trouvions rien de bon, tout nous dégoûtait. A peine un plat était-il entamé, que nous le renvoyions pour en demander un autre. « Garçon, emportez cela; ce n'est pas tolérable; où avez-vous pris des horreurs pareilles? Nos inconnus désirèrent manger, mais il ne leur fut pas loisible. Bref, nous soupâmes comme dînait Sancho, et la colère nous porta même à briser quelques ustensiles.

— Belle conduite! Et comment payer?

— Voilà précisément la question que les trois inconnus s'adressèrent. Par l'entretien qu'ils eurent à voix basse, l'un d'eux nous parut posséder six francs, l'autre infiniment moins, et le troisième n'avait que sa montre, qu'il tira généreusement de sa poche. En cet état, les trois infortunés se présentèrent au comptoir, dans le but d'obtenir un délai quelconque. Que pensez-vous qu'on leur répondit?

— Je pense, rép'iqua Marcel, que l'on vous a gardées en gage, et qu'on les a conduits au violon.

— C'est une erreur, dit mademoiselle Pinson. Avant de monter dans le cabinet, Rougette avait pris ses mesures, et tout était payé d'avance. Imaginez le coup de théâtre, à cette réponse de Viot : « Messieurs, tout est payé ! » Nos inconnus nous regardèrent comme jamais trois chiens n'ont regardé trois évêques, avec une stupéfaction piteuse mêlée d'un pur attendrissement. Nous, cependant, sans feindre d'y prendre garde, nous descendîmes et fîmes venir un fiacre. « Chère marquise, me dit Rougette, il faut reconduire ces messieurs chez eux. — Volontiers, chère comtesse, » répondis-je. Nos pauvres amoureux ne savaient plus quoi dire. Je vous demande s'ils étaient penauds ! Ils se défendaient de notre politesse, ils ne voulaient pas qu'on les reconduisît, ils refusaient de dire leur adresse... Je le crois bien ! Ils étaient convaincus qu'ils avaient affaire à des femmes du monde, et ils demeuraient rue du Chat-Qui-Pêche !

Les deux étudiants, amis de Marcel, qui, jusque-là, n'avaient guère fait que fumer et boire en silence, semblèrent peu satisfaits de cette histoire. Leurs visages se rembrunirent ; peut-être en savaient-ils autant que mademoiselle Pinson sur ce malencontreux souper, car ils jetèrent sur elle un regard inquiet, lorsque Marcel lui dit en riant :

« Nommez les masques, mademoiselle Mimi. Puisque c'est de la semaine dernière, il n'y a plus d'inconvénient.

— Jamais, monsieur, dit la grisette. On peut berner un homme, mais lui faire tort dans sa carrière, jamais !

— Vous avez raison, dit Eugène, et vous agissez en cela plus sagement peut-être que vous ne pensez. De tous ces jeunes gens qui peuplent les Écoles, il n'y en a presque pas un seul qui n'ait derrière lui quelque faute ou quelque folie, et cependant c'est de là que sortent tous les jours ce qu'il y a en France de plus distingué et de plus respectable : des médecins, des magistrats...

— Oui, reprit Marcel, c'est la vérité. Il y a des pairs de France en herbe qui dînent chez Flicoteaux, et qui n'ont pas toujours de quoi payer la carte. Mais, ajouta-t-il en clignant de l'œil, n'avez-vous pas revu vos inconnus ?

— Pour qui nous prenez-vous ? répondit mademoiselle Pinson d'un air sérieux et presque offensé. Connaissez-vous Blanchette et Rougette ? Et supposez-vous que moi-même...

— C'est bon, dit Marcel, ne vous fâchez pas. Mais voilà, en somme, une belle équipée ! Trois écervelées qui n'avaient peut-être pas de quoi dîner le lendemain, et qui jettent l'argent par les fenêtres pour le plaisir de mystifier trois pauvres diables qui n'en peuvent mais !

— Pourquoi nous invitent-ils à souper ? » répondit mademoiselle Pinson.

IV

vec la galette parut, dans sa gloire, l'unique bouteille de vin de Champagne qui devait composer le dessert. Avec le vin on parla chanson. « Je vois, dit Marcel, je vois, comme dit Cervantès, Zélia qui tousse; c'est signe qu'elle veut chanter. Mais, si ces messieurs le trouvent bon, c'est moi qu'on fête, et qui, par conséquent, prie mademoiselle Mimi, si elle n'est pas enrouée par son anecdote, de nous honorer d'un couplet. Eugène, continua-t-il, sois un peu galant, trinque avec ta voisine, et demande-lui un couplet pour moi. »

Eugène rougit et obéit. De même que mademoiselle Pinson n'avait pas dédaigné de le faire pour l'engager lui-même à rester, il s'inclina, et lui dit timidement : « Oui, mademoiselle, nous vous en prions. »

En même temps il souleva son verre, et toucha celui de la grisette. De ce léger choc sortit un son clair et argentin; mademoiselle Pinson saisit cette note au vol, et d'une voix pure et fraîche la continua longtemps en cadence.

« Allons, dit-elle, j'y consens, puisque mon verre me donne le *la*. Mais que voulez-vous que je vous chante ? Je ne suis pas bégueule, je vous en préviens, mais je ne sais pas de couplets de corps de garde. Je ne m'encanaille pas la mémoire.

— Connu, dit Marcel, vous êtes une vertu ; allez votre train, les opinions sont libres.

— Eh bien ! reprit mademoiselle Pinson, je vais vous chanter à la bonne venue des couplets qu'on a faits sur moi.

— Attention ! Quel est l'auteur ?

— Mes camarades du magasin. C'est de la poésie faite à l'aiguille ; aussi je réclame l'indulgence.

— Y a-t-il un refrain à votre chanson ?

— Certainement ; la belle demande !

— En ce cas-là, dit Marcel, prenons nos couteaux, et, au refrain, tapons sur la table, mais tâchons d'aller en mesure. Zélia peut s'abstenir si elle veut.

— Pourquoi cela, malhonnête garçon ? demanda Zélia en colère.

— Pour cause, répondit Marcel ; mais si vous désirez être de la partie, tenez, frappez avec un bouchon, cela aura moins d'inconvénients pour nos oreilles et pour vos blanches mains. »

Marcel avait rangé en rond les verres et les assiettes, et s'était assis au milieu de la table, son couteau à la main. Les deux étudiants du souper de

Rougette, un peu ragaillardis, ôtèrent le fourneau de leurs pipes pour frapper avec le tuyau de bois; Eugène rêvait, Zélia boudait. Mademoiselle Pinson prit une assiette, et fit signe qu'elle voulait la casser, ce à quoi Marcel répondit par un geste d'assentiment, en sorte que la chanteuse, ayant pris les morceaux pour s'en faire des castagnettes, commença ainsi les couplets que ses compagnes avaient composés, après s'être excusée d'avance de ce qu'ils pouvaient contenir de trop flatteur pour elle.

Mimi Pinson est une blonde,
Une blonde que l'on connaît.
Elle n'a qu'une robe au monde,
  Landerirette!
  Et qu'un bonnet.
Le Grand Turc en a davantage.
Dieu voulut, de cette façon,
  La rendre sage.
On ne peut pas la mettre en gage,
La robe de Mimi Pinson.

Mimi Pinson porte une rose,
Une rose blanche au côté.
Cette fleur dans son cœur éclose,
  Landerirette!
  C'est la gaîté.
Quand un bon souper la réveille,
Elle fait sortir la chanson
  De la bouteille.
Parfois il penche sur l'oreille
Le bonnet de Mimi Pinson.

Elle a les yeux et la main prestes.
Les carabins, matin et soir,

Usent les manches de leurs vestes,
  Landerirette !
  A son comptoir.
Quoique, sans maltraiter personne,
Mimi leur fait mieux la leçon
  Qu'à la Sorbonne.
Il ne faut pas qu'on la chiffonne,
La robe de Mimi Pinson.

Mimi Pinson peut rester fille ;
Si Dieu le veut, c'est dans son droit.
Elle aura toujours son aiguille,
  Landerirette !
  Au bout du doigt.
Pour entreprendre sa conquête,
Ce n'est pas tout qu'un beau garçon ;
  Faut être honnête.
Car il n'est pas loin de sa tête,
Le bonnet de Mimi Pinson.

D'un gros bouquet de fleurs d'orange
Si l'amour veut la couronner,
Elle a quelque chose en échange,
  Landerirette !
  A lui donner.
Ce n'est pas, on se l'imagine,
Un manteau sur un écusson
  Fourré d'hermine ;
C'est l'étui d'une perle fine,
La robe de Mimi Pinson.

Mimi n'a pas l'âme vulgaire,
Mais son cœur est républicain ;
Aux trois jours elle a fait la guerre,
  Landerirette !
  En casaquin.
A défaut d'une hallebarde,

*On l'a vue avec son poinçon
Monter la garde.
Heureux qui mettra la cocarde
Au bonnet de Mimi Pinson!*

Les couteaux et les pipes, voire même les chaises, avaient fait leur tapage, comme de raison, à la fin de chaque couplet. Les verres dansaient sur la table, et les bouteilles, à moitié pleines, se balançaient joyeusement en se donnant de petits coups d'épaule.

« Et ce sont vos bonnes amies, dit Marcel, qui vous ont fait cette chanson-là? Il y a un teinturier; c'est trop musqué. Parlez-moi de ces bons airs où on dit les choses! »

Et il entonna d'une voix forte :

Nanette n'avait pas encor quinze ans...

« Assez, assez, dit mademoiselle Pinson; dansons plutôt, faisons un tour de valse. Y a-t-il ici un musicien quelconque?

— J'ai ce qu'il vous faut, répondit Marcel; j'ai une guitare; mais, continua-t-il en décrochant l'instrument, ma guitare n'a pas ce qu'il lui faut; elle est chauve de trois de ses cordes.

— Mais voilà un piano, dit Zélia; Marcel va nous faire danser. »

Marcel lança à sa maîtresse un regard aussi furieux que si elle l'eût accusé d'un crime. Il était vrai qu'il en savait assez pour jouer une contredanse; mais c'était pour lui, comme pour bien d'autres, une espèce de torture à laquelle il se soumettait peu volontiers. Zélia, en le trahissant, se vengeait du bouchon.

« Êtes-vous folle? dit Marcel. Vous savez bien que ce piano n'est là que pour la gloire, et qu'il n'y a que vous qui l'écorchiez, Dieu le sait. Où avez-vous pris que je sache faire danser? Je ne sais que *La Marseillaise* que je joue d'un seul doigt. Si vous vous adressiez à Eugène, à la bonne heure, voilà un garçon qui s'y entend! mais je ne veux pas l'ennuyer à ce point, je m'en garderai bien. Il n'y a que vous ici d'assez indiscrète pour faire des choses pareilles sans crier gare. »

Pour la troisième fois, Eugène rougit, et s'apprêta à faire ce qu'on lui demandait d'une façon si politique et si détournée. Il se mit donc au piano, et un quadrille s'organisa.

Ce fut presque aussi long que le souper. Après la contredanse vint une valse; après la valse, le galop, car on galope encore au quartier Latin. Ces dames surtout étaient infatigables, et faisaient des gambades et des éclats de rire à réveiller tout le voisinage. Bientôt Eugène, doublement fatigué par le bruit et par la veillée, tomba, tout en jouant machinalement, dans une sorte de demi-sommeil, comme les postillons qui dorment à cheval. Les danseuses passaient et repassaient devant lui comme des fantômes dans un rêve; et, comme rien n'est plus aisément triste qu'un homme qui regarde rire les autres, la mélancolie, à laquelle il était sujet, ne tarda pas à s'emparer de lui. « Triste joie! pensait-il, misérables plaisirs! Instants qu'on croit volés au malheur! Et qui sait laquelle de ces cinq personnes qui sautent si gaiement devant moi est sûre, comme disait Marcel, d'avoir de quoi dîner demain? »

Comme il faisait cette réflexion, mademoiselle Pinson passa près de lui; il crut la voir, tout en galopant, prendre à la dérobée un morceau de galette resté sur la table, et le mettre discrètement dans sa poche.

V

Le jour commençait à paraître quand la compagnie se sépara. Eugène, avant de rentrer chez lui, marcha quelque temps dans les rues pour respirer l'air frais du matin. Suivant toujours ses tristes pensées, il se répétait tout bas, malgré lui, la chanson de la grisette :

> *Elle n'a qu'une robe au monde*
> *Et qu'un bonnet.*

« Est-ce possible ? se demandait-il. La misère peut-elle être poussée à ce point, se montrer si franchement, et se railler d'elle-même ? Peut-on rire de ce qu'on manque de pain ? »

Le morceau de galette emporté n'était pas un indice douteux. Eugène ne pouvait s'empêcher d'en sourire, et en même temps d'être ému de pitié. « Cependant, pensait-il encore, elle a pris de la galette et non du pain, il se peut que ce soit par gourmandise. Qui sait ? c'est peut-être l'enfant d'une voisine à qui elle veut rapporter un gâteau, peut-être une portière bavarde, qui raconterait qu'elle a passé la nuit dehors, un Cerbère qu'il faut apaiser. »

Ne regardant pas où il allait, Eugène s'était engagé par hasard dans ce dédale de petites rues qui sont derrière le carrefour Buci, et dans lesquelles une voiture passe à peine. Au moment où il allait revenir sur ses pas, une femme enveloppée dans un mauvais peignoir, la tête nue, les cheveux en désordre, pâle et défaite, sortit d'une vieille maison. Elle semblait tellement faible, qu'elle pouvait à peine marcher; ses genoux fléchissaient; elle s'appuyait sur les murailles, et paraissait vouloir se diriger vers une porte voisine, où se trouvait une boîte aux lettres, pour y jeter un billet qu'elle tenait à la main. Surpris et effrayé, Eugène s'approcha d'elle, et lui demanda où elle allait, ce qu'elle cherchait, et s'il pouvait l'aider. En même temps il étendit le bras pour la soutenir, car elle était près de tomber sur une borne. Mais, sans lui répondre, elle recula avec une sorte de crainte et de fierté. Elle posa son billet sur la borne, montra du doigt la boîte, et paraissant rassembler toutes ses forces : « Là! » dit-elle seulement; puis, continuant à se traîner aux murs, elle regagna sa maison. Eugène essaya en vain de l'obliger à prendre son bras et de renouveler ses questions. Elle rentra lentement dans l'allée sombre et étroite dont elle était sortie.

Eugène avait ramassé la lettre; il fit d'abord quelques pas pour la mettre à la poste, mais il s'arrêta bientôt. Cette étrange rencontre l'avait si fort troublé, et il se sentait frappé d'une sorte d'horreur mêlée d'une compassion si vive, que, avant de prendre le temps de la réflexion, il rompit le cachet presque involontairement. Il lui semblait odieux et impossible de ne pas chercher, n'importe par quel moyen, à pénétrer un tel mystère. Évidemment cette femme était mourante; était-ce de maladie ou de faim? Ce devait être, en tout cas, de misère. Eugène ouvrit la lettre; elle portait sur l'adresse : « A monsieur le baron de ***, » et renfermait ce qui suit :

« Lisez cette lettre, monsieur, et, par pitié, ne rejetez pas ma prière. Vous pouvez me sauver, et vous seul le pouvez. Croyez ce que je vous dis, sauvez-moi, et vous aurez fait une bonne action, qui vous portera bonheur. Je viens de faire une cruelle maladie, qui m'a ôté le peu de force et de courage que j'avais. Le mois d'août, je rentre en magasin; mes effets sont retenus dans mon dernier logement, et j'ai presque la certitude qu'avant samedi je me trouverai tout à fait sans asile. J'ai si peur de mourir de faim, que ce matin j'avais pris la résolution de me jeter à l'eau, car je n'ai rien pris encore depuis près de vingt-quatre heures. Lorsque je me suis souvenue de vous, un peu d'espoir m'est venu au cœur. N'est-ce pas que je ne me suis pas trompée? Monsieur, je vous en supplie à genoux, si peu que vous ferez pour moi me laissera respirer encore quelques jours. Moi, j'ai peur de mourir, et puis je n'ai que vingt-trois ans! Je viendrai peut-être à bout, avec un peu d'aide, d'atteindre le premier du mois. Si je savais des mots pour exciter votre pitié, je vous les dirais, mais rien ne me vient à l'idée. Je ne puis que pleurer de mon impuissance, car, je le crains bien, vous ferez de ma lettre comme on fait quand on en reçoit trop souvent de pareilles : vous la déchirerez sans penser qu'une pauvre femme est là qui attend les heures et les minutes avec l'espoir que vous aurez pensé qu'il serait par trop cruel de la laisser ainsi dans l'incertitude. Ce n'est pas l'idée de donner un louis, qui est si peu de chose pour vous, qui vous retiendra, j'en suis persuadée; aussi il me semble que rien ne vous est plus facile que de plier votre aumône dans un papier, et de mettre sur l'adresse : « A mademoiselle Bertin, rue de l'Éperon. » J'ai changé de nom depuis que je travaille dans les magasins, car le mien est celui de ma mère. En sortant de chez vous, donnez cela à un commissionnaire. J'attendrai mercredi et jeudi, et je prierai avec ferveur pour que Dieu vous rende humain.

« Il me vient à l'idée que vous ne croyez pas à tant de misère ; mais si vous me voyiez, vous seriez convaincu.

« ROUGETTE. »

Si Eugène avait d'abord été touché en lisant ces lignes, son étonnement redoubla, on le pense bien, lorsqu'il vit la signature. Ainsi, c'était cette même fille qui avait follement dépensé son argent en parties de plaisir, et imaginé ce souper ridicule raconté par mademoiselle Pinson, c'était elle que le malheur réduisait à cette souffrance et à une semblable prière ! Tant d'imprévoyance et de folie semblait à Eugène un rêve incroyable. Mais point de doute, la signature était là ; et mademoiselle Pinson, dans le courant de la soirée, avait également prononcé le nom de guerre de son amie Rougette, devenue mademoiselle Bertin. Comment se trouvait-elle tout à coup abandonnée, sans secours, sans pain, presque sans asile ? Que faisaient ses amies de la veille, pendant qu'elle expirait peut-être dans quelque grenier de cette maison ? Et qu'était-ce que cette maison même où l'on pouvait mourir ainsi ?

Ce n'était pas le moment de faire des conjectures ; le plus pressé était de venir au secours de la faim.

Eugène commença par entrer dans la boutique d'un restaurateur qui venait de s'ouvrir, et par acheter ce qu'il put y trouver. Cela fait, il s'achemina, suivi du garçon, vers le logis de Rougette ; mais il éprouvait de l'embarras à se présenter brusquement ainsi. L'air de fierté qu'il avait trouvé à cette pauvre fille lui faisait craindre, sinon un refus, du moins un mouvement de vanité blessée ; comment lui avouer qu'il avait lu sa lettre ?

Lorsqu'il fut arrivé devant la porte :

« Connaissez-vous, dit-il au garçon, une jeune personne qui demeure dans cette maison, et qui s'appelle mademoiselle Bertin ?

— Oh que oui ! monsieur, répondit le garçon. C'est nous qui portons habituellement chez elle. Mais si monsieur y va, ce n'est pas le jour. Actuellement elle est à la campagne.

— Qui vous l'a dit? demanda Eugène.

— Pardi ! monsieur, c'est la portière. Mademoiselle Rougette aime à bien dîner, mais elle n'aime pas beaucoup à payer. Elle a plutôt fait de commander des poulets rôtis et des homards que rien du tout; mais, pour voir son argent, ce n'est pas une fois qu'il faut y retourner ! Aussi nous savons, dans le quartier, quand elle y est ou quand elle n'y est pas...

— Elle est revenue, reprit Eugène. Montez chez elle, laissez-lui ce que vous portez, et si elle vous doit quelque chose, ne lui demandez rien aujourd'hui. Cela me regarde, et je reviendrai. Si elle veut savoir qui lui envoie ceci, vous lui répondrez que c'est le baron de ***. »

Sur ces mots, Eugène s'éloigna. Chemin faisant, il rajusta comme il put le cachet de la lettre, et la mit à la poste. « Après tout, pensa-t-il, Rougette ne refusera pas, et si elle trouve que la réponse à son billet a été un peu prompte, elle s'en expliquera avec son baron. »

VI

ES étudiants, non plus que les grisettes, ne sont pas riches tous les jours. Eugène comprenait très-bien que, pour donner un air de vraisemblance à la petite fable que le garçon devait faire, il eût fallu joindre à son envoi le louis que demandait Rougette; mais là était la difficulté. Les louis ne sont pas précisément la monnaie courante de la rue Saint-Jacques. D'une autre part, Eugène venait de s'engager à payer le restaurateur, et, par malheur, son tiroir, en ce moment, n'était guère mieux garni que sa poche. C'est pourquoi il prit sans différer le chemin de la place du Panthéon.

En ce temps-là demeurait encore sur cette place ce fameux barbier qui a fait banqueroute, et s'est ruiné en ruinant les autres. Là, dans l'arrière-boutique, où se faisaient en secret la grande et la petite usure, venait tous les jours l'étudiant pauvre et sans souci, amoureux peut-être, emprunter à énorme intérêt quelques pièces dépensées gaiement le soir, et chèrement payées le lendemain. Là entrait furtivement la grisette, la tête basse, le regard honteux, venant louer pour une partie de campagne un chapeau fané, un châle reteint, une chemise achetée au Mont-de-Piété. Là, des jeunes gens de bonne maison, ayant besoin de vingt-cinq louis, souscrivaient pour deux ou trois mille francs de lettres de change. Des mineurs mangeaient leur bien en herbe; des étourdis ruinaient leur famille, et souvent perdaient leur avenir. Depuis la courtisane titrée, à qui un bracelet tourne la tête, jusqu'au cuistre nécessiteux qui convoite un bouquin ou un plat de lentilles, tout venait là comme aux sources du Pactole, et l'usurier barbier, fier de sa clientèle et de ses exploits jusqu'à s'en vanter, entretenait la prison de Clichy, en attendant qu'il y allât lui-même.

Telle était la triste ressource à laquelle Eugène, bien qu'avec répugnance, allait avoir recours pour obliger Rougette, ou pour être du moins en mesure de le faire; car il ne lui semblait pas prouvé que la demande adressée au baron produisît l'effet désirable. C'était de la part d'un étudiant beaucoup de charité, à vrai dire, que de s'engager ainsi pour une inconnue: mais Eugène croyait en Dieu : toute bonne action lui semblait nécessaire.

Le premier visage qu'il aperçut, en entrant chez le barbier, fut celui de son ami Marcel, assis devant une toilette, une serviette au cou, et feignant de se faire coiffer. Le pauvre garçon venait peut-être chercher de quoi payer son souper de la veille ; il semblait fort préoccupé, et fronçait les sourcils d'un air peu satisfait, tandis que le coiffeur, feignant de son côté de lui passer dans les cheveux un fer parfaitement froid, lui parlait à demi-voix dans son accent gascon. Devant une autre toilette, dans un petit cabinet, se tenait assis, également affublé d'une serviette, un étranger fort inquiet, regardant sans cesse de côté et d'autre, et par la porte entr'ouverte de l'arrière-boutique, on apercevait, dans une vieille psyché, la silhouette passablement maigre d'une jeune fille, qui, aidée de la femme du coiffeur, essayait une robe à carreaux écossais.

« Que viens-tu faire ici à cette heure ? » s'écria Marcel, dont la figure reprit l'expression de sa bonne humeur habituelle, dès qu'il reconnut son ami.

Eugène s'assit près de la toilette, et expliqua en peu de mots la rencontre qu'il avait faite et le dessein qui l'amenait.

« Ma foi, dit Marcel, tu es bien candide. De quoi te mêles-tu, puisqu'il y a un baron ? Tu as vu une jeune fille intéressante qui éprouvait le besoin de prendre quelque nourriture ; tu lui as payé un poulet froid, c'est digne de toi ; il n'y a rien à dire. Tu n'exiges d'elle aucune reconnaissance, l'incognito te plaît ; c'est héroïque. Mais aller plus loin, c'est de la chevalerie. Engager sa montre ou sa signature pour une lingère que protége un baron, et que l'on n'a pas l'honneur de fréquenter, cela ne s'est pratiqué, de mémoire humaine, que dans la Bibliothèque bleue.

— Ris de moi si tu veux, répondit Eugène. Je sais qu'il y a dans ce monde beaucoup plus de malheureux que je n'en puis soulager. Ceux que je ne connais pas, je les plains; mais si j'en vois un, il faut que je l'aide. Il m'est impossible, quoi que je fasse, de rester indifférent devant la souffrance. Ma charité ne va pas jusqu'à chercher les pauvres, je ne suis pas assez riche pour cela; mais quand je les trouve, je fais l'aumône.

— En ce cas, reprit Marcel, tu as fort à faire; il n'en manque pas dans ce pays-ci.

— Qu'importe! dit Eugène, encore ému du spectacle dont il venait d'être témoin. Vaut-il mieux laisser mourir les gens et passer son chemin? Cette malheureuse est une étourdie, une folle, tout ce que tu voudras; elle ne mérite peut-être pas la compassion qu'elle fait naître; mais cette compassion, je la sens. Vaut-il mieux agir comme ses bonnes amies, qui déjà ne semblent pas plus se soucier d'elle que si elle n'était plus au monde, et qui l'aidaient hier à se ruiner? A qui peut-elle avoir recours? A un étranger qui allumera un cigare avec sa lettre, ou à mademoiselle Pinson, je suppose, qui soupe en ville et danse de tout son cœur, pendant que sa compagne meurt de faim? Je t'avoue, mon cher Marcel, que tout cela, bien sincèrement, me fait horreur. Cette petite évaporée d'hier soir, avec sa chanson et ses quolibets, riant et babillant chez toi, au moment même où l'autre, l'héroïne de son conte, expire dans un grenier, me soulève le cœur. Vivre ainsi en amies, presque en sœurs, pendant des jours et des semaines courir les théâtres, les bals, les cafés, et ne pas savoir le lendemain si l'une est morte et l'autre en vie, c'est pis que l'indifférence des égoïstes, c'est l'insensibilité de la brute. Ta demoiselle Pinson est un monstre, et tes grisettes que tu vantes, ces mœurs sans vergogne, ces amitiés sans âme, je ne sais rien de si méprisable ! »

Le barbier, qui, pendant ces discours, avait écouté en silence, et continué de promener son fer froid sur la tête de Marcel, sourit d'un air malin lorsque Eugène se tut. Tour à tour bavard comme une pie, ou plutôt comme un perruquier qu'il était, lorsqu'il s'agissait de méchants propos, taciturne et laconique comme un Spartiate dès que les affaires étaient en jeu, il avait adopté la prudente habitude de laisser toujours d'abord parler ses pratiques, avant de mêler son mot à la conversation. L'indignation qu'exprimait Eugène en termes si violents lui fit toutefois rompre le silence.

« Vous êtes sévère, monsieur, dit-il en riant et en gasconnant. J'ai l'honneur de coiffer mademoiselle Mimi, et je crois que c'est une fort excellente personne.

— Oui, dit Eugène, excellente en effet, s'il est question de boire et de fumer.

— Possible, reprit le barbier, je ne dis pas non.

Les jeunes personnes, ça rit, ça chante, ça fume, mais il y en a qui ont du cœur.

— Où voulez-vous en venir, père Cadédis? demanda Marcel. Pas tant de diplomatie; expliquez-vous tout net.

— Je veux dire, répliqua le barbier en montrant l'arrière-boutique, qu'il y a là, pendue à un clou, une petite robe de soie noire que ces messieurs connaissent sans doute, s'ils connaissent la propriétaire, car elle ne possède pas une garde-robe très-compliquée. Mademoiselle Mimi m'a envoyé cette robe ce matin au petit jour; et je présume que, si elle n'est pas venue au secours de la petite Rougette, c'est qu'elle-même ne roule pas sur l'or.

— Voilà qui est curieux, dit Marcel, se levant et entrant dans l'arrière-boutique, sans égard pour la pauvre femme aux carreaux écossais. La chanson de Mimi en a donc menti, puisqu'elle met sa robe en gage? Mais avec quoi diable fera-t-elle ses visites à présent? Elle ne va donc pas dans le monde aujourd'hui? »

Eugène avait suivi son ami.

Le barbier ne les trompait pas : dans un coin poudreux, au milieu d'autres hardes de toute espèce, était humblement et tristement suspendue l'unique robe de mademoiselle Pinson.

« C'est bien cela, dit Marcel; je reconnais ce vêtement pour l'avoir vu tout neuf il y a dix-huit mois. C'est la robe de chambre, l'amazone et l'uniforme de parade de Mimi. Il doit y avoir à la manche gauche une petite tache grosse comme une pièce de cinq sous, causée par le vin de Champagne. Et combien avez-vous prêté là-dessus, père Cadédis? car je suppose que cette robe n'est pas vendue, et qu'elle ne se trouve dans ce boudoir qu'en qualité de nantissement.

— J'ai prêté quatre francs, répondit le barbier; et je vous assure, monsieur, que c'est pure charité. A tout autre je n'aurais pas avancé plus de quarante sous; car la pièce est diablement mûre; on y voit à travers, c'est une lanterne magique. Mais je sais que mademoiselle Mimi me payera; elle est bonne pour quatre francs.

— Pauvre Mimi! reprit Marcel. Je gagerais tout de suite mon bonnet qu'elle n'a emprunté cette petite somme que pour l'envoyer à Rougette.

— Ou pour payer quelque dette criarde, dit Eugène.

— Non, dit Marcel, je connais Mimi; je la crois incapable de se dépouiller pour un créancier.

— Possible encore, dit le barbier. J'ai connu mademoiselle Mimi dans une position meilleure que celle où elle se trouve actuellement; elle avait alors un grand nombre de dettes. On se présentait journellement chez elle pour saisir ce qu'elle possédait, et on avait fini, en effet, par lui prendre tous ses meubles, excepté son lit, car ces messieurs savent sans doute qu'on ne prend pas le lit d'un débiteur. Or, mademoiselle Mimi avait dans ce temps-là quatre robes fort convenables. Elle les mettait toutes les quatre l'une sur l'autre, et elle couchait avec, pour qu'on ne les saisît pas ; c'est pourquoi je serais surpris si, n'ayant plus qu'une seule robe aujourd'hui, elle l'engageait pour payer quelqu'un.

— Pauvre Mimi! répéta Marcel. Mais, en vérité, comment s'arrange-t-elle? Elle a donc trompé ses amis? Elle possède donc un vêtement inconnu? Peut-être se trouve-t-elle malade d'avoir trop mangé de la galette, et, en effet, si elle est au lit, elle n'a que faire de s'habiller. N'importe, père Cadédis, cette robe me fait peine, avec ses manches pendantes qui ont l'air de demander grâce; tenez, retranchez-moi quatre francs sur les trente-cinq livres que vous venez de m'avancer, et mettez-moi cette robe dans une serviette, que je la rapporte à cette enfant. — Eh bien! Eugène, continua-t-il, que dit à cela ta charité chrétienne?

— Que tu as raison, répondit Eugène, de parler et d'agir comme tu fais, mais que je n'ai peut-être pas tort; j'en fais le pari, si tu veux.

— Soit, dit Marcel, parions un cigare, comme les membres du Jockey-Club. Aussi bien, tu n'as plus que faire ici. J'ai trente et un francs, nous sommes riches. Allons de ce pas chez mademoiselle Pinson; je suis curieux de la voir. »

Il mit la robe sous son bras et tous deux sortirent de la boutique.

VII

ADEMOISELLE est allée à la messe, répondit la portière aux deux étudiants, lorsqu'ils furent arrivés chez mademoiselle Pinson.

— A la messe ! dit Eugène surpris.

— A la messe ! répéta Marcel. C'est impossible, elle n'est pas sortie. Laissez-nous entrer ; nous sommes de vieux amis.

— Je vous assure, monsieur, répondit la portière, qu'elle est sortie pour aller à la messe, il y a environ trois quarts d'heure.

— Et à quelle église est-elle allée ?

— A Saint-Sulpice, comme de coutume ; elle n'y manque pas un matin.

— Oui, oui, je sais qu'elle prie le bon Dieu ; mais cela me semble bizarre qu'elle soit dehors aujourd'hui.

— La voici qui rentre, monsieur ; elle tourne la rue ; vous la voyez vous-même. »

Mademoiselle Pinson, sortant de l'église, revenaît chez elle, en effet. Marcel ne l'eut pas plus tôt aperçue, qu'il courut à elle, impatient de voir de près sa toilette. Elle avait, en guise de robe, un jupon d'indienne foncée, à demi caché sous un rideau de serge verte dont elle s'était fait tant bien que mal un châle. De cet accoutrement singulier, mais qui, du reste, n'attirait pas les regards, à cause de sa couleur sombre, sortaient sa tête gracieuse coiffée de son bonnet blanc et ses petits pieds chaussés de brodequins. Elle s'était enveloppée dans son rideau avec tant d'art et de précaution, qu'il ressemblait vraiment à un vieux châle, et qu'on ne voyait presque pas la bordure. En un mot, elle trouvait moyen de plaire encore dans cette friperie, et de prouver une fois de plus sur terre, qu'une jolie femme est toujours jolie.

« Comment me trouvez-vous? dit-elle aux deux jeunes gens en écartant un peu son rideau, et en laissant voir sa fine taille serrée dans son corset. C'est un déshabillé du matin que Palmyre vient de m'apporter.

— Vous êtes charmante, dit Marcel. Ma foi, je n'aurais jamais cru qu'on pût avoir si bonne mine avec le châle d'une fenêtre.

— En vérité? reprit mademoiselle Pinson. J'ai pourtant l'air un peu paquet.

— Paquet de roses, répondit Marcel. J'ai presque regret maintenant de vous avoir apporté votre robe.

— Ma robe? Où l'avez-vous trouvée?

— Où elle était, apparemment.

— Et vous l'avez tirée de l'esclavage ?

— Eh, mon Dieu ! oui, j'ai payé sa rançon. M'en voulez-vous de cette audace ?

— Non pas ! A charge de revanche. Je suis bien aise de revoir ma robe ; car, à vous dire vrai, voilà déjà longtemps que nous vivons toutes les deux ensemble, et je m'y suis attachée insensiblement. »

En parlant ainsi, mademoiselle Pinson montait lestement les cinq étages qui conduisaient à sa chambrette, où les deux amis entrèrent avec elle.

« Je ne puis pourtant, reprit Marcel, vous rendre cette robe qu'à une condition.

— Fi donc ! dit la grisette. Quelque sottise ! Des conditions ? Je n'en veux pas.

— J'ai fait un pari, dit Marcel : il faut que vous nous disiez franchement pourquoi cette robe était en gage.

— Laissez-moi donc d'abord la remettre, répondit mademoiselle Pinson ; je vous dirai ensuite mon pourquoi. Mais je vous préviens que si vous ne voulez pas faire antichambre dans mon armoire ou sur la gouttière, il faut, pendant que je vais m'habiller, que vous vous voiliez la face comme Agamemnon.

— Qu'à cela ne tienne ! dit Marcel. Nous sommes plus honnêtes qu'on ne pense, et je ne hasarderai pas même un œil.

— Attendez, reprit mademoiselle Pinson. Je suis

pleine de confiance, mais la sagesse des nations nous dit que deux précautions valent mieux qu'une. »

En même temps elle se débarrassa de son rideau, et l'étendit délicatement sur la tête des deux amis, de manière à les rendre complétement aveugles.

« Ne bougez pas, leur dit-elle; c'est l'affaire d'un instant.

— Prenez garde à vous, dit Marcel. S'il y a un trou au rideau, je ne réponds de rien. Vous ne voulez pas vous contenter de notre parole, par conséquent elle est dégagée.

— Heureusement ma robe l'est aussi, dit mademoiselle Pinson; et ma taille aussi, ajouta-t-elle en riant et en jetant le rideau par terre. Pauvre petite robe! Il me semble qu'elle est toute neuve. J'ai un plaisir à me sentir dedans!

— Et votre secret? Nous le direz-vous maintenant? Voyons, soyez sincère, nous ne sommes pas bavards. Pourquoi et comment une jeune personne comme vous, sage, rangée, vertueuse et modeste, a-t-elle pu accrocher ainsi, d'un seul coup, toute sa garde-robe à un clou?

— Pourquoi?... Pourquoi?... » répondit mademoiselle Pinson, paraissant hésiter. Puis elle prit les deux jeunes gens chacun par un bras, et leur dit en les poussant vers la porte : « Venez avec moi, vous le verrez. »

Comme Marcel s'y attendait, elle les conduisit rue de l'Éperon.

VIII

ARCEL avait gagné son pari. Les quatre francs et le morceau de galette de mademoiselle Pinson étaient sur la table de Rougette, avec les débris du poulet d'Eugène.

La pauvre malade allait un peu mieux, mais elle gardait encore le lit ; et, quelle que fût sa reconnaissance envers son bienfaiteur inconnu, elle fit dire à ces messieurs, par son amie, qu'elle les priait de l'excuser, et qu'elle n'était pas en état de les recevoir.

« Que je la reconnais bien là! dit Marcel. Elle mourrait sur la paille dans sa mansarde, qu'elle ferait encore la duchesse vis-à-vis de son pot à l'eau. »

Les deux amis, bien qu'à regret, furent donc obligés de s'en retourner chez eux comme ils étaient venus, non sans rire entre eux de cette fierté et de cette discrétion si étrangement nichées dans une mansarde.

Après avoir été à l'École de médecine suivre les leçons du jour, ils dînèrent ensemble, et, le soir venu, ils firent un tour de promenade au boulevard Italien. Là, tout en fumant le cigare qu'il avait gagné le matin :

« Avec tout cela, disait Marcel, n'es-tu pas forcé de convenir que j'ai raison d'aimer, au fond, et même d'estimer ces pauvres créatures ? Considérons sainement les choses sous un point de vue philosophique. Cette petite Mimi, que tu as tant calomniée, ne fait-elle pas, en se dépouillant de sa robe, une œuvre plus louable, plus méritoire, j'ose même dire plus chrétienne, que le bon roi Robert en laissant un pauvre couper la frange de son manteau ? Le bon roi Robert, d'une part, avait évidemment quantité de manteaux ; d'un autre côté, il était à table, dit l'histoire, lorsqu'un mendiant s'approcha de lui, en se traînant à quatre pattes, et coupa avec des ciseaux la frange d'or de l'habit de son roi. Madame la reine trouva la chose mauvaise, et le digne monarque, il est vrai, pardonna généreusement au coupeur de franges ; mais peut-être avait-il bien dîné. Vois quelle distance entre lui et Mimi ! Mimi, quand elle a appris l'infortune de Rougette, assurément était à jeun. Sois convaincu que le morceau de galette qu'elle avait emporté de chez moi était destiné par avance à composer son propre repas. Or, que fait-elle ? Au lieu de déjeuner, elle va à la messe, et en ceci elle se montre encore au moins l'égale du roi Robert, qui était fort pieux, j'en conviens, mais qui perdait son temps à chanter au lutrin, pendant que les Normands faisaient le diable à quatre. Le roi Robert abandonne sa frange, et, en somme, le manteau lui reste. Mimi envoie sa robe tout entière au père Cadédis, action incomparable en ce que Mimi est femme, jeune, jolie, coquette et pauvre; et note bien que cette robe lui est nécessaire pour qu'elle puisse aller, comme de coutume, à son magasin, gagner le pain de sa journée. Non-seulement donc elle se prive du morceau de galette qu'elle allait avaler, mais elle se met volontairement dans le cas de ne pas dîner. Observons en outre que le père Cadédis est fort éloigné d'être un mendiant, et de se traîner à quatre pattes sous la table. Le roi Robert, renonçant à sa frange, ne fait pas un grand sacrifice, puisqu'il la trouve toute coupée d'avance, et c'est à savoir si cette frange était coupée de travers ou non, et en état d'être recousue ; tandis que Mimi, de son propre mouvement, bien loin d'attendre qu'on lui vole sa robe, arrache elle-même de dessus son pauvre corps ce vêtement, plus précieux, plus utile que le clinquant de tous les passementiers de Paris. Elle sort vêtue d'un rideau; mais sois sûr qu'elle n'irait pas ainsi dans un autre lieu que l'église. Elle se ferait plutôt couper un bras que de se laisser voir ainsi fagotée au Luxembourg ou aux Tuileries; mais elle ose se montrer à Dieu parce qu'il est l'heure où elle prie tous les jours. Crois-moi, Eugène, dans ce seul fait de traverser avec son rideau la place Saint-Michel, la rue de Tournon et la rue du Petit-Lion, où elle connaît tout le monde, il y a plus de courage, d'humilité et de religion véritable que dans tous les hymnes du bon roi Robert, dont tout le monde parle pourtant, depuis le grand Bossuet jusqu'au plat Anquetil, tandis que Mimi mourra inconnue dans son cinquième étage, entre un pot de fleurs et un ourlet.

— Tant mieux pour elle, dit Eugène.

— Si je voulais maintenant, dit Marcel, continuer à comparer, je pourrais te faire un parallèle entre Mucius Scævola et Rougette. Penses-tu, en effet, qu'il soit plus difficile à un Romain du temps de Tarquin de tenir son bras, pendant cinq minutes, au-dessus d'un réchaud allumé, qu'à une grisette contemporaine de rester vingt-quatre heures sans manger? Ni l'un ni l'autre n'ont crié, mais examine pour quels motifs. Mucius est au milieu d'un camp, en présence d'un roi étrusque qu'il a voulu assassiner; il a manqué son coup d'une manière pitoyable, il est entre les mains des gendarmes. Qu'imagine-t-il? Une bravade. Pour qu'on l'admire avant qu'on le pende, il se roussit le poing sur un tison (car rien ne prouve que le brasier fût bien chaud, ni que le poing soit tombé en cendres). Là-dessus, le digne Porsenna, stupéfait de sa fanfaronnade, lui pardonne et le renvoie chez lui. Il est à parier que ledit Porsenna, capable d'un tel pardon, avait une bonne figure, et que Scævola se doutait que, en sacrifiant son bras, il sauvait sa tête. Rougette, au contraire, endure patiemment le plus horrible et le plus lent des supplices, celui de la faim ; personne ne la regarde. Elle est seule au fond d'un grenier, et elle n'a là pour l'admirer ni Porsenna, c'est-à-dire le baron, ni les Romains, c'est-à-dire les voisins, ni les Étrusques, c'est-à-dire ses créanciers, ni même le brasier, car son poêle est éteint. Or pourquoi souffre-t-elle sans se plaindre ? Par vanité d'abord, cela est certain, mais Mucius est dans le même cas ; par grandeur d'âme ensuite, et ici est sa gloire ; car si elle reste muette derrière son verrou, c'est précisément pour que ses amis ne sachent pas qu'elle se meurt, pour qu'on n'ait pas pitié de son courage, pour que sa camarade Pinson, qu'elle sait bonne et toute dévouée, ne soit pas obligée, comme elle l'a fait, de lui donner sa robe et sa galette. Mucius, à la place de Rougette, eût fait semblant de mourir en silence, mais c'eût été dans un carrefour ou à la porte de Flicoteaux. Son taciturne et sublime orgueil eût été une manière délicate de demander à l'assistance un verre de vin et un croûton. Rougette, il est vrai, a demandé un louis au baron, que je persiste à comparer à Porsenna. Mais ne vois-tu pas que le baron doit évidemment être redevable à Rougette de quelques obligations personnelles ? Cela saute aux yeux du moins clairvoyant. Comme tu l'as, d'ailleurs, sagement remarqué, il se peut que le baron soit à la campagne, et dès lors Rougette est perdue. Et ne crois pas pouvoir me répondre ici par cette vaine objection qu'on oppose à toutes les belles actions des femmes, à savoir qu'elles ne savent ce qu'elles font, et qu'elles courent au danger comme les chats sur les gouttières. Rougette sait ce qu'est la mort ; elle l'a vue de près au pont d'Iéna, car elle s'est déjà jetée à l'eau une fois, et je lui ai demandé si elle avait souffert. Elle m'a dit que non, qu'elle n'avait rien senti, excepté au moment où on l'avait repêchée, parce que les bateliers la tiraient par les jambes, et qu'ils lui avaient, à ce qu'elle disait, *raclé* la tête sur le bord du bateau.

— Assez ! dit Eugène. Fais-moi grâce de tes affreuses plaisanteries. Réponds-moi sérieusement : crois-tu que de si horribles épreuves, tant de fois répétées, toujours menaçantes, puissent enfin porter quelque fruit ? Ces pauvres filles, livrées à elles-mêmes, sans appui, sans conseil, ont-elles assez de bon sens pour avoir de l'expérience ? Y a-t-il un démon, attaché à elles, qui les voue à tout jamais au malheur et à la folie, ou, malgré tant d'extravagances, peuvent-elles revenir au bien ? En voilà une qui prie Dieu, dis-tu ! Elle va à l'église, elle remplit ses devoirs, elle vit honnêtement de son travail ; ses compagnes paraissent l'estimer... ; et vous autres mauvais sujets, vous ne la traitez pas vous-mêmes avec votre légèreté habituelle. En voilà une autre qui passe sans cesse de l'étourderie à la misère, de la prodigalité aux horreurs de la faim.

Certes elle doit se rappeler longtemps les leçons cruelles qu'elle reçoit. Crois-tu que, avec de sages avis, une conduite réglée, un peu d'aide, on puisse faire de telles femmes des êtres raisonnables ? S'il en est ainsi, dis-le-moi ; une occasion s'offre à nous Allons de ce pas chez la pauvre Rougette ; elle est sans doute encore bien souffrante, et son amie veille à son chevet. Ne me décourage pas, laisse-moi agir. Je veux essayer de les ramener dans la bonne route, de leur parler un langage sincère ; je ne veux leur faire ni sermon ni reproches. Je veux m'approcher de ce lit, leur prendre la main et leur dire... »

En ce moment les deux amis passaient devant le café Tortoni. La silhouette de deux jeunes femmes, qui prenaient des glaces près d'une fenêtre, se dessinait à la clarté des lustres. L'une d'elles agita son mouchoir, et l'autre partit d'un éclat de rire

« Parbleu ! dit Marcel, si tu veux leur parler, nous n'avons que faire d'aller si loin, car les voilà, Dieu me pardonne ! Je reconnais Mimi à sa robe, et Rougette à son panache blanc, toujours sur le chemin de la friandise. Il paraît que monsieur le baron a bien fait les choses.

— Et une pareille folie, dit Eugène, ne t'épouvante pas ?

— Si fait, dit Marcel ; mais, je t'en prie, quand tu diras du mal des grisettes, fais une exception pour la petite Pinson. Elle nous a conté une histoire à souper, elle a engagé sa robe pour quatre francs, elle s'est fait un châle avec un rideau ; et qui dit ce qu'il sait, qui donne ce qu'il a, qui fait ce qu'il peut, n'est pas obligé à davantage.

LA MOUCHE

1853

LA MOUCHE

I

N 1756, lorsque Louis XV, fatigué des querelles entre la magistrature et le grand conseil à propos de l'impôt des deux sous, prit le parti de tenir un lit de justice, les membres du parlement remirent leurs offices. Seize de ces démissions furent acceptées, sur quoi il y eut autant d'exils. « Mais pourriez-vous, disait madame de Pompadour à l'un des présidents, pourriez-vous voir de sang-froid une poignée d'hommes résister à l'autorité d'un roi de France? N'en auriez-vous pas mauvaise opinion? Quittez votre petit manteau, monsieur le président, et vous verrez tout cela comme je le vois. »

Ce ne furent pas seulement les exilés qui portèrent la peine de leur mauvais vouloir, mais aussi leurs parents et leurs amis. Le *décachetage* amusait le roi. Pour se désennuyer de ses plaisirs, il se faisait lire par sa favorite tout ce qu'on trouvait de curieux à la poste. Bien entendu que, sous le prétexte de faire lui-même sa police secrète, il se divertissait de mille intrigues qui lui passaient ainsi sous les yeux ; mais quiconque, de près ou de loin, tenait aux chefs des factions, était presque toujours perdu. On sait que Louis XV, avec toutes sortes de faiblesses, n'avait qu'une seule force, celle d'être inexorable.

Un soir qu'il était devant le feu, les pieds sur le manteau de la cheminée, mélancolique à son ordinaire, la marquise, parcourant un paquet de lettres, haussait les épaules en riant. Le roi demanda ce qu'il y avait.

« C'est que je trouve là, répondit-elle, une lettre qui n'a pas le sens commun, mais c'est une chose touchante et qui fait pitié.

— Qu'y a-t-il au bas? dit le roi.

— Point de nom : c'est une lettre d'amour.

— Et qu'y a-t-il dessus?

— Voilà le plaisant. C'est qu'elle est adressée à mademoiselle d'Annebault, la nièce de ma bonne amie, madame d'Estrades. C'est apparemment pour que je la voie qu'on l'a fourrée avec ces papiers.

— Et qu'y a-t-il dedans? dit encore le roi.

— Mais, je vous dis, c'est de l'amour. Il y est

question aussi de Vauvert et de Neauflette. Est-on un gentilhomme dans ces pays-là ? Votre Majesté les connaît-elle ? »

Le roi se piquait de savoir la France par cœur, c'est-à-dire la noblesse de France. L'étiquette de sa cour, qu'il avait étudiée, ne lui était pas plus familière que les blasons de son royaume : science assez courte, le reste ne comptant pas ; mais il y mettait de la vanité, et la hiérarchie était devant ses yeux, comme l'escalier de marbre de son palais : il y voulait marcher en maître. Après avoir rêvé quelques instants, il fronça le sourcil comme frappé d'un mauvais souvenir ; puis, faisant signe à la marquise de lire, il se rejeta dans sa bergère, en disant avec un sourire :

« Va toujours, la fille est jolie. »

Madame de Pompadour, prenant alors son ton le plus doucement railleur, commença à lire une longue lettre toute remplie de tirades amoureuses :

« Voyez un peu, disait l'écrivain, comme les destins me persécutent ! Tout semblait disposé à remplir mes vœux, et vous-même, ma tendre amie, ne m'aviez-vous pas fait espérer le bonheur ? Il faut pourtant que j'y renonce, et cela pour une faute que je n'ai pas commise. N'est-ce pas un excès de cruauté de m'avoir permis d'entrevoir les cieux, pour me précipiter dans l'abîme ? Lorsqu'un infortuné est dévoué à la mort, se fait-on un barbare plaisir de laisser devant ses regards tout ce qui doit faire aimer et regretter la vie ? Tel est pourtant mon sort ; je n'ai plus d'autre asile, d'autre espérance que le tombeau, car, dès l'instant que je suis malheureux, je ne dois plus songer à votre main. Quand la fortune me souriait, tout mon espoir était que vous fussiez à moi ; pauvre aujourd'hui, je me ferais horreur si j'osais encore y songer, et, du moment que je ne puis vous rendre heureuse, tout en mourant d'amour, je vous défends de m'aimer... »

La marquise souriait à ces derniers mots.

« Madame, dit le roi, voilà un honnête homme. Mais qu'est-ce qui l'empêche d'épouser sa maîtresse ?

— Permettez, Sire, que je continue :

« Cette injustice qui m'accable, me surprend de la part du meilleur des rois. Vous savez que mon père demandait pour moi une place de cornette ou d'enseigne aux gardes, et que cette place décidait de ma vie, puisqu'elle me donnait le droit de m'offrir à vous. Le duc de Biron m'avait proposé ; mais le roi m'a rejeté d'une façon dont le souvenir m'est bien amer, car si mon père a sa manière de voir (je veux que ce soit une faute), dois-je toutefois en être puni ? Mon dévouement au roi est aussi véritable, aussi sincère que mon amour pour vous. On verrait clairement l'un et l'autre, si je pouvais tirer l'épée. Il est désespérant qu'on refuse ma demande ; mais que ce soit sans raison valable qu'on m'enveloppe dans une pareille disgrâce, c'est ce qui est opposé à la bonté bien connue de sa Majesté... »

« — Oui-da, dit le roi, ceci m'intéresse.

« Si vous saviez combien nous sommes tristes ! Ah ! mon amie, cette lettre de Neauflette, ce pavillon de Vauvert, ces bosquets ! je m'y promène seul tout le jour. J'ai défendu de ratisser ; l'odieux jardinier est venu hier avec son manche à balai ferré. Il allait toucher le sable... La trace de vos pas, plus légère que le vent, n'était pourtant pas effacée. Le bout de vos petits pieds et vos grands talons blancs étaient encore marqués dans l'allée : ils semblaient marcher devant moi, tandis que je suivais votre belle image ; et ce charmant fantôme s'animait par instants, comme s'il se fût posé sur l'empreinte fugitive. C'est là, c'est en causant le long du parterre qu'il m'a été donné de vous connaître, de vous apprécier. Une éducation admirable dans l'esprit d'un ange, la dignité d'une reine avec la grâce des nymphes, des pensées dignes de Leibnitz avec un langage si simple, l'abeille de Platon sur les lèvres de Diane, tout cela m'ensevelissait sous le voile de l'adoration. Et pendant ce temps-là ces fleurs bien-aimées s'épanouissaient autour de nous. Je les ai respirées en vous écoutant : dans leur parfum vivait votre souvenir. Elles courbent à présent la tête ; elles me montrent la mort... »

« — C'est du mauvais Jean-Jacques, dit le roi. Pourquoi me lisez-vous cela ?

— Parce que Votre Majesté me l'a ordonné pour les beaux yeux de mademoiselle d'Annebault.

— Cela est vrai, elle a de beaux yeux. »

« Et quand je rentre de ces promenades, je trouve mon père seul, dans le grand salon, accoudé auprès d'une chandelle, au milieu de ces dorures fanées qui couvrent nos lambris vermoulus. Il me voit venir avec peine,... mon chagrin dérange le sien... Athénaïs! au fond de ce salon, près de la fenêtre, est le clavecin où voltigeaient vos doigts délicieux, qu'une seule fois ma bouche a touchés, pendant que la vôtre s'ouvrait doucement aux accords de la plus suave musique,... si bien que vos chants n'étaient qu'un sourire. Qu'ils sont heureux, ce Rameau, ce Lulli, ce Duni, que sais-je? et bien d'autres! Oui, oui, vous les aimez, ils sont dans votre mémoire; leur souffle a passé sur vos lèvres. Je m'assieds aussi à ce clavecin, j'essaye d'y jouer un de ces airs qui vous plaisent; qu'ils me semblent froids, monotones! je les laisse et les écoute mourir, tandis que l'écho s'en perd sous cette voûte lugubre. Mon père se retourne et me voit désolé; qu'y peut-il faire? Un propos de ruelle, d'antichambre, a fermé nos grilles. Il me voit jeune, ardent, plein de vie, ne demandant qu'à être au monde; il est mon père et n'y peut rien... »

« — Ne dirait-on pas, dit le roi, que ce garçon s'en allait en chasse, et qu'on lui tue son faucon sur le poing? A qui en a-t-il, par hasard? »

« Il est bien vrai, reprit la marquise, continuant la lecture d'un ton plus bas, il est bien vrai que nous sommes proches voisins et parents éloignés de l'abbé Chauvelin... »

« — Voilà donc ce que c'est! dit Louis XV en bâillant. Encore quelque neveu des enquêtes et requêtes. Mon parlement abuse de ma bonté; il a vraiment trop de famille.

— Mais si ce n'est qu'un parent éloigné!...

— Bon, ce monde-là ne vaut rien du tout. Cet abbé Chauvelin est un janséniste; c'est un bon diable, mais c'est un démis. Jetez cette lettre au feu, et qu'on ne m'en parle plus! »

II

es derniers mots prononcés par le roi n'étaient pas tout à fait un arrêt de mort, mais c'était à peu près une défense de vivre. Que pouvait faire, en 1756, un jeune homme sans fortune, dont le roi ne voulait pas entendre parler? Tâcher d'être commis, ou se faire philosophe, poëte peut-être, mais sans dédicace; et le métier, en ce cas, ne valait rien.

Telle n'était pas, à beaucoup près, la vocation du chevalier de Vauvert, qui venait d'écrire avec des larmes la lettre dont le roi se moquait. Pendant ce temps-là, seul, avec son père, au fond du vieux château de Neauflette, il marchait par la chambre d'un air triste et furieux.

« Je veux aller à Versailles, disait-il.

— Et qu'y ferez-vous?

— Je n'en sais rien; mais que fais-je ici?

— Vous me tenez compagnie; il est bien certain

que cela ne peut pas être fort amusant pour vous, et je ne vous retiens en aucune façon. Mais oubliez-vous que votre mère est morte ?

— Non, monsieur, et je lui ai promis de vous consacrer la vie que vous m'avez donnée. Je reviendrai, mais je veux partir ; je ne saurais plus rester dans ces lieux.

— D'où vient cela ?

— D'un amour extrême. J'aime éperdument mademoiselle d'Annebault.

— Vous savez que c'est inutile. Il n'y a que Molière qui fasse des mariages sans dot. Oubliez-vous aussi ma disgrâce ?

— Eh ! monsieur, votre disgrâce, me serait-il permis, sans m'écarter du plus profond respect, de vous demander ce qui l'a causée ? Nous ne sommes pas du parlement. Nous payons l'impôt, nous ne le faisons pas. Si le parlement lésine sur les deniers du roi, c'est son affaire et non la nôtre. Pourquoi monsieur l'abbé Chauvelin nous entraîne-t-il dans sa ruine ?

— Monsieur l'abbé Chauvelin agit en honnête homme. Il refuse d'approuver le dixième, parce qu'il est révolté des dilapidations de la cour. Rien de pareil n'aurait eu lieu du temps de madame de Châteauroux. Elle était belle, au moins, celle-là, et elle ne coûtait rien, pas même ce qu'elle donnait si généreusement. Elle était maîtresse et souveraine, et elle se disait satisfaite si le roi ne l'envoyait pas pourrir dans un cachot lorsqu'il lui retirerait ses bonnes grâces. Mais cette Étioles, cette Le Normand, cette Poisson insatiable!

— Et qu'importe?

— Qu'importe! dites-vous? Plus que vous ne pensez. Savez-vous seulement que, à présent, tandis que le roi nous gruge, la fortune de sa grisette est incalculable? Elle s'était fait donner au début cent quatre-vingt mille livres de rente, mais ce n'était qu'une bagatelle, cela ne compte plus maintenant; on ne saurait se faire une idée des sommes effrayantes que le roi lui jette à la tête; il ne se passe pas trois mois de l'année où elle n'attrape au vol, comme par hasard, cinq ou six cent mille livres, hier sur les sels, aujourd'hui sur les augmentations du trésorier des écuries; avec les logements qu'elle a dans toutes les maisons royales, elle achète La Selle, Cressy, Aulnay, Brimborion, Marigny, Saint-Remi, Bellevue et tant d'autres terres, des hôtels à Paris, à Fontainebleau, à Versailles, à Compiègne, sans compter une fortune secrète placée en tous pays dans toutes les banques d'Europe, en cas de disgrâce probablement, ou de la mort du souverain. Et qui paye tout cela, s'il vous plaît?

— Je l'ignore, monsieur, mais ce n'est pas moi.

— C'est vous, comme tout le monde, c'est la France, c'est le peuple qui sue sang et eau, qui crie dans la rue, qui insulte la statue de Pigalle. Et le parlement ne veut plus de cela; il ne veut plus de nouveaux impôts. Lorsqu'il s'agissait des frais de la guerre, notre dernier écu était prêt; nous ne songions pas à marchander. Le roi victorieux a pu voir clairement qu'il était aimé par tout le royaume, plus clairement encore lorsqu'il faillit mourir. Alors cessa toute dissidence, toute faction, toute rancune ; la France entière se mit à genoux devant le lit du roi, et pria pour lui. Mais si nous payons, sans compter, ses soldats ou ses médecins, nous ne voulons plus payer ses maîtresses, et nous avons autre chose à faire que d'entretenir madame de Pompadour.

— Je ne la défends pas, monsieur. Je ne saurais lui donner ni tort ni raison ; je ne l'ai jamais vue.

— Sans doute ; et vous ne seriez pas fâché de la voir, n'est-il pas vrai, pour avoir là-dessus quelque opinion ? Car, à votre âge, la tête juge par les yeux. Essayez donc, si bon vous semble, mais ce plaisir-là vous sera refusé.

— Pourquoi, monsieur ?

— Parce que c'est une folie ; parce que cette marquise est aussi invisible dans ses petits boudoirs de Brimborion que le Grand Turc dans son sérail ; parce qu'on vous fermera toutes les portes au nez. Que voulez-vous faire ? Tenter l'impossible ? Chercher fortune comme un aventurier ?

— Non pas, mais comme un amoureux. Je ne prétends point solliciter, monsieur, mais réclamer contre une injustice. J'avais une espérance fondée, presque une promesse de monsieur de Biron ; j'étais à la veille de posséder ce que j'aime, et cet amour n'est point déraisonnable ; vous ne l'avez pas désapprouvé. Souffrez donc que je tente de plaider ma cause. Aurai-je affaire au roi ou à madame de Pompadour ? Je l'ignore, mais je veux partir.

— Vous ne savez pas ce que c'est que la cour, et vous voulez vous y présenter !

— Eh ! j'y serai peut-être reçu plus aisément par cette raison que j'y suis inconnu.

— Vous, inconnu, chevalier ! Y pensez-vous ? Avec un nom comme le vôtre !... Nous sommes vieux gentilshommes, monsieur, et vous ne sauriez être inconnu.

— Eh bien donc ! le roi m'écoutera.

— Il ne voudra seulement pas vous entendre. Vous rêvez Versailles, et vous croirez y être quand votre postillon s'arrêtera... Supposons que vous parveniez jusqu'à l'antichambre, à la galerie, à l'Œil-de-Bœuf : vous ne verrez entre Sa Majesté et vous que le battant d'une porte ; il y aura un abîme. Vous vous retournerez, vous chercherez des biais, des protections, vous ne trouverez rien. Nous sommes parents de monsieur de Chauvelin ; et comment croyez-vous que le roi se venge ? Par la torture pour Damiens ; par l'exil pour le parlement ; mais pour nous autres, par un mot, ou, pis encore, par le silence. Savez-vous ce que c'est que le silence du roi, lorsque, avec son regard muet, au lieu de vous répondre, il vous dévisage en passant et vous anéantit ? Après la Grève et la Bastille, c'est un certain degré de supplice qui, moins cruel en apparence, marque aussi bien que la main du bourreau. Le condamné, il est vrai, reste libre, mais il ne lui faut plus songer à s'approcher ni d'une femme, ni d'un courtisan, ni d'un salon, ni d'une abbaye, ni d'une caserne. Devant lui tout se ferme ou se détourne, et il se promène ainsi au hasard dans une prison invisible.

— Je m'y remuerai tant, que j'en sortirai.

— Pas plus qu'un autre. Le fils de monsieur de Meynières n'était pas plus coupable que vous. Il avait, comme vous, des promesses, les plus légitimes espérances. Son père, le plus dévoué sujet de Sa Majesté, le plus honnête homme du royaume, repoussé par le roi, est allé avec ses cheveux gris, non pas prier, mais essayer de persuader la grisette. Savez-vous ce qu'elle a répondu ? Voici ses propres paroles, que monsieur de Meynières m'envoie dans une lettre : « Le roi est le maître ; il ne juge pas à propos de vous marquer son mécontentement personnellement ; il se contente de vous le faire éprouver en privant monsieur votre fils d'un état ; vous punir autrement, ce serait commencer une affaire, et il n'en veut pas ; il faut respecter ses volontés. Je vous plains cependant, j'entre dans vos peines, j'ai été mère ; je sais ce qu'il doit vous en coûter pour laisser votre fils sans état. » Voilà le style de cette créature et vous voulez vous mettre à ses pieds !

— On dit qu'ils sont charmants, monsieur.

— Parbleu ! oui. Elle n'est pas jolie, et le roi ne l'aime pas, on le sait. Il cède, il plie devant cette femme. Pour maintenir son étrange pouvoir, il faut bien qu'elle ait autre chose que sa tête de bois.

— On prétend qu'elle a tant d'esprit!

— Et point de cœur ; le beau mérite !

— Point de cœur ! elle qui sait si bien déclamer les vers de Voltaire, chanter la musique de Rousseau ! elle qui joue Alzire et Colette ! C'est impossible, je ne le croirai jamais.

— Allez-y voir, puisque vous le voulez. Je conseille et n'ordonne pas, mais vous en serez pour vos frais de voyage. Vous aimez donc beaucoup cette demoiselle d'Annebault ?

— Plus que ma vie.

— Allez, monsieur. »

III

n a dit que les voyages font tort à l'amour, parce qu'ils donnent des distractions; on a dit aussi qu'ils le fortifient, parce qu'ils laissent le temps d'y rêver. Le chevalier était trop jeune pour faire de si savantes distinctions. Las de la voiture, à moitié chemin, il avait pris un bidet de poste, et arrivait ainsi vers cinq heures du soir à l'auberge du Soleil, enseigne passée de mode, du temps de Louis XIV.

Il y avait à Versailles un vieux prêtre qui avait été curé près de Neauflette; le chevalier le connaissait et l'aimait. Ce curé, simple et pauvre, avait un neveu à bénéfices, abbé de cour, qui pouvait être utile. Le chevalier alla donc chez le neveu, lequel, homme d'importance, plongé dans son rabat, reçut fort bien le nouveau venu et ne dédaigna pas d'écouter sa requête.

« Mais parbleu! dit-il, vous venez au mieux. Il y a ce soir opéra à la cour, une espèce de fête, de je ne sais quoi. Je n'y vais pas, parce que je boude la marquise, afin d'obtenir quelque chose ; mais voici justement un mot de monsieur le duc d'Aumont, que je lui avais demandé pour quelqu'un, je ne sais plus qui. Allez là. Vous n'êtes pas encore présenté, il est vrai, mais pour le spectacle cela n'est pas nécessaire. Tâchez de vous trouver sur le passage du roi au petit foyer. Un regard, et votre fortune est faite. »

Le chevalier remercia l'abbé, et, fatigué d'une nuit mal dormie et d'une journée à cheval, il fit, devant un miroir d'auberge, une de ces toilettes nonchalantes qui vont si bien aux amoureux. Une servante peu expérimentée l'accommoda du mieux qu'elle put, et couvrit de poudre son habit pailleté. Il s'achemina ainsi vers le hasard. Il avait vingt ans !

La nuit tombait lorsqu'il arriva au château. Il s'avança timidement vers la grille et demanda son chemin à la sentinelle. On lui montra le grand escalier. Là, il apprit du suisse que l'opéra venait de commencer, et que le roi, c'est-à-dire tout le monde, était dans la salle.

« Si monsieur le marquis veut traverser la cour, ajouta le suisse (à tout hasard, on donnait du marquis), il sera au spectacle dans un instant. S'il aime mieux passer par les appartements... »

Le chevalier ne connaissait point le palais. La curiosité lui fit répondre d'abord qu'il passerait par les appartements ; puis, comme un laquais se disposait à le suivre pour le guider, un mouvement de vanité lui fit ajouter qu'il n'avait que faire d'être accompagné. Il s'avança donc seul, non sans quelque émotion.

Versailles resplendissait de lumières. Du rez-de-chaussée jusqu'au faîte, les lustres, les girandoles, les meubles dorés, les marbres étincelaient. Hormis aux appartements de la reine, les deux battants étaient ouverts partout. A mesure que le chevalier marchait, il était frappé d'un étonnement et d'une admiration difficiles à imaginer, car ce qui rendait tout à fait merveilleux le spectacle qui s'offrait à lui, ce n'était pas seulement la beauté, l'éclat de ce spectacle même, c'était la complète solitude où il se trouvait dans cette sorte de désert enchanté.

A se voir seul, en effet, dans une vaste enceinte, que ce soit dans un temple, un cloître ou un château, il y a quelque chose de bizarre et, pour ainsi dire, de mystérieux. Le monument semble peser sur l'homme; les murs le regardent; les échos l'écoutent; le bruit de ses pas troublent un si grand silence, qu'il en ressent une crainte involontaire, et n'ose marcher qu'avec respect.

Ainsi d'abord fit le chevalier; mais bientôt la curiosité prit le dessus et l'entraîna. Les candélabres de la galerie des glaces, en se mirant, se renvoyaient leurs feux. On sait combien de milliers d'amours, de nymphes et de bergères se jouaient alors sur les lambris, voltigeaient aux plafonds, et semblaient enlacer d'une immense guirlande le palais tout entier. Ici de vastes salles, avec des baldaquins en velours semé d'or, et des fauteuils de parade conservant encore la roideur majestueuse du grand roi; là des ottomanes chiffonnées, des pliants en désordre autour d'une table de jeu; une suite infinie de salons toujours vides, où la magnificence éclatait d'autant mieux qu'elle semblait plus inutile; de temps en temps des portes secrètes s'ouvrant sur des corridors à perte de vue; mille escaliers, mille passages se croisant comme dans un labyrinthe; des colonnes, des estrades faites pour des géants; des boudoirs enchevêtrés comme des cachettes d'enfants; une énorme toile de Vanloo près d'une cheminée de porphyre; une boîte à mouches oubliée à côté d'un magot de la Chine; tantôt une grandeur écrasante, tantôt une grâce efféminée; et partout, au milieu du luxe, de la prodigalité et de la mollesse, mille odeurs enivrantes, étranges et diverses, les parfums mêlés des fleurs et des femmes, une tiédeur énervante, l'air de la volupté.

Être en pareil lieu, à vingt ans, au milieu de ces merveilles, et s'y trouver seul, il y avait à coup sûr de quoi être ébloui. Le chevalier avançait au hasard, comme dans un rêve.

« Vrai palais de fées ! » murmurait-il ; et, en effet, il lui semblait voir se réaliser pour lui un de ces contes où les princes égarés découvrent des châteaux magiques.

Étaient-ce bien des créatures mortelles qui habitaient ce séjour sans pareil? Étaient-ce des femmes véritables qui venaient de s'asseoir dans ces fauteuils, et dont les contours gracieux avaient laissé à ces coussins cette empreinte légère, pleine encore d'indolence? Qui sait? Derrière ces rideaux épais, au fond de quelque immense et brillante galerie, peut-être allait-il apparaître une princesse endormie depuis cent ans, une fée en paniers, une Armide en paillettes, ou quelque hamadryade de cour, sortant d'une colonne de marbre, entr'ouvrant un lambris doré!

Étourdi, malgré lui, par toutes ces chimères, le chevalier, pour mieux rêver, s'était jeté sur un sofa, et il s'y serait peut-être oublié longtemps s'il ne s'était souvenu qu'il était amoureux. Que faisait, pendant ce temps-là, mademoiselle d'Annebault, sa bien-aimée, restée, elle, dans un vieux château?

« Athénaïs! s'écria-t-il tout à coup, que fais-je ici à perdre mon temps? Ma raison est-elle égarée? Où suis-je donc, grand Dieu! et que se passe-t-il en moi? »

Il se leva et continua son chemin à travers ce pays nouveau, et il s'y perdit, cela va sans dire. Deux ou trois laquais, parlant à voix basse, lui apparurent au fond de la galerie. Il s'avança vers eux et leur demanda sa route pour aller à la comédie.

« Si monsieur le marquis, lui répondit-on (toujours d'après la même formule), veut bien prendre la peine de descendre par cet escalier et de suivre la galerie à droite, il trouvera au bout trois marches à monter ; il tournera alors à gauche, et quand il aura traversé le salon de Diane, celui d'Apollon, celui des Muses et celui du Printemps, il redescendra encore six marches, puis, en laissant à droite la salle des gardes, comme pour gagner l'escalier des ministres, il ne peut manquer de rencontrer là d'autres huissiers qui lui indiqueront le chemin.

— Bien obligé, dit le chevalier, et, avec de si bons renseignements, ce sera bien ma faute si je ne m'y retrouve pas. »

Il se remit en marche avec courage, s'arrêtant toujours malgré lui pour regarder de côté et d'autre, puis se rappelant de nouveau ses amours ; enfin, au bout d'un grand quart d'heure, ainsi qu'on le lui avait annoncé, il trouva de nouveaux laquais

« Monsieur le marquis s'est trompé, lui dirent ceux-ci, c'est par l'autre aile du château qu'il aurait fallu prendre ; mais rien n'est plus facile que de la regagner. Monsieur n'a qu'à descendre cet escalier, puis il traversera le salon des Nymphes, celui de l'Été, celui de. .

— Je vous remercie, » dit le chevalier.

« Et je suis bien sot, pensa-t-il encore, d'interroger ainsi les gens comme un badaud Je me déshonore en pure perte, et quand, par impossible, ils ne se moqueraient pas de moi, à quoi me sert leur nomenclature, et tous les sobriquets pompeux de ces salons dont je ne connais pas un ? »

Il prit le parti d'aller droit devant lui, autant

que faire se pourrait. « Car, après tout, se disait-il, ce palais est fort beau, il est très-grand, mais il n'est pas sans bornes, et, fût-il long comme trois fois notre garenne, il faudra bien que j'en voie la fin. »

Mais il n'est pas facile, à Versailles, d'aller longtemps droit devant soi, et cette comparaison rustique de la royale demeure avec une garenne déplut peut-être aux nymphes de l'endroit, car elles recommencèrent de plus belle à égarer le pauvre amoureux, et, sans doute pour le punir, elles prirent plaisir à le faire tourner et retourner sur ses propres pas, le ramenant sans cesse à la même place, justement comme un campagnard fourvoyé dans une charmille ; c'est ainsi qu'elles l'enveloppaient dans leur dédale de marbre et d'or.

Dans les *Antiquités de Rome,* de Piranesi, il y a une série de gravures que l'artiste appelle « ses rêves », et qui sont un souvenir de ses propres visions durant le délire d'une fièvre. Ces gravures représentent de vastes salles gothiques : sur le pavé sont toutes sortes d'engins et de machines, roues, câbles, poulies, leviers, catapultes, etc., etc., expressions d'énorme puissance mise en action et de résistance formidable. Le long des murs vous apercevez un escalier, et sur cet escalier, grimpant, non sans peine, Piranesi lui-même. Suivez les marches un peu plus haut, elles s'arrêtent tout à coup devant un abîme. Quoi qu'il soit advenu du pauvre Piranesi, vous le croyez du moins au bout de son travail, car il ne peut faire un pas de plus sans tomber ; mais levez les yeux, et vous voyez un second escalier qui s'élève en l'air, et sur cet escalier encore Piranesi sur le bord d'un autre précipice. Regardez encore plus haut, et un escalier encore plus aérien se dresse devant vous, et encore le pauvre Piranesi continuant son ascension, et ainsi de suite, jusqu'à ce que l'éternel escalier et Piranesi disparaissent ensemble dans les nues, c'est-à-dire dans le bord de la gravure.

Cette fiévreuse allégorie représente assez exactement l'ennui d'une peine inutile, et l'espèce de vertige que donne l'impatience. Le chevalier, voyageant toujours de salon en salon et de galerie en galerie, fut pris d'une sorte de colère.

« Parbleu ! dit-il, voilà qui est cruel. Après avoir été si charmé, si ravi, si enthousiasmé de me trouver seul dans ce maudit palais (ce n'était plus le palais des fées), je n'en pourrai donc pas sortir ! Peste soit de la fatuité qui m'a inspiré cette idée d'entrer ici comme le prince Fanfarinet avec ses bottes d'or massif, au lieu de dire au premier laquais venu de me conduire tout bonnement à la salle de spectacle ! »

Lorsqu'il ressentait ces regrets tardifs, le chevalier était, comme Piranesi, à la moitié d'un escalier, sur un palier, entre trois portes. Derrière celle du milieu, il lui sembla entendre un murmure si doux, si léger, si voluptueux, pour ainsi dire, qu'il ne put s'empêcher d'écouter. Au moment où il s'avançait, tremblant de prêter une oreille indiscrète, cette porte s'ouvrit à deux battants. Une bouffée d'air embaumée de mille parfums, un torrent de lumière à faire pâlir la galerie des glaces, vinrent le frapper si soudainement qu'il recula de quelques pas.

« Monsieur le marquis veut-il entrer? demanda l'huissier qui avait ouvert la porte.

— Je voudrais aller à la comédie, répondit le chevalier.

— Elle vient de finir à l'instant même. »

En même temps, de fort belles dames, délicatement plâtrées de blanc et de carmin, donnant, non pas le bras, ni même la main, mais le bout des doigts à de vieux et jeunes seigneurs, commençaient à sortir de la salle de spectacle, ayant grand soin de marcher de profil pour ne pas gâter leurs paniers. Tout ce monde brillant parlait à voix basse, avec une demi-gaieté, mêlée de crainte et de respect.

« Qu'est-ce donc? dit le chevalier, ne devinant pas que le hasard l'avait conduit précisément au petit foyer.

— Le roi va passer, » répondit l'huissier.

Il y a une sorte d'intrépidité qui ne doute de rien, elle n'est que trop facile : c'est le courage des gens mal élevés. Notre jeune provincial, bien qu'il fût raisonnablement brave, ne possédait pas cette faculté. A ces seuls mots : « Le roi va passer, » il resta immobile et presque effrayé.

Le roi Louis XV, qui faisait à cheval, à la chasse, une douzaine de lieues sans y prendre garde, était, comme l'on sait, souverainement nonchalant. Il se vantait, non sans raison, d'être le premier gentilhomme de France, et ses maîtresses lui disaient, non sans cause, qu'il en était le mieux fait et le plus beau. C'était une chose considérable que de le voir quitter son fauteuil, et daigner marcher en personne. Lorsqu'il traversa le foyer, avec un bras posé ou plutôt étendu sur l'épaule de monsieur d'Argenson, pendant que son talon rouge glissait sur le parquet (il avait mis cette paresse à la mode), toutes les chuchoteries cessèrent ; les courtisans baissaient la tête, n'osant pas saluer tout à fait, et les belles dames, se repliant doucement sur leurs jarretières couleur de feu, au fond de leurs immenses falbalas, hasardaient ce bonsoir coquet que nos grand'mères appelaient une révérence, et que notre siècle a remplacé par le brutal « shakehands » des Anglais.

Mais le roi ne se souciait de rien, et ne voyait que ce qui lui plaisait. Alfieri était peut-être là, qui raconte ainsi sa présentation à Versailles, dans ses Mémoires :

« Je savais que le roi ne parlait jamais aux étrangers qui n'étaient pas marquants ; je ne pus cependant me faire à l'impassible et sourcilleux maintien de Louis XV. Il toisait l'homme qu'on lui présentait de la tête aux pieds, et il avait l'air de n'en recevoir aucune impression. Il me semble cependant que, si l'on disait à un géant : *Voici une fourmi que je vous présente*, en la regardant il sourirait, ou dirait peut-être : « Ah ! le petit animal ! »

Le taciturne monarque passa donc à travers ces fleurs, ces belles dames, et toute cette cour, gardant sa solitude au milieu de la foule. Il ne fallut pas au chevalier de longues réflexions pour comprendre qu'il n'avait rien à espérer du roi, et que le récit de ses amours n'obtiendrait là aucun succès.

« Malheureux que je suis! pensa-t-il, mon père n'avait que trop raison lorsqu'il me disait qu'à deux pas du roi je verrais un abîme entre lui et moi. Quand bien même je me hasarderais à demander une audience, qui me protégera? Qui me présentera? Le voilà, ce maître absolu qui peut d'un mot changer ma destinée, assurer ma fortune, combler tous mes souhaits. Il est là, devant moi; en étendant la main, je pourrais toucher sa parure..., et je me sens plus loin de lui que si j'étais encore au fond de ma province! Comment lui parler? Comment l'aborder? Qui viendra donc à mon secours? »

Pendant que le chevalier se désolait ainsi, il vit entrer une jeune dame assez jolie, d'un air plein de grâce et de finesse; elle était vêtue fort simplement, d'une robe blanche, sans diamants ni broderies, avec une rose sur l'oreille. Elle donnait la main à un seigneur *tout à l'ambre,* comme dit Voltaire, et lui parlait tout bas derrière son éventail. Or le hasard voulut qu'en causant, en riant et en gesticulant, cet éventail vînt à lui échapper et à tomber sous un fauteuil, précisément devant le chevalier. Il se précipita aussitôt pour le ramasser, et comme, pour cela, il avait mis un genou en terre, la jeune dame lui parut si charmante, qu'il lui présenta l'éventail sans se relever. Elle s'arrêta, sourit, et passa, remerciant d'un léger signe de tête ; mais, au regard qu'elle avait jeté sur le chevalier, il sentit battre son cœur sans savoir pourquoi. — Il avait raison. — Cette jeune dame était la petite d'Étioles, comme l'appelaient encore les mécontents, tandis que les autres, en parlant d'elle, disaient « la Marquise » comme on dit « la Reine. »

IV

ELLE-LA me protégera, celle-là viendra à mon secours ! Ah ! que l'abbé avait raison de me dire qu'un regard déciderait de ma vie ! Oui, ces yeux si fins et si doux, cette petite bouche railleuse et délicieuse, ce petit pied noyé dans un pompon... Voilà ma bonne fée ! »

Ainsi pensait presque tout haut le chevalier rentrant à son auberge. D'où lui venait cette espérance subite ? Sa jeunesse seule parlait-elle, ou les yeux de la marquise avaient-ils parlé ?

Mais la difficulté restait toujours la même. S'il ne songeait plus maintenant à être présenté au roi, qui le présenterait à la marquise ?

Il passa une grande partie de la nuit à écrire à mademoiselle d'Annebault une lettre à peu près pareille à celle qu'avait lue madame de Pompadour.

Retracer cette lettre serait fort inutile. Hormis

les sots, il n'y a que les amoureux qui se trouvent toujours nouveaux, en répétant toujours la même chose.

Dès le matin le chevalier sortit et se mit à marcher, en rêvant, dans les rues. Il ne lui vint pas à l'esprit d'avoir encore recours à l'abbé protecteur, et il ne serait pas aisé de dire la raison qui l'en empêchait. C'était comme un mélange de crainte et d'audace, de fausse honte et de romanesque. Et, en effet, que lui aurait répondu l'abbé, s'il lui avait conté son histoire de la veille? « Vous vous êtes trouvé à propos pour ramasser un éventail; avez-vous su en profiter? Qu'avez-vous dit à la marquise? — Rien. — Vous auriez dû lui parler. — J'étais troublé, j'avais perdu la tête. — Cela est un tort; il faut savoir saisir l'occasion; mais cela peut se réparer. Voulez-vous que je vous présente à monsieur un tel? il est de mes amis; à madame une telle? elle est mieux encore. Nous tâcherons de vous faire parvenir jusqu'à cette marquise qui vous a fait peur, et cette fois, etc., etc. »

Or le chevalier ne se souciait de rien de pareil. Il lui semblait qu'en racontant son aventure il l'aurait, pour ainsi dire, gâtée et déflorée. Il se disait que le hasard avait fait pour lui une chose inouïe, incroyable, et que ce devait être un secret entre lui et la fortune; confier ce secret au premier venu, c'était, à son avis, en ôter tout le prix et s'en montrer indigne. « Je suis allé seul hier au château de Versailles, pensait-il; j'irai bien seul à

Trianon » (c'était en ce moment le séjour de la favorite).

Une telle façon de penser peut et doit même paraître extravagante aux esprits calculateurs, qui ne négligent rien et laissent le moins possible au hasard ; mais les gens les plus froids, s'ils ont été jeunes (tout le monde ne l'est pas, même au temps de la jeunesse), ont pu connaître ce sentiment bizarre, faible et hardi, dangereux et séduisant, qui nous entraîne vers la destinée : on se sent aveugle, et on veut l'être ; on ne sait où l'on va, et l'on marche. Le charme est dans cette insouciance et dans cette ignorance même ; c'est le plaisir de l'artiste qui rêve, de l'amoureux qui passe la nuit sous les fenêtres de sa maîtresse ; c'est aussi l'instinct du soldat ; c'est surtout celui du joueur.

Le chevalier, presque sans le savoir, avait donc pris le chemin de Trianon. Sans être fort paré, comme on disait alors, il ne manquait ni d'élégance, ni de cette façon d'être qui fait qu'un laquais, vous rencontrant en route, ne vous demande pas où vous allez. Il ne lui fut donc pas difficile, grâce à quelques indications prises à son auberge, d'arriver jusqu'à la grille du château, si l'on peut appeler ainsi cette bonbonnière de marbre qui vit jadis tant de plaisirs et d'ennuis. Malheureusement la grille était fermée, et un gros suisse, vêtu d'une simple houppelande, se promenait, les mains derrière le dos, dans l'avenue intérieure, comme quelqu'un qui n'attend personne.

« Le roi est ici ! se dit le chevalier, ou la marquise n'y est pas. Évidemment, quand les portes sont closes et que les valets se promènent, les maîtres sont enfermés ou sortis. »

Que faire ? Autant il se sentait, un instant auparavant, de confiance et de courage, autant il éprouvait tout à coup de trouble et de désappointement. Cette seule pensée : « Le roi est ici ! » l'effrayait plus que n'avaient fait la veille ces trois mots : « Le roi va passer ! » car ce n'était alors que de l'imprévu, et maintenant il connaissait ce froid regard, cette majesté impassible.

« Ah, bon Dieu ! quel visage ferais-je si j'essayais, en étourdi, de pénétrer dans ce jardin, et si j'allais me trouver face à face devant ce monarque superbe, prenant son café au bord d'un ruisseau ? »

Aussitôt se dessina devant le pauvre amoureux la silhouette désobligeante de la Bastille : au lieu de l'image charmante qu'il avait gardée de cette marquise passant en souriant, il vit des donjons, des cachots, du pain noir, l'eau de la question ; il savait l'histoire de Latude. Peu à peu venait la réflexion, et peu à peu s'envolait l'espérance.

« Et cependant, se dit-il encore, je ne fais point de mal, ni le roi non plus. Je réclame contre une injustice ; je n'ai jamais chansonné personne. On m'a si bien reçu hier à Versailles, et les laquais ont été si polis ! De quoi ai-je peur ? De faire une sottise ? J'en ferai d'autres qui répareront celle-là. »

Il s'approcha de la grille et la toucha du doigt ;

elle n'était pas tout à fait fermée. Il l'ouvrit et entra résolûment. Le suisse se détourna d'un air ennuyé.

« Que demandez-vous ? Où allez-vous ?

— Je vais chez madame de Pompadour.

— Avez-vous une audience ?

— Oui.

— Où est votre lettre ? »

Ce n'était plus le marquisat de la veille, et, cette fois, il n'y avait plus de duc d'Aumont. Le chevalier baissa tristement les yeux, et s'aperçut que ses bas blancs et ses boucles de cailloux du Rhin étaient couverts de poussière. Il avait commis la faute de venir à pied dans un pays où l'on ne marchait pas. Le suisse baissa les yeux aussi, et le toisa, non de la tête aux pieds, mais des pieds à la tête. L'habit lui parut propre, mais le chapeau était un peu de travers et la coiffure dépoudrée :

« Vous n'avez point de lettre. Que voulez-vous ?

— Je voudrais parler à madame de Pompadour.

— Vraiment ! et vous croyez que ça se fait comme ça ?

— Je n'en sais rien. Le roi est-il ici ?

— Peut-être. Sortez, et laissez-moi en repos. »

Le chevalier ne voulait pas se mettre en colère ; mais, malgré lui, cette insolence le fit pâlir.

« J'ai dit quelquefois à un laquais de sortir, répondit-il, mais un laquais ne me l'a jamais dit.

— Laquais ! Moi ? un laquais ! s'écria le suisse furieux.

— Laquais, portier, valet et valetaille, je ne m'en soucie point, et très-peu m'importe. »

Le suisse fit un pas vers le chevalier, les poings crispés et le visage en feu. Le chevalier, rendu à lui-même par l'apparence d'une menace, souleva légèrement la poignée de son épée.

« Prenez garde, dit-il, je suis gentilhomme, et il en coûte trente-six livres pour envoyer en terre un rustre comme vous.

— Si vous êtes gentilhomme, monsieur, moi, j'appartiens au roi; je ne fais que mon devoir, et ne croyez pas... »

En ce moment, le bruit d'une fanfare, qui semblait venir du bois de Satory, se fit entendre au loin et se perdit dans l'écho. Le chevalier laissa son épée retomber dans le fourreau, et, ne songeant plus à la querelle commencée :

« Eh, morbleu! dit-il, c'est le roi qui part pour la chasse. Que ne me le disiez-vous tout de suite?

— Cela ne me regarde pas, ni vous non plus.

— Écoutez-moi, mon cher ami. Le roi n'est pas là, je n'ai pas de lettre, je n'ai pas d'audience. Voici pour boire, laissez-moi entrer. »

Il tira de sa poche quelques pièces d'or. Le suisse le toisa de nouveau avec un souverain mépris.

« Qu'est-ce que c'est que ça? dit-il dédaigneusement. Cherche-t-on ainsi à s'introduire dans une demeure royale? Au lieu de vous faire sortir, prenez garde que je ne vous y enferme.

— Toi, double maraud! dit le chevalier, retrouvant sa colère et reprenant son épée.

— Oui, moi, » répéta le gros homme.

Mais, pendant cette conversation, où l'historien regrette d'avoir compromis son héros, d'épais nuages avaient obscurci le ciel; un orage se préparait. Un éclair rapide brilla, suivi d'un violent coup de tonnerre, et la pluie commençait à tomber lourdement. Le chevalier, qui tenait encore son or, vit une goutte d'eau sur son soulier poudreux, grande comme un petit écu.

« Peste! dit-il, mettons-nous à l'abri Il ne s'agit pas de se laisser mouiller. »

Et il se dirigea lestement vers l'antre du Cerbère, ou, si l'on veut, la maison du concierge; puis, là, se jetant sans façon dans le grand fauteuil du concierge même :

« Dieu! que vous m'ennuyez! dit-il, et que je suis malheureux! Vous me prenez pour un conspirateur, et vous ne comprenez pas que j'ai dans ma poche un placet pour Sa Majesté! Je suis de province, mais vous n'êtes qu'un sot. »

Le suisse, pour toute réponse, alla dans un coin prendre sa hallebarde, et resta ainsi debout, l'arme au poing.

« Quand partirez-vous? » s'écria-t-il d'une voix de stentor.

La querelle, tour à tour oubliée et reprise, semblait cette fois devenir tout à fait sérieuse, et déjà les deux grosses mains du suisse tremblaient étrangement sur sa pique; qu'allait-il advenir? je ne sais, lorsque, tournant tout à coup la tête : « Ah! dit le chevalier, qui vient là? »

Un jeune page, montant un cheval superbe (non pas anglais; dans ce temps-là les jambes maigres n'étaient pas à la mode), accourait à toute bride et au triple galop. Le chemin était trempé par la pluie; la grille n'était qu'entr'ouverte. Il y eut une hésitation; le suisse s'avança et ouvrit la grille. Le page donna de l'éperon; le cheval, arrêté un instant, voulut reprendre son train, manqua du pied, glissa sur la terre humide et tomba.

Il est fort peu commode, presque dangereux, de faire relever un cheval tombé à terre. Il n'y a cravache qui tienne. La gesticulation des jambes de la bête, qui fait ce qu'elle peut, est extrêmement désagréable, surtout lorsque l'on a soi-même une jambe aussi prise sous la selle.

Le chevalier, toutefois, vint à l'aide sans réfléchir à ces inconvénients, et il s'y prit si adroitement que bientôt le cheval fut redressé et le cavalier dégagé. Mais celui-ci était couvert de boue, et ne pouvait qu'à peine marcher en boitant. Transporté, tant bien que mal, dans la maison du suisse, et assis à son tour dans le grand fauteuil :

« Monsieur, dit-il au chevalier, vous êtes gentilhomme, à coup sûr. Vous m'avez rendu un grand service; mais vous m'en pouvez rendre un plus grand encore. Voici un message du roi pour madame la marquise, et ce message est très-pressé, comme vous le voyez, puisque mon cheval et moi, pour aller plus vite, nous avons failli nous rompre le cou. Vous comprenez que, fait comme je suis, avec une jambe écloppée, je ne saurais porter ce papier. Il faudrait pour cela me faire porter moi-même. Voulez-vous y aller à ma place ? »

En même temps il tirait de sa poche une grande enveloppe dorée d'arabesques, accompagnée du sceau royal.

« Très-volontiers, monsieur, » répondit le chevalier, prenant l'enveloppe. Et, leste et léger comme une plume, il partit en courant sur la pointe du pied.

V

UAND le chevalier arriva au château, un suisse était encore devant le péristyle :

« Ordre du roi. » dit le jeune homme, qui, cette fois, ne redoutait plus les hallebardes ; et, montrant sa lettre, il entra gaiement au travers d'une demi-douzaine de laquais.

Un grand huissier, planté au milieu du vestibule, voyant l'ordre et le sceau royal, s'inclina gravement, comme un peuplier courbé par le vent, puis, de l'un de ses doigts osseux, il toucha, en souriant, le coin d'une boiserie.

Une petite porte battante, masquée par une tapisserie, s'ouvrit aussitôt comme d'elle-même. L'homme osseux fit un signe obligeant : le chevalier entra, et la tapisserie, qui s'était entr'ouverte, retomba mollement derrière lui.

Un valet de chambre silencieux l'introduisit alors dans un salon, puis dans un corridor, sur lequel s'ouvraient deux ou trois petits cabinets, puis enfin dans un second salon, et le pria d'attendre un instant.

« Suis-je encore ici au château de Versailles? se demandait le chevalier. Allons-nous recommencer à jouer à cligne-musette? »

Trianon n'était, à cette époque, ni ce qu'il est maintenant, ni ce qu'il avait été. On a dit que madame de Maintenon avait fait de Versailles un oratoire et madame de Pompadour un boudoir. On a dit aussi de Trianon que *ce petit château de porcelaine* était le boudoir de madame de Montespan. Quoi qu'il en soit de tous ces boudoirs, il paraît que Louis XV en mettait partout. Telle galerie où son aïeul se promenait majestueusement était alors bizarrement divisée en une infinité de compartiments. Il y en avait de toutes les couleurs; le roi allait papillonnant dans ces bosquets de soie et de velours. « Trouvez-vous de bon goût mes petits appartements meublés? demanda-t-il un jour à la belle comtesse de Séran.—Non, dit-elle, je les voudrais bleus. » Comme le bleu était la couleur du roi, cette réponse le flatta. Au second rendez-vous, madame de Séran trouva le salon meublé en bleu, comme elle l'avait désiré.

Celui dans lequel, en ce moment, le chevalier se trouvait seul, n'était ni bleu, ni blanc, ni rose, mais tout en glaces. On sait combien une jolie femme qui a une jolie taille gagne à laisser ainsi son image se répéter sous mille aspects. Elle éblouit, elle enveloppe, pour ainsi dire, celui à qui elle veut plaire. De quelque côté qu'il regarde, il la voit. Comment l'éviter? Il ne lui reste plus qu'à s'enfuir, ou à s'avouer subjugué.

Le chevalier regardait aussi le jardin. Là, derrière les charmilles et les labyrinthes, les statues et les vases de marbre, commençait à poindre le goût pastoral, que la marquise allait mettre à la mode, et que, plus tard, madame Dubarry et la reine Marie-Antoinette devaient pousser à un si haut degré de perfection. Déjà apparaissaient les fantaisies champêtres où se réfugiait le caprice blasé. Déjà les tritons boursouflés, les graves déesses et les nymphes savantes, les bustes à grandes perruques, glacés d'horreur dans leurs niches de verdure, voyaient sortir de terre un jardin anglais au milieu des ifs étonnés. Les petites pelouses, les petits ruisseaux, les petits ponts, allaient bientôt détrôner l'Olympe pour le remplacer par une laiterie; étrange parodie de la nature, que les Anglais copient sans la comprendre, vrai jeu d'enfant devenu alors le passe-temps d'un maître indolent, qui ne savait comment se désennuyer de Versailles dans Versailles même.

Mais le chevalier était trop charmé, trop ravi de se trouver là pour qu'une réflexion critique pût se présenter à son esprit. Il était, au contraire, prêt à tout admirer, et il admirait en effet, tournant sa missive dans ses doigts, comme un provincial fait de son chapeau, lorsqu'une jolie fille de chambre ouvrit la porte et lui dit doucement :

« Venez, monsieur. »

Il la suivit, et, après avoir passé de nouveau par plusieurs corridors plus ou moins mystérieux, elle le fit entrer dans une grande chambre où les volets étaient à demi fermés. Là, elle s'arrêta et parut écouter.

« Toujours cligne-musette, » se disait le chevalier.

Cependant, au bout de quelques instants, une porte s'ouvrit encore, et une autre fille de chambre qui semblait devoir être aussi jolie que la première répéta du même ton les mêmes paroles :

« Venez, monsieur. »

S'il avait été ému à Versailles, il l'était maintenant bien autrement, car il comprenait qu'il touchait au seuil du temple qu'habitait la divinité. Il s'avança, le cœur palpitant ; une douce lumière, faiblement voilée par de légers rideaux de gaze, succéda à l'obscurité ; un parfum délicieux, presque imperceptible, se répandit dans l'air autour de lui ; la fille de chambre écarta timidement le coin d'une portière de soie, et, au fond d'un grand cabinet de la plus élégante simplicité, il aperçut la dame à l'éventail, c'est-à-dire la toute-puissante marquise.

Elle était seule, assise devant une table, enveloppée d'un peignoir, la tête appuyée sur sa main, et paraissant très-préoccupée. En voyant entrer le chevalier, elle se leva par un mouvement subit et comme involontaire.

« Vous venez de la part du roi ? »

Le chevalier aurait pu répondre, mais il ne trouva rien de mieux que de s'incliner profondément, en présentant à la marquise la lettre qu'il lui apportait. Elle la prit, ou plutôt s'en empara avec une extrême vivacité. Pendant qu'elle la décachetait, ses mains tremblaient sur l'enveloppe.

Cette lettre, écrite de la main du roi, était assez longue. Elle la dévora d'abord, pour ainsi dire, d'un coup d'œil, puis elle la lut avidement avec une attention profonde, le sourcil froncé, et serrant les lèvres. Elle n'était pas belle ainsi, et ne ressemblait plus à l'apparition magique du petit foyer. Quand elle fut au bout, elle sembla réfléchir. Peu à peu son visage, qui avait pâli, se colora d'un léger incarnat (à cette heure-là elle n'avait pas de rouge) : non-seulement la grâce lui revint, mais un éclair de vraie beauté passa sur ses traits délicats ; on aurait pu prendre ses joues pour deux feuilles de rose. Elle poussa un demi-soupir, laissa tomber la lettre sur la table, et se retournant vers le chevalier :

« Je vous ai fait attendre, monsieur, lui dit-elle avec le plus charmant sourire, mais c'est que je n'étais pas levée, et je ne le suis même pas encore. Voilà pourquoi j'ai été forcée de vous faire venir par les cachettes ; car je suis assiégée ici presque autant que si j'étais chez moi. Je voudrais répondre un mot au roi. Vous ennuie-t-il de faire ma commission ? »

Cette fois il fallait parler ; le chevalier avait eu le temps de reprendre un peu de courage.

« Hélas ! madame, dit-il tristement, c'est beaucoup de grâce que vous me faites ; mais, par malheur, je n'en puis profiter.

— Pourquoi cela ?

— Je n'ai pas l'honneur d'appartenir à Sa Majesté.

— Comment donc êtes-vous venu ici ?

— Par un hasard. J'ai rencontré en route un page qui s'est jeté par terre, et qui m'a prié...

— Comment, jeté par terre ! répéta la marquise en éclatant de rire. (Elle paraissait si heureuse en ce moment, que la gaieté lui venait sans peine.)

— Oui, madame, il est tombé de cheval à la grille. Je me suis trouvé là, heureusement, pour l'aider à se relever, et, comme son habit était fort gâté, il m'a prié de me charger de son message.

— Et par quel hasard vous êtes-vous trouvé là ?

— Madame, c'est que j'ai un placet à présenter à Sa Majesté.

— Sa Majesté demeure à Versailles.

— Oui, mais vous demeurez ici.

— Oui-da ! En sorte que c'était vous qui vouliez me charger d'une commission ?

— Madame, je vous supplie de croire...

— Ne vous effrayez pas, vous n'êtes pas le premier. Mais à propos de quoi vous adresser à moi ? Je ne suis qu'une femme... comme une autre. »

En prononçant ces mots d'un air moqueur, la marquise jeta un regard triomphant sur la lettre qu'elle venait de lire.

« Madame, reprit le chevalier, j'ai toujours ouï dire que les hommes exerçaient le pouvoir, et que les femmes...

— En disposaient, n'est-ce pas? Eh bien, monsieur, il y a une reine de France.

— Je le sais, madame, et c'est ce qui fait que je me suis *trouvé là* ce matin. »

La marquise était plus qu'habituée à de semblables compliments, bien qu'on ne les lui fît qu'à voix basse; mais dans la circonstance présente, celui-ci parut lui plaire très-singulièrement.

« Et sur quelle foi, dit-elle, sur quelle assurance avez-vous cru pouvoir parvenir jusqu'ici? Car vous ne comptiez pas, je suppose, sur un cheval qui tombe en chemin!

— Madame, je croyais... j'espérais...

— Qu'espériez-vous?

— J'espérais que le hasard... pourrait...

— Toujours le hasard! Il est de vos amis, à ce qu'il paraît; mais je vous avertis que, si vous n'en avez pas d'autres, c'est une triste recommandation. »

Peut-être la fortune offensée voulut-elle se venger de cette irrévérence; mais le chevalier, que ces dernières questions avaient de plus en plus troublé, aperçut tout à coup, sur le coin de la table, précisément le même éventail qu'il avait ramassé la veille. Il le prit, et, comme la veille, il le présenta à la marquise, en fléchissant le genou devant elle.

« Voilà, madame, lui dit-il, le seul ami que j'aie ici. »

La marquise parut d'abord étonnée, hésita un moment, regardant tantôt l'éventail, tantôt le chevalier.

« Ah! vous avez raison, dit-elle enfin; c'est vous, monsieur! je vous reconnais. C'est vous que j'ai vu hier, après la comédie, avec monsieur de Richelieu. J'ai laissé tomber cet éventail, et vous vous êtes *trouvé là,* comme vous disiez.

— Oui, madame.

— Et fort galamment, en vrai chevalier, vous me l'avez rendu : je ne vous ai pas remercié, mais j'ai toujours été persuadée que celui qui sait, d'aussi bonne grâce, relever un éventail, sait aussi, au besoin, relever le gant; et nous aimons assez cela, nous autres.

— Et cela n'est que trop vrai, madame; car, en arrivant tout à l'heure, j'ai failli avoir un duel avec le suisse.

— Miséricorde! dit la marquise, prise d'un second accès de gaieté. Avec le suisse! Et pourquoi faire?

— Il ne voulait pas me laisser entrer.

— C'eût été dommage. Mais, monsieur, qui êtes-vous? Que demandez-vous?

— Madame, je me nomme le chevalier de Vauvert; monsieur de Biron avait demandé pour moi une place de cornette aux gardes.

— Oui-da! je me souviens encore. Vous venez de Neauflette; vous êtes amoureux de mademoiselle d'Annebault...

— Madame, qui a pu vous dire?...

— Oh! je vous préviens que je suis fort à craindre. Quand la mémoire me manque, je devine. Vous êtes parent de l'abbé Chauvelin, et refusé pour cela, n'est-ce pas? Où est votre placet?

— Le voilà, madame; mais, en vérité, je ne puis comprendre...

— A quoi bon comprendre? Levez-vous, et mettez votre papier sur cette table. Je vais répondre au roi; vous lui porterez en même temps votre demande et ma lettre.

— Mais, madame, je croyais vous avoir dit...

— Vous irez. Vous êtes entré ici de par le roi, n'est-il pas vrai? Eh bien! vous entrerez là-bas de par la marquise de Pompadour, dame du palais de la reine. »

Le chevalier s'inclina sans mot dire, saisi d'une sorte de stupéfaction. Tout le monde savait depuis longtemps combien de pourparlers, de ruses et d'intrigues la favorite avait mis en jeu, et quelle obstination elle avait montrée pour obtenir ce titre, qui, en somme, ne lui rapporta rien qu'un affront cruel du Dauphin. Mais il y avait dix ans qu'elle le désirait; elle le voulait; elle avait réussi. Monsieur de Vauvert, qu'elle ne connaissait pas, bien qu'elle connût ses amours, lui plaisait comme une bonne nouvelle.

Immobile, debout derrière elle, le chevalier observait la marquise qui écrivait, d'abord de tout son cœur, avec passion, puis qui réfléchissait, s'arrêtait et passait sa main sur son petit nez, fin comme l'ambre. Elle s'impatientait : un témoin la gênait. Enfin elle se décida et fit une rature ; il fallait avouer que ce n'était plus qu'un brouillon.

En face du chevalier, de l'autre côté de la table, brillait un beau miroir de Venise. Le très-timide messager osait à peine lever les yeux. Il lui fut cependant difficile de ne pas voir dans ce miroir, par-dessus la tête de la marquise, le visage inquiet et charmant de la nouvelle dame du palais.

« Comme elle est jolie ! pensait-il. C'est malheureux que je sois amoureux d'une autre ; mais Athénaïs est plus belle, et d'ailleurs ce serait, de ma part, une si affreuse déloyauté !...

— De quoi parlez-vous ? dit la marquise. (Le chevalier, selon sa coutume, avait pensé tout haut sans le savoir.) Qu'est-ce que vous dites ?

— Moi, madame ? j'attends.

— Voilà qui est fait, » répondit la marquise, prenant une autre feuille de papier ; mais, au petit mouvement qu'elle venait de faire pour se retourner, le peignoir avait glissé sur son épaule.

La mode est une chose étrange. Nos grand'mères trouvaient tout simple d'aller à la cour avec d'immenses robes qui laissaient leur gorge presque découverte, et l'on ne voyait à cela nulle indécence ; mais elles cachaient soigneusement leur dos, que les belles dames d'aujourd'hui montrent au bal ou à l'opéra. C'est une beauté nouvellement inventée.

Sur l'épaule frêle, blanche et mignonne de madame de Pompadour, il y avait un petit signe noir qui ressemblait à une mouche tombée dans du lait. Le chevalier, sérieux comme un étourdi qui veut avoir bonne contenance, regardait ce signe, et la marquise, tenant sa plume en l'air, regardait le chevalier dans la glace.

Dans cette glace, un coup d'œil rapide fut échangé, coup d'œil auquel les femmes ne se trompent pas, qui veut dire d'une part : « Vous êtes charmante, » et de l'autre : « Je n'en suis pas fâchée. »

Toutefois la marquise rajusta son peignoir.

« Vous regardez ma mouche, monsieur?

— Je ne regarde pas, madame; je vois et j'admire.

— Tenez, voilà ma lettre; portez-la au roi avec votre placet.

— Mais, madame...

— Quoi donc?

— Sa Majesté est à la chasse; je viens d'entendre sonner dans le bois de Satory.

— C'est vrai, je n'y songeais plus; eh bien! demain, après-demain, peu importe. — Non, tout de suite. Allez, vous donnerez cela à Lebel. Adieu, monsieur. Tâchez de vous souvenir que cette mouche que vous venez de voir, il n'y a dans le royaume que le roi qui l'ait vue; et quant à votre ami le hasard, dites-lui, je vous prie, qu'il s'accoutume à ne pas jaser tout seul aussi haut que tout à l'heure. Adieu, chevalier. »

Elle toucha un petit timbre, puis, relevant sur

sa manche un flot de dentelles, tendit au jeune homme son bras nu.

Il s'inclina encore, et du bout des lèvres effleura à peine les ongles roses de la marquise. Elle n'y vit pas une impolitesse, tant s'en faut, mais un peu trop de modestie.

Aussitôt reparurent les petites filles de chambre (les grandes n'étaient pas levées); et derrière elles, debout comme un clocher au milieu d'un troupeau de moutons, l'homme osseux, toujours souriant, indiquait le chemin.

VI

EUL, plongé dans un vieux fauteuil, au fond de sa petite chambre, à l'auberge du Soleil, le chevalier attendit je lendemain, puis le surlendemain; point de nouvelles.

« Singulière femme! Douce et impérieuse, bonne et méchante, la plus frivole et la plus entêtée! Elle m'a oublié. Oh, misère! Elle a raison, elle peut tout, et je ne suis rien. »

Il s'était levé, et se promenait par la chambre.

« Rien, non, je ne suis qu'un pauvre diable. Que mon père disait vrai! La marquise s'est moquée de moi; c'est tout simple : pendant que je la regardais, c'est sa beauté qui lui a plu. Elle a été bien aise de voir dans ce miroir et dans mes yeux le reflet de ses charmes, qui, ma foi, sont véritablement incomparables! Oui, ses yeux sont petits, mais quelle grâce! Et Latour, avant Diderot, a pris pour faire son portrait la poussière de l'aile d'un papillon. Elle n'est pas bien grande, mais sa taille est bien prise. — Ah! mademoiselle d'Annebault! Ah! mon amie chérie! est-ce que moi aussi j'oublierais? »

Deux ou trois petits coups secs frappés sur la porte le réveillèrent de son chagrin.

« Qu'est-ce? »

L'homme osseux, tout de noir vêtu, avec une belle paire de bas de soie, qui simulaient des mollets absents, entra et fit un grand salut.

« Il y a ce soir, monsieur le chevalier, bal masqué à la cour, et madame la marquise m'envoie vous dire que vous êtes invité.

— Cela suffit, monsieur, grand merci! »

Dès que l'homme osseux se fut retiré, le chevalier courut à la sonnette : la même servante qui, trois jours auparavant, l'avait accommodé de son mieux, l'aida à mettre le même habit pailleté, tâchant de l'accommoder mieux encore.

Après quoi le jeune homme s'achemina vers le palais, invité cette fois et plus tranquille en apparence, mais plus inquiet et moins hardi que lorsqu'il avait fait le premier pas dans ce monde encore inconnu de lui.

Étourdi, presque autant que la première fois, par toutes les splendeurs de Versailles, qui, ce soir-là, n'était pas désert, le chevalier marchait dans la grande galerie, regardant de tous les côtés, tâchant de savoir pourquoi il était là ; mais personne ne semblait songer à l'aborder. Au bout d'une heure, il s'ennuyait et allait partir, lorsque deux masques, exactement pareils, assis sur une banquette, l'arrêtèrent au passage. L'un des deux le visa du doigt, comme s'il eût tenu un pistolet; l'autre se leva et vint à lui :

« Il paraît, monsieur, lui dit le masque, en lui prenant le bras nonchalamment, que vous êtes assez bien avec notre marquise.

— Je vous demande pardon, madame, mais de qui parlez-vous ?

— Vous le savez bien.

— Pas le moins du monde.

— Oh! si fait.

— Point du tout.

— Toute la cour le sait.

— Je ne suis pas de la cour.

— Vous faites l'enfant. Je vous dis qu'on le sait.

— Cela se peut, madame, mais je l'ignore.

— Vous n'ignorez pas, cependant, qu'avant-hier, un page est tombé de cheval à la grille de Trianon N'étiez-vous pas là, par hasard ?

— Oui, madame.

— Ne l'avez-vous pas aidé à se relever?

— Oui, madame.

— Et n'êtes-vous pas entré au château ?

— Sans doute.

— Ne vous a-t-on pas donné un papier?

— Oui, madame.

— Et ne l'avez-vous pas porté au roi ?

— Assurément.

— Le roi n'était pas à Trianon; il était à la

chasse, la marquise était seule..., n'est-ce pas ?

— Oui, madame.

— Elle venait de se réveiller ; elle était à peine vêtue, excepté, à ce qu'on dit, d'un grand peignoir.

— Les gens qu'on ne peut pas empêcher de parler disent ce qui leur passe par la tête.

— Fort bien, mais il paraît qu'il a passé entre sa tête et la vôtre un regard qui ne l'a pas fâchée.

— Qu'entendez-vous par là, madame ?

— Que vous ne lui avez pas déplu.

— Je n'en sais rien, et je serais au désespoir qu'une bienveillance si douce et si rare, à laquelle je ne m'attendais pas, qui m'a touché jusqu'au fond du cœur, pût devenir la cause d'un mauvais propos.

— Vous prenez feu bien vite, chevalier ; on croirait que vous allez provoquer toute la cour ; vous ne finirez jamais de tuer tant de monde.

— Mais, madame, si ce page est tombé, et si j'ai porté son message... Permettez-moi de vous demander pourquoi je suis interrogé. »

Le masque lui serra le bras et lui dit : « Monsieur, écoutez.

— Tout ce qui vous plaira, madame.

— Voici à quoi nous pensons, maintenant. Le roi n'aime plus la marquise et personne ne croit qu'il l'ait jamais aimée. Elle vient de commettre une imprudence ; elle s'est mis à dos tout le Parlement, avec ses deux sous d'impôt, et aujourd'hui elle ose attaquer une bien plus grande puissance, la compagnie de Jésus. Elle y succombera; mais elle a des armes, et, avant de périr, elle se défendra.

— Eh bien! madame, qu'y puis-je faire?

— Je vais vous le dire. Monsieur de Choiseul est à moitié brouillé avec monsieur de Bernis; ils ne sont sûrs, ni l'un ni l'autre, de ce qu'ils voudraient essayer. Bernis va s'en aller, Choiseul prendra sa place; un mot de vous peut en décider.

— En quelle façon, madame, je vous prie?

— En laissant raconter votre visite de l'autre jour.

— Quel rapport peut-il y avoir entre ma visite, les jésuites et le Parlement?

— Écrivez-moi un mot : la marquise est perdue. Et ne doutez pas que le plus vif intérêt, la plus entière reconnaissance...

— Je vous demande encore bien pardon, madame, mais c'est une lâcheté que vous me demandez là..

— Est-ce qu'il y a de la bravoure en politique?

— Je ne me connais pas à tout cela. Madame de Pompadour a laissé tomber son éventail devant moi; je l'ai ramassé, je le lui ai rendu; elle m'a remercié, elle m'a permis, avec cette grâce qu'elle a, de la remercier à mon tour.

— Trêve de façons! le temps se passe; je me nomme la comtesse d'Estrades. Vous aimez mademoiselle d'Annebault, ma nièce;... ne dites pas non, c'est inutile; vous demandez un emploi de cornette,.... vous l'aurez demain, et, si Athénaïs vous plaît, vous serez bientôt mon neveu.

— Oh! madame, quel excès de bonté!
— Mais il faut parler.
— Non, madame.
— On m'avait dit que vous aimiez cette petite fille..
— Autant qu'on peut aimer ; mais si jamais mon amour peut s'avouer devant elle, il faut que mon honneur y soit aussi.
— Vous êtes bien entêté, chevalier ! Est-ce là votre dernière réponse ?
— C'est la dernière, comme la première.
— Vous refusez d'entrer aux gardes ? Vous refusez la main de ma nièce ?
— Oui, madame, si c'est à ce prix. »

Madame d'Estrades jeta sur le chevalier un regard perçant, plein de curiosité ; puis, ne voyant sur son visage aucun signe d'hésitation, elle s'éloigna lentement, et se perdit dans la foule.

Le chevalier, ne pouvant rien comprendre à cette singulière aventure, alla s'asseoir dans un coin de la galerie.

« Que pense faire cette femme ? se disait-il. Elle doit être un peu folle. Elle veut bouleverser l'État au moyen d'une sotte calomnie, et, pour mériter la main de sa nièce, elle me propose de me déshonorer ! Mais Athénaïs ne voudrait plus de moi, ou, si elle se prêtait à une pareille intrigue, ce serait moi qui la refuserais ! Quoi ! tâcher de nuire à cette bonne marquise, la diffamer, la noircir;... jamais! non, jamais ! »

Toujours fidèle à ses distractions, le chevalier, très-probablement, allait se lever et parler tout haut, lorsqu'un petit doigt, couleur de rose, lui toucha légèrement l'épaule. Il leva les yeux, et vit devant lui les deux masques pareils qui l'avaient arrêté.

« Vous ne voulez donc pas nous aider un peu? » dit l'un des masques, déguisant sa voix. Mais, bien que les deux costumes fussent tout à fait semblables, et que tout parût calculé pour donner le change, le chevalier ne s'y trompa point. Le regard ni l'accent n'étaient plus les mêmes.

« Répondrez-vous, monsieur?

— Non, madame.

— Écrirez-vous?

— Pas davantage.

— C'est vrai que vous êtes obstiné. Bonsoir, lieutenant !

— Que dites-vous, madame?

— Voilà votre brevet, et votre contrat de mariage. »

Et elle lui jeta son éventail.

C'était celui que le chevalier avait déjà ramassé deux fois. Les petits amours de Boucher se jouaient sur le parchemin, au milieu de la nacre dorée. Il n'y avait pas à en douter, c'était l'éventail de madame de Pompadour.

« O ciel ! marquise, est-il possible?

— Très-possible, dit-elle, en soulevant, sur son menton, sa petite dentelle noire.

— Je ne sais, madame, comment répondre...

— Il n'est pas nécessaire. Vous êtes un galant homme, et nous nous reverrons, car vous êtes chez nous. Le roi vous a placé dans la cornette blanche. Souvenez-vous que, pour un solliciteur, il n'y a pas de plus grande éloquence que de savoir se taire à propos...

« Et pardonnez-nous, ajouta-t-elle en riant et en s'enfuyant, si, avant de vous donner notre nièce, nous avons pris des renseignements. »

NOTES

LA MOUCHE.

PAGE 297, LIGNE 4.

Deux sous pour livre du dixième du revenu. *(Note de l'auteur.)*

PAGE 312, LIGNE 23.

Il ne s'agit point ici de la salle actuelle, construite par Louis XV, ou plutôt par madame de Pompadour, mais terminée seulement en 1769 et inaugurée en 1770, pour le mariage du duc de Berri (Louis XVI) avec Marie-Antoinette. Il s'agit d'une sorte de théâtre mobile qu'on transportait dans une galerie ou un appartement, selon la coutume de Louis XIV. *(Note de l'auteur.)*

PAGE 351, LIGNE 12.

Madame d'Estrades, peu de temps après, fut disgraciée avec monsieur d'Argenson, pour avoir conspiré, sérieusement cette fois, contre madame de Pompadour. *(Note de l'auteur.)*

TABLE

	Pages.
Croisilles	1
Histoire d'un Merle blanc	49
Pierre et Camille	99
Le Secret de Javotte	171
Mimi Pinson	243
La Mouche	295
Notes	353

IMPRIMÉ PAR JULES CLAYE

(A. QUANTIN, Sr)

POUR

ALPHONSE LEMERRE, ÉDITEUR

A PARIS

www.ingramcontent.com/pod-product-compliance
Lightning Source LLC
Chambersburg PA
CBHW050758170426
43202CB00013B/2474